Stefan Fries

Textverarbeitung und Textgestaltung

VERLAG:SKV

Rolf Bänziger
(Tabellenkalkulation)

ist Fachvorsteher für IKA an der Handelsschule KV Schaffhausen, Dozent für SIZ-Lehrgänge und Leiter der Höheren Fachschule für Wirtschaft Schaffhausen. Er ist Ehrenmitglied im Verband Lehrende IKA.

Carola Brawand-Willers
(Schriftliche Kommunikation/ Korrespondenz)

ist IKA-Lehrende und Referentin in Weiterbildungskursen an der Wirtschafts- und Kaderschule KV Bern. Sie ist Ehrenmitglied im Verband Lehrende IKA.

Stefan Fries
(Textverarbeitung/ Textgestaltung)

ist Fachvorsteher für IKA am Berufsbildungszentrum Wirtschaft, Informatik und Technik in Willisau sowie Kursleiter am Berufsbildungszentrum Weiterbildung Kanton Luzern. Er ist Präsident des Verbandes Lehrende IKA.

Michael McGarty
(Grundlagen der Informatik/ Outlook)

Informatiker und Telematiktechniker HF, ist Lehrer an der WirtschaftsSchule Thun, an den HSO Schulen Thun Bern AG und an der European Business School AG.

Max Sager
(Informationsmanagement und Administration)

Betriebsökonom FH, ist Lehrer am Gymnasium und an der Handelsmittelschule Thun-Schadau. Er ist Ehrenpräsident des Verbandes Lehrende IKA.

Fredi Schenk
(Präsentation)

Bürofachlehrer, unterrichtete IKA an der WirtschaftsSchule Thun und war Kursleiter für IKA-Kurse am EHB.

Haben Sie Fragen, Anregungen oder Rückmeldungen?
Wir nehmen diese gerne per E-Mail an verlagskv@kvschweiz.ch oder Telefon 044 283 45 21 entgegen.

4. Auflage 2011
Nachdruck 2012

ISBN 978-3-286-33634-6

© Verlag SKV AG, Zürich
www.verlagskv.ch

Lektorat: Katia Soland, Yvonne Vafi-Obrist
Umschlag: Agenturtschi, Adliswil

| Modul 1 | **IKA – Informationsmanagement und Administration** |
| | behandelt das ganze Spektrum des Büroalltags: Outlook, die richtige Wahl und den Einsatz von technischen Hilfsmitteln, die Gestaltung von Arbeitsprozessen, ökologisches und ergonomisches Verhalten und den zweckmässigen und verantwortungsvollen Umgang mit Informationen und Daten. |

| Modul 2 | **IKA – Grundlagen der Informatik** |
| | vermittelt das nötige Grundwissen über Hardware, Software, Netzwerke und Datensicherung. |

| Modul 3 | **IKA – Schriftliche Kommunikation und Korrespondenz** |
| | führt in die Kunst des schriftlichen Verhandelns ein und zeigt, wie Brieftexte partnerbezogen, stilsicher und rechtlich einwandfrei verfasst werden. |

| Modul 4 | **IKA – Präsentation** |
| | vermittelt die wichtigsten Funktionen von PowerPoint und erklärt, wie Präsentationen geplant und gestalterisch einwandfrei erstellt werden. |

| Modul 5 | **IKA – Tabellenkalkulation** |
| | zeigt die wichtigsten Funktionen von Excel auf: Berechnungen, Diagramme, Daten- und Trendanalysen usw. |

| Modul 6 | **IKA – Textverarbeitung und Textgestaltung** |
| | stellt die vielfältigen Möglichkeiten des Textverarbeitungsprogramms Word dar und vermittelt die wichtigsten typografischen Grundregeln für Briefe und Schriftstücke aller Art. |

| Modul 7 | **IKA – Gestaltung von Bildern** |
| | vermittelt sowohl visuelle als auch rechtliche Aspekte hinsichtlich der Konzeption und des Einsatzes von Bildern und führt in die grundlegenden Funktionen gängiger Bildbearbeitungsprogramme ein. |

IKA – CD-ROM für Lehrkräfte
enthält Lösungsvorschläge zu den Modulen, die Aufgabendateien sowie weitere Zusatzmaterialien für den Unterricht.

Unterrichten mit digitalen Inhalten

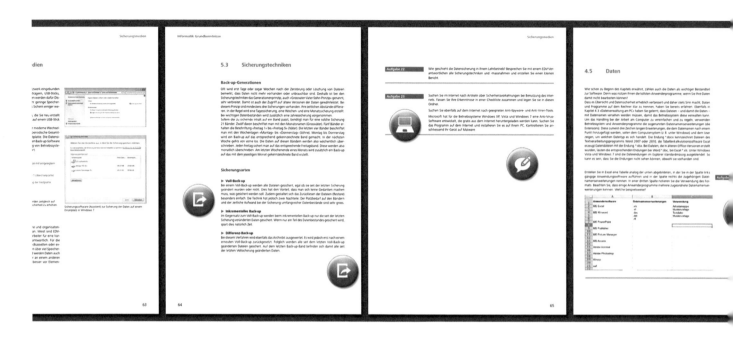

«Information, Kommunikation, Administration – IKA» ist auch als Enhanced Book erhältlich: In der digitalen Ausgabe ist das Lehrmittel speziell für den Unterricht mit digitalen Inhalten aufbereitet – natürlich Plattform unabhängig.

Bewusst orientieren sich die Enhanced Books an der Gestaltung der gedruckten Ausgabe. Jede Seite des Lehrmittels kann in der sogenannten Lightbox dargestellt werden. Textpassagen können gedruckt werden. Zusätzlich aufbereitete oder die gedruckte Ausgabe ergänzende Inhalte sind mit einem Icon gekennzeichnet.

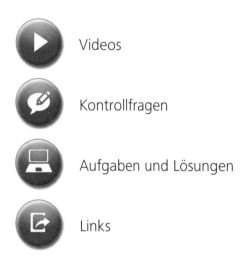

    Videos

    Kontrollfragen

    Aufgaben und Lösungen

    Links

Weitere Informationen
auf www.verlagskv.ch

Vorwort

Mit Textprogrammen können Sie Texte auf vielfältige Art erfassen, bearbeiten, ändern, formatieren, archivieren, umstellen, kürzen, korrigieren, veröffentlichen, senden, drucken. Diese Aufzählung ist nicht vollständig. Textprogramme helfen uns auch, die Formularorganisation zu rationalisieren, das Verfassen von E-Mails zu vereinfachen oder Seriendrucke wie Serienbriefe, Etiketten, Visitenkarten und vieles anderes zu erstellen.

Im Mittelpunkt dieses Moduls stehen nicht die unüberschaubaren Möglichkeiten, die moderne Textsoftware bietet. Unser Lehrgang ist keine umfassende Anleitung, in erster Linie erfahren Sie die Textverarbeitung berufsbezogen, also aus Sicht der kaufmännischen Praxis.

Mit Textprogrammen exzellent umzugehen, ist das eine. Textverarbeitungsmöglichkeiten sinnvoll einzusetzen, ist etwas anderes, aber nicht weniger wichtig. Welche Formatierungsmöglichkeiten stehen Ihnen zur Verfügung, und wie können Sie diese typografisch einwandfrei einsetzen? Was muss bei der Briefgestaltung beachtet werden? Wie arbeiten Sie am wirkungsvollsten mit ClipArts, Formen, Textfeldern oder Diagrammen? Welche Grundsätze gelten bei der Erstellung eines Flyers oder eines langen Textes? Wie können Sie rationell und sicher Serienbriefe oder E-Mail-Seriendrucke erstellen?

Solche und viele weitere Fragen wollen wir Ihnen beantworten. Es geht nicht nur darum, mit den Funktionen des Textverarbeitungsprogramms vertraut zu werden, sondern auch Kenntnisse über gestalterische und typografische Grundsätze zu erlangen. Erst diese gestatten Ihnen, wirkungsvolle, Erfolg versprechende Schriftstücke zu erstellen.

Gestalten Sie Ihre Dokumente übersichtlich, lesefreundlich, spannend, attraktiv und schön. Viel Freude und Erfolg!

Stefan Fries

Inhaltsverzeichnis

Word
Grundlagen

1.1   Der Word-Bildschirm

Word-Oberfläche

Mit der neuen Word-Oberfläche möchte Microsoft dem Anwender nur diejenigen Befehle präsentieren, die er in seiner aktuellen Situation braucht. Wenn Sie beispielsweise eine Grafik markiert haben, benötigen Sie bestimmt nicht die Rechtschreibhilfe oder die Seriendruckfunktion, sondern Befehle zum Bearbeiten der Grafik. Steht der Cursor hingegen in einer Tabelle, werden automatisch die Funktionen zur Bearbeitung von Tabellen angezeigt.
Lernen Sie nun die wichtigen Elemente des Word-Bildschirms kennen.

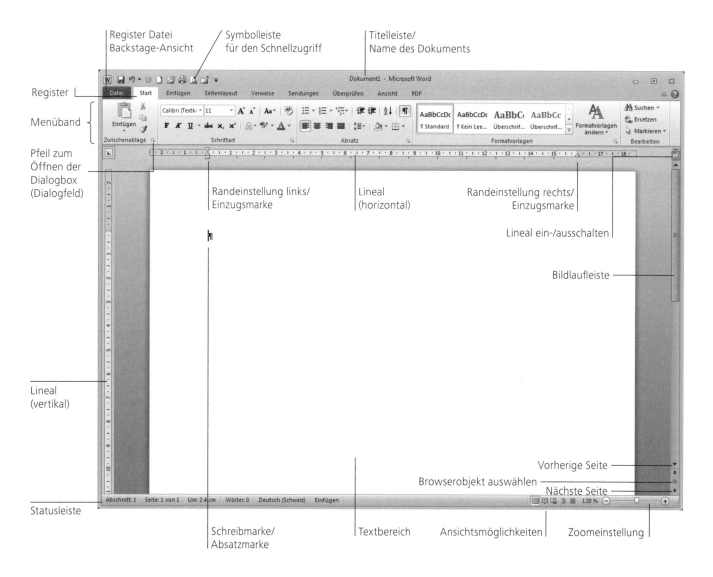

▶ Register «Datei» – Backstage-Ansicht

Neu im Office 2010 ist die Backstage-Ansicht. Klicken Sie auf die Registerkarte Datei, um die Backstage-Ansicht anzuzeigen. Sie ersetzt die Microsoft-Office-Schaltfläche von Office 2007 und das Menü Datei aus früheren Microsoft-Office-Versionen. In der Backstage-Ansicht finden Sie unter anderem die grundlegenden Befehle wie Speichern, Speichern unter, Öffnen, Schliessen, Neu, Drucken usw. Wenn die Backstage-Ansicht aktiviert ist, wird die Statusleiste ausgeblendet, und die Symbolleiste für den Schnellzugriff ist nicht aktiv. Indem Sie auf die Registerkarte Start klicken oder die Esc-Taste drücken, gelangen Sie schnell wieder aus der Backstage-Ansicht zu Ihrem Dokument zurück.

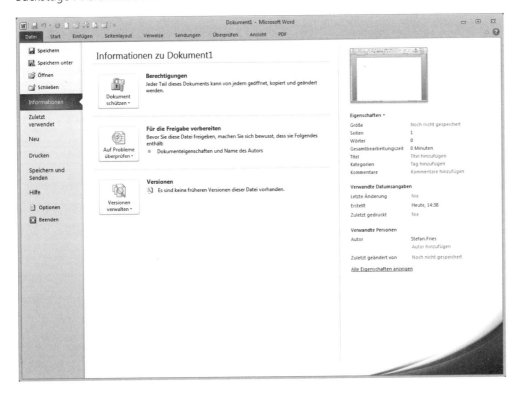

1.2 Texteingabe

Achten Sie bei der Texteingabe darauf, dass Sie am Ende der Zeile nicht Enter drücken. Word sorgt nämlich automatisch für den Zeilenumbruch – mit andern Worten: Word prüft, ob das Wort, das Sie soeben eingetippt haben, noch in die Zeile passt. Wenn nicht, setzt es Word automatisch in die nächste Zeile. Wenn Sie später den Text überarbeiten und Wörter löschen oder hinzufügen, passt sich der Zeilenumbruch automatisch an. Hätten Sie am Ende der Zeile jedes Mal Enter gedrückt, müssten Sie den Zeilenumbruch manuell anpassen, das heisst die Enter-Zeichen wieder löschen. Das wäre zeitraubend und umständlich.

▶ Der Einfüge- und Überschreibmodus

Register	**Datei**
Befehl	Optionen
Befehl	Erweitert
Eintrag	Bearbeitungs-optionen

Die wichtigsten Befehle, die zu einem bestimmten Resultat oder einer Funktion führen, sind jeweils in einer solchen Tabelle am Seitenrand zusammengestellt.

Überschreiben

Wie in jedem Textprogramm können Sie mit Word im Einfüge- oder im Überschreibmodus arbeiten. In der Regel arbeitet man im Einfügemodus, eine Umstellung ist meist nicht sinn-voll.
In der Standardeinstellung von Word ist jedoch der Überschreibmodus nicht mehr mit der **Insert**-Taste ein- bzw. auszuschalten. Dazu müssen Sie die Grundeinstellung ändern.

☑ **EINFG-Taste zum Steuern des Überschreibmodus verwenden**
　☐ Überschreibmodus verwenden

Zwischen Einfügemodus und Überschreibmodus können Sie ebenfalls durch Klick auf das entsprechende Symbol in der Statusleiste wechseln. Dazu müssen Sie jedoch den entsprechenden Eintrag in der Statuszeile aktiviert haben.

1.3 Die Arbeit mit Dateien

▶ Neues Dokument erstellen

Beim Start von Word öffnet sich in der Regel ein Textfenster. Ein neues Dokument benötigt immer eine Vorlage. In der Vorlage sind Standardwerte wie Schriftart, Randeinstellungen und viel anderes gespeichert. Auch Standardtexte können in eine Vorlage integriert sein.
Bei den Vorlagen unterscheidet man zwischen Vorlagen, die bereits auf dem System lokal gespeichert sind, und Vorlagen, die von Microsoft Online zur Verfügung gestellt werden, also aus dem Internet heruntergeladen werden können. Wenn Sie Vorlagen aus dem Internet herunterladen, wird automatisch geprüft, ob Sie eine legale Office-Version verwenden.
Ein neues, leeres Dokument erstellen Sie, indem Sie auf das Symbol **Ein neues Dokument erstellen** in der Symbolleiste für den Schnellzugriff klicken. Das neue Dokument basiert auf der Vorlage **Normal.dotm**. Darin sind die Seitenränder, die Schrift und andere Formatierungsmerkmale enthalten. Die Backstage-Ansicht (Datei/Neu) verwenden Sie in der Regel dann, wenn Sie ein Dokument erstellen wollen, das auf einer anderen Vorlage basiert.

Register	Datei
Befehl	Neu
Befehl	Leeres Dokument
Tasten-kombi-nation	Ctrl+N

So erstellen Sie ein neues Dokument.

▶ Dokument öffnen und speichern

Die beiden Dialogboxen für Öffnen und Speichern sind im Aufbau praktisch identisch.

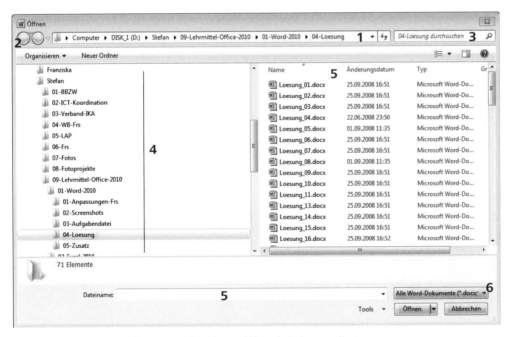

1 Hier wählen Sie den Ordner aus, in dem das zu öffnende Dokument liegt.

2 Zurück zum Dokument

3 Suchfeld. Es kann nach Dateinamen oder Dateiinhalten gesucht werden.

4 Ordnerstruktur

5 Geben Sie hier den Dateinamen ein oder wählen Sie den Dateinamen aus der Liste oben.

6 Bestimmen Sie, welche Dateiarten angezeigt werden sollen.

▶ Speichern unter

Speichern unter wählen Sie immer dann, wenn ein Dokument unter einem anderen Namen gespeichert werden soll (Kopie des Dokuments) oder wenn Sie in einem speziellen Format speichern wollen (z. B. PDF oder XPS). Um die Auswahl zu erhalten, müssen Sie den entsprechenden Dateityp anwählen.

Add-ins
sind Erweiterungspakete, welche den Funktionsumfang von Software erweitern.

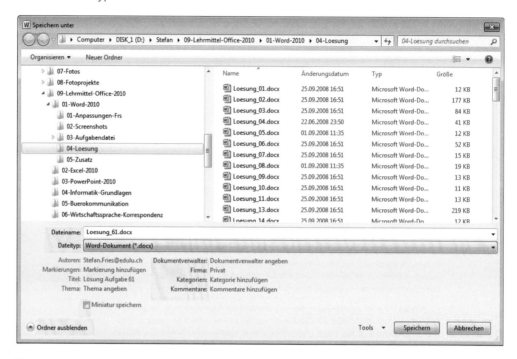

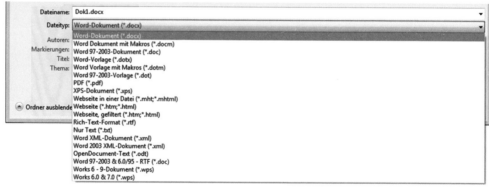

Um diese Aufgabe zu lösen, lernen Sie zuerst die Funktion =rand() kennen.

Mit der Funktion =rand() ist es möglich, einen vorgegebenen Text in ein Word-Dokument ein-zufügen. Man nennt solche Texte auch «Blindtexte». Damit lassen sich Funktionen testen, ohne lange einen Text eintippen zu müssen.

Die Funktion muss immer auf einer leeren Zeile stehen.

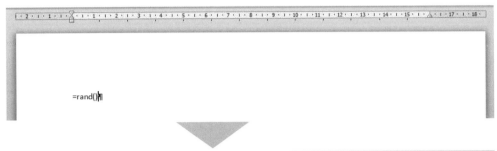

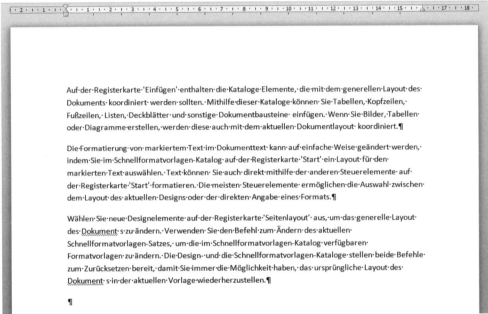

Mit =rand() fügen Sie drei Absätze mit jeweils fünf Sätzen ein. Sie können aber auch die Anzahl der Absätze und Sätze definieren. So fügen Sie z. B. mit =rand(6,7) einen Text mit sechs Absätzen zu je sieben Sätzen ein. Wenn Sie nur eine Zahl angeben, beispielsweise =rand(10), werden zehn Absätze zu je fünf Sätzen ausgegeben. Das Maximum definiert der Befehl =rand(200,99). Damit entstehen mehrere Hundert Seiten Text.

Gehen Sie nun wie folgt vor:

▶ Öffnen Sie ein neues Dokument.

▶ Geben Sie acht Absätze ein mit dem Befehl **=rand(8).**

▶ Speichern Sie die Datei im Format docx.

▶ Speichern Sie die Datei so, dass allfällige Makros mitgespeichert werden.

▶ Speichern Sie die Datei im Format Word 97-2003-Dokument und geben Sie ein Kennwort für das Öffnen der Datei ein.

▶ Beantworten Sie folgende Fragen:

Ihre Kollegin arbeitet mit Works 7.0. In welchem Format speichern Sie den Text, wenn Sie ihr eine Datei als Anhang zu einem E-Mail senden?

Wann verwenden Sie das RTF-Dateiformat? (Siehe Hilfefunktionen von Word oder suchen Sie die entsprechende Information im Internet.)

▶ Drucken

Die Möglichkeiten des Menüs **Drucken** sind weitgehend selbsterklärend. Über eines muss man sich aber klar sein: Die Installation von Druckern und Treibern ist Sache von Windows, also des Betriebssystems. Word als einzelnes Anwendungsprogramm hat damit nichts zu tun. Mit anderen Worten: Word druckt eigentlich gar nicht. Der Druckvorgang wird von Windows gesteuert. Im Menü **Drucken** können Sie jedoch zusätzliche programmspezifische Eigenschaften definieren.

▶ Speichern und Senden

Im Menü Speichern und Senden bereitet man das Dokument für die Weitergabe vor.

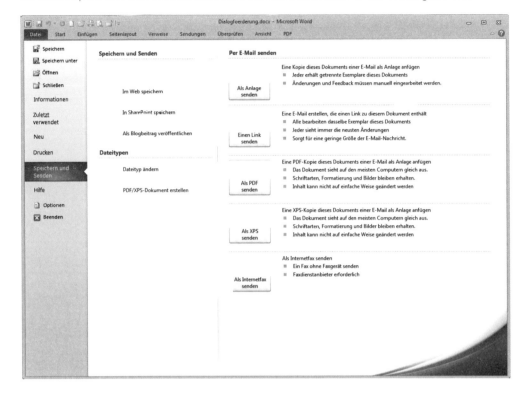

▶ Per E-Mail senden

Eine E-Mail erstellen, die einen Link zu diesem Dokument enthält

■ Alle bearbeiten dasselbe Exemplar dieses Dokuments

■ Jeder sieht immer die neusten Änderungen

■ Sorgt für eine geringe Größe der E-Mail-Nachricht.

⚠ Das Dokument muss an einem freigegebenen Speicherort gespeichert sein

▶ Im Web speichern

Wenn Sie ein Dokument auf Windows Live speichern, wird es an einem zentralen Speicherort abgelegt, auf den Sie von überall zugreifen können. Auch wenn Sie sich nicht an Ihrem Computer befinden, können Sie überall dort an Ihrem Dokument arbeiten, wo eine Verbindung zum Internet besteht. Zudem können Sie die Dokumente anderen Personen freigeben und somit von einer gemeinsamen Nutzung der Dokumente profitieren. Sie können dann einen Link anstelle einer Anlage senden (siehe Variante 2, per E-Mail senden). Auf diese Weise sorgen Sie dafür, dass nur eine einzige Kopie des Dokuments gepflegt werden muss. Wenn andere Personen Änderungen vornehmen möchten, können sie dafür das Originaldokument verwenden, wodurch es sich erübrigt, mehrere Versionen und Kopien des Dokuments zusammenzuführen.

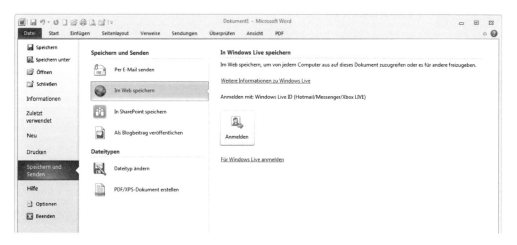

▶ In SharePoint speichern

Wenn Sie ein Dokument auf einem SharePoint-Server speichern, verfügen Sie und Ihre Kollegen über einen zentralen Speicherort für den Zugriff auf das Dokument. Für eine gemeinsame Nutzung des Dokuments können Sie nun einen Link anstelle eines Anhangs versenden (siehe Variante 2, per E-Mail senden). Auf diese Weise müssen Sie nur eine Kopie des Dokuments pflegen. Wenn andere Benutzer das Dokument überarbeiten, kann dies in der gleichen Kopie erfolgen, ohne dass mehrere Versionen und Kopien des Dokuments abgeglichen werden müssen. Je nach der in Ihrem Unternehmen verwendeten Version von SharePoint stehen auch weitere Funktionen für die Zusammenarbeit zur Verfügung.

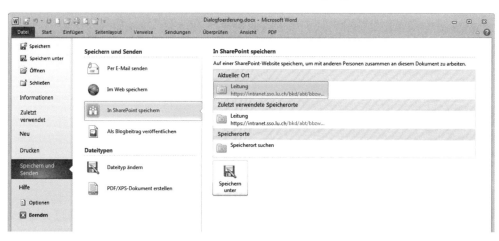

► Als Blogbeitrag veröffentlichen

► Dateityp ändern

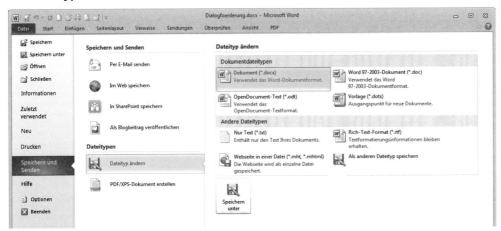

► PDF/XPS-Dokument erstellen

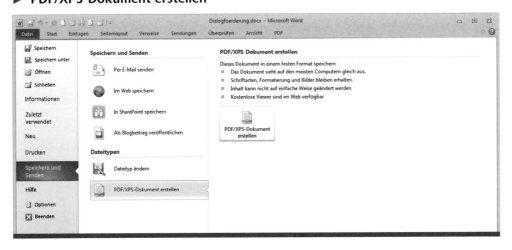

► Schliessen

Am besten schliessen Sie ein Dokument, indem Sie auf das entsprechende Symbol in der Titelleiste klicken. Zudem ist es möglich, ein Dokument über das Register Datei zu schliessen. Sofern Sie Änderungen an einem Dokument angebracht haben, werden Sie gefragt, ob Sie diese speichern wollen.

Register	**Datei**
Befehl	Neu
Befehl	Leeres Dokument

Neues Dokument öffnen

Andere Möglichkeiten:
– Symbolleiste für Schnellzugriff
  > Symbol **Neu**
– **Ctrl+N**

Register	**Datei**
Befehl	Informationen
Befehl	Eigenschaften (Erweiterte Eigenschaften wählen)

Aufgabe 2

▶ Öffnen Sie ein neues Dokument.

▶ Erstellen Sie drei Absätze mit der Funktion **=rand(3).**

▶ Speichern Sie das Dokument unter dem Namen **Aufgabe2.docx.**

▶ Klicken Sie auf das Register Datei. Wählen Sie den Befehl **Informationen,** und klicken Sie auf **Eigenschaften.** Wozu dienen die folgenden Eigenschaftsfelder in einem Dokument?

Autor

Titel

Betreff

Kommentare

Kategorie

Status

▶ Tragen Sie in den Eigenschaftsfeldern etwas Sinnvolles ein.

▶ Wählen Sie **Eigenschaften,** danach **Erweiterte Eigenschaften** und beantworten Sie folgende Fragen:

Wie heisst die Vorlage für dieses Dokument?

Um welche Zeit wurde das Dokument erstellt?

Wie viele Wörter hat das Dokument?

▶ Senden Sie das Dokument als E-Mail-Anhang (Attachment) an einen Klassenkameraden oder an Ihre eigene E-Mail-Adresse.

In wie vielen Dateiformaten können Sie den Text speichern?

Nennen Sie je einen Vorteil, wenn Sie den Text im neuen bzw. alten Format von Word speichern.

Wie heisst das Programm (exe-Datei), mit dem Sie das Add-in für die Erstellung von PDF-Dateien installieren können?

Sie arbeiten mit Office 2003 und erhalten ein Dokument, welches mit Office 2010 geschrieben wurde. Das Dokument hat die Dateierweiterung docx. Sie können das Dokument nicht öffnen. Was tun Sie?

1.4 Anzeigemöglichkeiten (Statusleiste)

Sie haben verschiedene Möglichkeiten, einen Text auf dem Bildschirm anzuzeigen. Am einfachsten wechseln Sie die Ansicht in der Statusleiste.

Statusleiste

| Anzeigen aufgrund der Einstellungen in der Auswahl | Bildschirm- anzeige | Zoomeinstel- lungen |

In der Statusleiste werden unter anderem Informationen zum Dokument angezeigt. Welche Anzeigen aktiv sind, können Sie selber bestimmen, indem Sie mit der rechten Maustaste auf die Statusleiste klicken und aus der Dialogbox **Statusleiste anpassen** die gewünschten Anzeigen wählen.

Empfohlene Auswahl der Anzeigen in der Statusleiste

Seitenlayout

Seitenlayout ist die Standardeinstellung bei der Arbeit mit Word. Ränder und grafische Elemente sind sichtbar.

Vollbild-Lesemodus

Wie der Name sagt, dient der Lesemodus zum Lesen von Dokumenten. Dabei kann die Schriftgrösse mit dem Drehrad der Maus beliebig angepasst werden. Achtung: Die Anzeige entspricht nicht dem Ausdruck.
In der Titelleiste finden Sie mehrere Befehle, um im Lesemodus die Anzeige und die Bearbeitungsmöglichkeiten zu ändern. Sehr vielfältig sind die Möglichkeiten der Ansichtsoptionen. Ganz rechts oben finden Sie den Befehl, um den Modus zu schliessen.

Weblayout

So sieht der Text bei Veröffentlichung im Web aus.

Gliederung

Verwenden Sie die Gliederungsansicht bei grossen Dokumenten, um die Übersicht zu bewahren und Veränderungen im Aufbau vorzunehmen.

Entwurf

Die Entwurfsansicht eignet sich bei langen Texteingaben. Grafische Elemente wie Ränder und Bilder werden ausgeblendet. Das System arbeitet wesentlich schneller.

Mit dem Zoomregler können Sie die Ansicht des Dokumentes stufenlos regeln.

1.5   Das Lineal

Symbol zum Ein- und
Ausblenden des Lineals

Register	**Ansicht**
Gruppe	Anzeigen
Befehl	Lineal

Ein- und Ausblenden des Lineals
im Register «Ansicht»

Register	**Datei**
Befehl	Optionen
Befehl	Erweitert
Kontroll-kästchen	Vertikales Lineal im Seitenlayout anzeigen

Grundeinstellung, ob das vertikale Lineal angezeigt werden
soll oder nicht

Register	**Datei**
Befehl	Optionen
Befehl	Erweitert
Befehl	Masse in folgen-den Einheiten anzeigen

Masseinstellungen ändern

Ganz rechts oben über der rechten Bildlaufleiste finden Sie das Symbol, um das Lineal ein- und auszublenden. Oben wird ein horizontales Lineal, am linken Bildschirmrand ein vertikales Lineal angezeigt. Das vertikale Lineal wird nicht angezeigt, wenn die Funktion in den Word-Optionen grundsätzlich deaktiviert ist.

Diese Informationen erhalten Sie aus dem horizontalen Lineal:

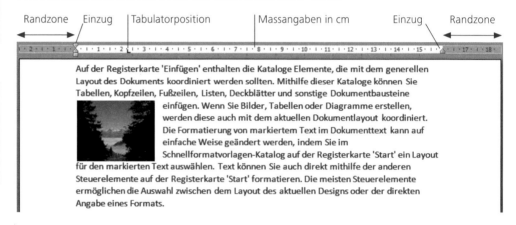

Word kennt verschiedene Masseinheiten. Schriftgrössen werden beispielsweise in Punkt angegeben.
Wenn Sie die Masseinheit verändern wollen, so können Sie dies in den Grundeinstellungen von Word (Word-Optionen) einrichten.

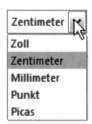

Auswahl von Massangaben

▶ Erstellen Sie in einem leeren Dokument einen Text mit drei Absätzen **=rand(3)**.

▶ Schalten Sie sämtliche Anzeigen in der Statusleiste ein.

▶ Ein Doppelklick auf die Eintragungen in der Statusleiste öffnet unterschiedliche Dialogboxen. Ergänzen Sie das folgende Schema.

Eintrag	Welche Dialogbox öffnet sich?
Seite: 1	
Wörter: 170	
Deutsch (Schweiz)	

1.6 Die Registerkarte Ansicht

Registerkarte und Menüband Ansicht

Die Registerkarte besteht aus fünf Gruppen. Die folgende Übersicht zeigt Ihnen den Einsatz
der einzelnen Befehle:

Gruppe	Befehle	Bemerkungen/Beschreibung
Dokument-ansichten	Seitenlayout Vollbild-Lesemodus Weblayout Gliederung Entwurf	Die Dokumentansichten unterscheiden sich nicht von den Möglichkeiten, die Sie in der Statusleiste vorfinden (siehe Seite 17).
Anzeigen	Lineal	Das Lineal kann auch im Menüband **Ansicht** ein- und ausgeschaltet werden.
	Gitternetzlinien	Das Textfenster erhält ein Gitternetz (Zeichnungsrasterlinien), welches beim Ausrichten von Objekten helfen kann. Das Gitternetz erscheint nicht auf dem Ausdruck, sondern lediglich auf dem Bildschirm. Die Rasterbreite können Sie erst verändern, nachdem Sie eine Form eingefügt haben. Die Standardrastergrösse beträgt 0,32 mm. Zum Verändern dieser Grösse markieren Sie das Objekt, klicken unter Zeichen- oder Bildtools auf der Registerkarte **Format** in der Gruppe **Anordnen** auf **Ausrichten** und anschliessend auf **Rastereinstellungen**.
	Navigationsbereich	Die verbesserte Navigationsleiste und die Suchtools helfen Ihnen bei der Orientierung der Dokumentstruktur. Die Gliederung wird entsprechend den Gliederungsebenen der Formatvorlagen angezeigt. In grossen Dokumenten können Sie sich so rasch zurecht-finden und mit einem Klick auf die entsprechende Seite springen. Mit diesen neuen Verbesserungen ist es einfacher denn je, Dokumentinhalte von einem zentralen, benut-zerfreundlichen Bereich aus zu suchen, zu durchsuchen und sogar neu anzuordnen.
	Statuszeile	Das Ein- und Ausblenden der Statuszeile ist in Word 2010 nicht aktiv.
Zoom	Zoom	Dies ist in Word die leistungsfähigste Zoomfunktion. Es öffnet sich eine Dialogbox, in der Sie vielfältige Möglichkeiten der Zoomeinstellungen finden.
	100%	Das Dokument wird auf 100% der normalen Grösse gezoomt.
	Eine Seite	Eine ganze Seite wird auf dem Bildschirm angezeigt. Nicht zu verwechseln mit 100% oder mit Seitenbreite.
	Zwei Seiten	Zwei Seiten werden nebeneinandergestellt, was oft eine bessere Übersicht ermöglicht, beispielsweise beim Wechseln von Kopfzeilen. Sie können allerdings auch mehr als zwei Seiten anzeigen, indem Sie im Befehl **Zoom** die entsprechenden Einstellungen vorneh-men.
	Seitenbreite	Word sucht die beste Möglichkeit, um den ganzen Bildschirm auszunützen. Je nach Grösse des Bildschirmes ist der Zoomfaktor also unterschiedlich.

Gruppe	Befehle	Bemerkungen/Beschreibung
Fenster	Neues Fenster	Vor allem bei grossen Dokumenten ist es äusserst praktisch, wenn Sie verschiedene Seiten des gleichen Dokuments gleichzeitig auf dem Bildschirm anzeigen können. Genau dies ermöglicht Ihnen die Funktion **Neues Fenster**. Beachten Sie dabei auch die anderen Befehle der Gruppe Fenster, welche interessante Einstellungen ermöglichen.
	Alle anordnen	Sie können alle geöffneten Dateien nebeneinander anzeigen.
	Teilen/ Teilung aufheben	Mit diesem Befehl können Sie das Dokument ebenfalls in zwei Bestandteile gliedern, um unterschiedliche Teile des Dokuments sichtbar zu machen. Dabei öffnet sich jedoch nicht ein zweites Dokumentfenster (siehe auch **Neues Fenster**).
	Nebeneinander anzeigen	Zeigt zwei Dokumente nebeneinander an. Die Funktion ist sehr praktisch, wenn Sie aus einem Dokument Daten in ein anderes Dokument kopieren wollen.
	Synchroner Bildlauf	Oft ist es sinnvoll, in zwei nebeneinander angezeigten Dokumenten synchron zu scrollen.
	Fensterposition zurücksetzen	Wenn Sie Dokumente nebeneinander anzeigen, besteht immer die Möglichkeit, dass der Bildschirm nicht mehr optimal genutzt wird. Mit dieser Funktion können Sie die Bildschirmaufteilung wieder zurücksetzen.
	Fenster wechseln	Wenn Sie an mehreren Dokumenten arbeiten, bilden die Fenster einen Stapel, und das auf dem Bildschirm aktive Dokument überdeckt die anderen Dokumente. Mit diesem Befehl bringen Sie das nächste Fenster in den Vordergrund.
Makros	Makros	Dieser Befehl ermöglicht das Aufzeichnen oder die Verwaltung von Makros. Ein Makro ist ein Programmcode und besteht aus einer Reihe von Word-Befehlen und Anweisungen, die zu einem Befehl gruppiert werden. So kann eine Aufgabe automatisiert werden. Makros werden in der Programmiersprache Visual Basic für Applikationen aufgezeichnet.

Probieren Sie die verschiedenen Befehle in der Registerkarte Ansicht aus. Gehen Sie wie folgt vor:

▶ Erstellen Sie einen Text mit **=rand(5,10)**. Sie werden etwa zwei Seiten Text erhalten.

▶ Fügen Sie das Gitternetz ein.

▶ Fügen Sie am Textanfang ein ClipArt oder ein Bild ein.

Aufgabe 4

Register	**Ansicht**
Gruppe	Anzeigen
Befehl	Gitternetzlinien

Einfügen Gitternetzlinie

Register	**Einfügen**
Gruppe	Illustrationen
Befehl	ClipArt

Einfügen ClipArt

▶ Ändern Sie die Grösse des Gitternetzes so, dass Sie einen Raster horizontal und vertikal von je 1 cm erhalten.

▶ Fügen Sie am Textanfang eine Textzeile ein, und schreiben Sie das Wort «Titel» auf die Zeile.

▶ Weisen Sie dem Absatz das Format Überschrift 1 zu.

▶ Fügen Sie nach jedem Absatz (Absatzmarke) eine Leerzeile ein, und schreiben Sie das Wort «Untertitel» auf die Zeile. Weisen Sie diesen Absätzen die Formatvorlage Überschrift 2 zu.

Tipp: Nach dem Eintrag «Untertitel» weisen Sie die Formatvorlage zu, markieren das Wort, legen es in die Zwischenablage **(Ctrl+C)** und fügen es anschliessend wieder ein. So müssen Sie die Formatvorlage nur einmal auswählen.

Grafik	Markieren
Register	**Bildtools/ Format**
Gruppe	Anordnen
Befehl	Ausrichten
Befehl	Raster- einstellungen

Grösse des Gitternetzes ändern

Register	**Start**
Gruppe	Formatvorlagen
Befehl	Überschrift 1

Formatvorlage zuordnen

▶ Schalten Sie den Navigationsbereich ein. Wechseln Sie anschliessend zu den verschiedenen Ansichten im Navigationsbereich.

▶ Stellen Sie die Anzeige des Dokumentes auf dem Bildschirm so ein, dass
a) eine ganze Seite angezeigt wird,
b) zwei oder drei Seiten nebeneinander angezeigt werden.

Register	**Ansicht**
Gruppe	Anzeigen
Befehl	Navigations- bereich

Navigationsbereich anzeigen

Register	**Ansicht**
Gruppe	Zoom
Befehl	Zwei Seiten oder Zoom

Seiten anzeigen

1.7 Formatierungszeichen anzeigen

Register	**Datei**
Befehl	Optionen
Befehl	Anzeigen

Anzeige von Formatierungszeichen

Formatierungszeichen können Sie auf dem Bildschirm anzeigen oder ausschalten. Welche Formatierungszeichen Sie wirklich sehen wollen, können Sie individuell bestimmen:

Diese Formatierungszeichen immer auf dem Bildschirm anzeigen

☐	**T**abstoppzeichen	→
☐	**L**eerzeichen	···
☐	**A**bsatz**m**arken	¶
☐	Ausgeblen**d**eten Text	abc
☐	Bedingte T**r**ennstriche	¬
☐	**O**bjektanker	⚓
☑	**A**lle Formatierungs**z**eichen anzeigen	

Auswahl der Anzeige von Formatierungszeichen

Unabhängig von den Grundeinstellungen können Sie bei der Arbeit an Texten immer noch
alle Formatierungszeichen über das Symbol Einblenden/Ausblenden ¶ ein- und wieder ausschalten.

Tipp: Wenn Sie mit der Maus
auf das Symbol **Einblenden/
Ausblenden** fahren, wird Ihnen
angezeigt, dass für diese Funktion der Tastaturbefehl **Ctrl+***
eingesetzt werden kann.
Auf der Tastatur «Deutsch
(Schweiz)» müssen Sie zusätzlich
die Shift-Taste drücken, damit
der Stern über der Ziffer 3 aktiviert ist.

Ein Text mit eingeschalteten Formatierungszeichen sieht auf dem Bildschirm beispielsweise
so aus:

(Erwarteter)·Energieverbrauch· nach·Energieträgern↵					
1990·bis·2030· (in·Prozent)¶					
¶					
¶					
¤	1990¤	2000¤	2010¤	2020¤	2030¤ ·¤
Erdölprodukte¤	64¤	62¤	60¤	60¤	59¤ ·¤
Erdgas¤	8¤	10¤	10¤	10¤	11¤ ·¤
Elektrizität¤	21¤	22¤	24¤	24¤	24¤ ·¤
Fernwärme¤	1¤	1¤	1¤	1¤	1¤ ·¤
Holz,·Kohle·u.a.·¤	6¤	5¤	5¤	5¤	5¤ ·¤
Total¤	100¤	100¤	100¤	100¤	100¤ ·¤
¶					
Quelle:·Prognos¶					

Der gleiche Text ohne Formatierungszeichen sieht auf dem Bildschirm so aus:

(Erwarteter) Energieverbrauch nach Energieträgern					
1990 bis 2030 (in Prozent)					
	1990	2000	2010	2020	2030
Erdölprodukte	64	62	60	60	59
Erdgas	8	10	10	10	11
Elektrizität	21	22	24	24	24
Fernwärme	1	1	1	1	1
Holz, Kohle u.a.	6	5	5	5	5
Total	100	100	100	100	100
Quelle: Prognos					

1.8 Markierungsfunktionen

▶ Text markieren mit der Maus

Markierung	So geht's
Markieren eines Textbereichs	Klicken Sie auf die Stelle, an der die Markierung beginnen soll. Halten Sie die linke Maustaste gedrückt und ziehen Sie dann den Cursor über den Text, den Sie markieren möchten.
Markieren eines Wortes	Doppelklicken Sie auf eine beliebige Stelle im Wort.
Markieren einer Textzeile	Verschieben Sie den Cursor auf die linke Seite der Zeile, bis dieser die Form eines nach rechts zeigenden Pfeils annimmt, und klicken Sie anschliessend mit der Maustaste.
Markieren eines Satzes	Halten Sie **Ctrl** gedrückt und klicken Sie auf eine beliebige Stelle im Satz.
Markieren eines Absatzes	Klicken Sie dreifach auf eine beliebige Stelle im Absatz.
Markieren mehrerer Absätze	Verschieben Sie den Cursor auf die linke Seite des ersten Absatzes, bis aus dem Mauszeiger ein nach rechts zeigender Pfeil wird. Halten Sie die linke Maustaste gedrückt und ziehen Sie den Cursor nach oben oder nach unten.
Markieren eines grossen Textbereichs	Klicken Sie auf den Anfang der Markierung. Führen Sie einen Bildlauf bis zum Ende der Markierung durch. Halten Sie die Shift-Taste gedrückt und klicken Sie auf die Stelle, an der die Markierung enden soll.
Gesamtes Dokument	Verschieben Sie den Cursor auf die linke Seite einer beliebigen Textstelle, bis aus dem Cursor ein nach rechts zeigender Pfeil wird, und klicken Sie dann dreifach.
Vertikaler Textblock	Halten Sie die **Alt-Taste** gedrückt und ziehen Sie den Cursor über den Text.

▶ Markieren von Text mit der Tastatur

Markierung	So geht's
Ein Zeichen nach rechts	Drücken Sie **Shift+Pfeil rechts**.
Ein Zeichen nach links	Drücken Sie **Shift+Pfeil links**.
Ein Wort von Anfang bis Ende	Setzen Sie die Einfügemarke an den Anfang des Worts und drücken Sie dann **Ctrl+Shift+Pfeil rechts**.
Ein Wort vom Ende bis zum Anfang	Verschieben Sie den Cursor an das Wortende und drücken Sie dann **Ctrl+Shift+Pfeil links**.
Eine Zeile von Anfang bis Ende	Drücken Sie zunächst **Home** und dann **Shift+End**.
Eine Zeile vom Ende bis zum Anfang	Drücken Sie zunächst **End** und dann **Shift+Home**.
Einen Absatz von Anfang bis Ende	Verschieben Sie den Cursor an den Anfang des Absatzes und drücken Sie dann **Ctrl+Shift+Pfeil unten**.
Ein Dokument vom Ende bis zum Anfang	Verschieben Sie den Cursor an das Dokumentende und drücken Sie dann **Ctrl+Shift+Home**.
Ein Dokument von Anfang bis Ende	Verschieben Sie den Cursor an den Anfang des Dokuments und drücken Sie dann **Ctrl+Shift+End**.
Das gesamte Dokument	Drücken Sie **Ctrl+A**.
Das nächste Zeichen	Drücken Sie F8, um den Auswahlmodus zu aktivieren, und drücken Sie dann **Pfeil links** oder **Pfeil rechts**. Drücken Sie **Esc**, um den Auswahlmodus zu deaktivieren.
Ein Wort, einen Satz, einen Absatz oder ein Dokument	Drücken Sie F8, um den Auswahlmodus zu aktivieren. Drücken Sie dann F8 einmal, um ein Wort zu markieren, zweimal, um einen Satz zu markieren, dreimal, um einen Absatz zu markieren, oder viermal, um das Dokument zu markieren. Drücken Sie **Esc**, um den Auswahlmodus zu deaktivieren.

Tipp: Mit den gleichen Tastaturbefehlen, welche Sie zum Markieren von Text benützen, können Sie sich auch ohne Markierung im Text bewegen. Sie brauchen lediglich auf das Festhalten der Shift-Taste zu verzichten. Wenn Sie also mit dem Cursor an das Ende einer Zeile springen wollen, drücken Sie einfach auf die Taste **End**.

▶ Markieren von Text an unterschiedlichen Stellen

Sie können Text markieren, der nicht aneinandergrenzt. So ist es z. B. möglich, einen Absatz auf einer Seite und einen Satz auf einer anderen Seite zu markieren. Dazu halten Sie die **Ctrl-Taste** gedrückt und markieren dann die gewünschten Textstellen.

Aufgabe 5

▶ Öffnen Sie die Datei Aufgabe 5:

Internationale Fachmesse für Kommunikation	
Büro-Organisation und Informationstechnik	
Durchführungsdatum	8.–12. September 20..
Ort	In den Hallen der Schweizer Mustermesse, Basel
Turnus	Jährlich
Veranstalter	Orbit Fachmesse AG
	und Schweizer Mustermesse
Organisator	Schweizer Mustermesse
Ausstellungsprogramm	– Kommunikationstechnik
	– Büro- und Organisationstechnik
	– Informationstechnik
	– Anwendungsspezifische Problemlösungen
	– Dienstleistungen
Ausstellerprofil	Nationale und internationale Hersteller, Distributoren und Händler, die Produkte und Dienstleistungen in den Bereichen Kommunikation, Büro-Organisation und Informationstechnik anbieten
Besucherzielgruppe	Fachbesucher und Publikum aus allen Wirtschaftszweigen
Positionierung	Internationale Messe für Kommunikation, Büro-Organisation und Informationstechnik

Seitenrand (Beispielbilder):

Internationale Fachmesse für Kommunikatio
Büro-Organisation und Informationstechnik

Durchführungsdatum	8.–12. S(
Ort	In den H;
Turnus	Jährlich
Veranstalter	Orbit Fac
	und Sch
Organisator	Schweiz
Ausstellungsprogramm	– Komr
	– Büro-
	– Inforr
	– Anwe
	– Diens
Ausstellerprofil	National(
	Händler,
	Kommur
	anbieten
Besucherzielgruppe	Fachbes
Positionierung	Internatic
	und Infor

Vertikaler Textblock

In den Hallen der Schweizer Mustermesse, Basel¶

Jährlich¶

Orbit Fachmesse AG-
und Schweizer Mustermesse¶

Schweizer Mustermesse¶   I

Mehrere Textteile markieren

▶ Markieren Sie die beiden ersten Zeilen. Wählen Sie als Hervorhebungsart **Fett**.

▶ Markieren Sie alle Stichwörter auf einmal (vertikaler Texblock). Setzen Sie den Text in Fettschrift **(Ctrl+Shift+F)**.

▶ Markieren Sie «Schweizer Mustermesse» im ganzen Text, und setzen Sie mit einem einzigen Befehl diesen Text in kursiver Schrift **(Ctrl+Shift+K)**.

▶ Markieren Sie den ganzen Text **(Ctrl+A)**, und wählen Sie als Schrift die **Consolas**.

1.9 Symbolleiste für den Schnellzugriff

In dieser Symbolleiste befinden sich Befehle, die häufig gebraucht werden und keiner Registerkarte zugeordnet werden können. Dazu gehören zum Beispiel **Speichern** oder **Öffnen**. Sie können die Symbolleiste Ihren Bedürfnissen anpassen. Klicken Sie dazu auf den Pfeil ganz rechts, über das sich öffnende Menü können Sie Befehle abwählen oder neue hinzufügen.

Über diesen Pfeil können Sie die Symbolleiste anpassen.

Symbolleiste für den Schnellzugriff

Die Befehle **Rückgängig** oder **Wiederherstellen** sind bei Word 2010 auf der Symbolleiste für den Schnellzugriff vorgegeben. Der Befehl **Rückgängig** ist sehr praktisch und nimmt Ihnen viel Arbeit ab. Dadurch können Sie einfach wieder zum Ausgangspunkt zurückkehren und Befehle rückgängig machen. Möglich ist auch der umgekehrte Weg, nämlich mit dem Befehl **Wiederherstellen**. Diesen Befehl wählen Sie also, wenn Sie mehr als gewollt rückgängig gemacht haben.

Wenn Sie auf den Pfeil neben der Schaltfläche **Rückgängig** auf der Symbolleiste klicken, finden Sie eine Liste der Aktionen, die Sie durchgeführt haben. Der Stapel enthält die Aktionen, die Sie rückgängig machen können.

Der Rückgängig-Stapel ist nicht aktiv, wenn Sie eine Aktion ausgeführt haben, die nicht rückgängig gemacht werden kann. Wenn Sie beispielsweise ein Dokument speichern und dann wieder öffnen, ist der Stapel leer. Auch bei Arbeiten mit Objekten aus anderen Programmen (z. B. bei der Bearbeitung einer Excel-Tabelle in Word) kann es vorkommen, dass Sie Befehle nicht mehr rückgängig machen können.

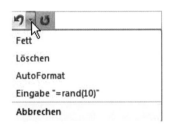

Befehle **Rückgängig** und **Wiederherstellen** mit Stapel der Aktionen, die rückgängig gemacht werden können.

1.10   Textteile und Objekte verschieben und kopieren

Register	Start
Gruppe	Zwischenablage
Befehl	Kopieren* oder Ausschneiden**
Symbole	*🗐 **✂
	*Ctrl+C, **Ctrl+X

Kopieren oder Verschieben

Register	Start
Gruppe	Zwischenablage
Befehl	Einfügen
Symbol	🗐
	Ctrl+V

Einfügen

Register	Start
Gruppe	Zwischenablage
Befehl	Pfeilsymbol

Aufgabenbereich Zwischenablage einschalten

Sie können Textbereiche auf verschiedene Arten kopieren und verschieben:

- über die Zwischenablage
- mit Drag-and-Drop-Funktionen

▶ **Kopieren oder Verschieben über die Zwischenablage**

- Markieren Sie den Text (oder das Objekt), den Sie kopieren oder verschieben wollen, und klicken Sie auf das Symbol Kopieren oder Ausschneiden.
- Der Text wird in die Zwischenablage gelegt.
- Setzen Sie den Cursor an die Stelle, an der Sie den Text einfügen möchten, und klicken Sie auf das Symbol Einfügen.

▶ **Mehrere Elemente in die Zwischenablage ablegen**

Mit der oben beschriebenen Methode für das Kopieren und Verschieben von Text fügen Sie immer nur das **zuletzt** kopierte oder ausgeschnittene Element in die Zwischenablage ein. Sie können jedoch bis 24 Elemente in die Zwischenablage einfügen. Dazu gehen Sie so vor:

- Aktivieren Sie die Registerkarte Start.
- Klicken Sie auf den Pfeil rechts unten in der Gruppe Zwischenablage. Es öffnet sich der Aufgabenbereich der Zwischenablage.
- Nun werden alle Elemente, die Sie kopieren oder ausschneiden, im Aufgabenbereich der Zwischenablage aufgeführt.

Sofern Sie wünschen, dass die Zwischenablage auch dann mehrere Elemente aufnimmt, wenn der Aufgabenbereich nicht angezeigt ist, schalten Sie dies in den Optionen ein:

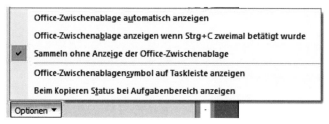

Optionen zur Zwischenablage

▶ Kopieren mithilfe von Drag and Drop

Sie können Text oder Objekte innerhalb des Dokuments ganz einfach mittels Drag and Drop verschieben oder kopieren. Zum Verschieben eines Textes markieren Sie den Text und ziehen ihn an die neue Stelle. Zum Kopieren drücken Sie gleichzeitig die Ctrl-Taste.

Cursorsymbol bei Drag-and-Drop-Operation. Bei einer Kopieraktion erscheint zusätzlich ein +-Zeichen.

Wenn Sie auf die Schaltfläche **Einfügeoptionen** klicken, die direkt unter der eingefügten Auswahl angezeigt wird, können Sie eine der Optionen auswählen, um das Format der eingefügten Elemente festzulegen.

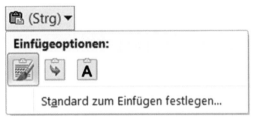

Festlegen des Zielformates

1.11 Die Funktionen Suchen, Suchen/Ersetzen und Gehe zu

Register	**Start**
Gruppe	Bearbeiten
Befehl	Suchen
	Ctrl+F

Mit Word können Sie unter anderem Text, Formatierungen, Absatzmarken, Seitenumbrüche, ja sogar Substantiv-, Adjektiv- oder Verbformen suchen und ersetzen. Sie können die Suche mithilfe von Platzhaltern und Codes erweitern, um nach Wörtern oder Ausdrücken zu suchen, die bestimmte Buchstaben oder Buchstabenkombinationen enthalten.

▶ **Suchen**

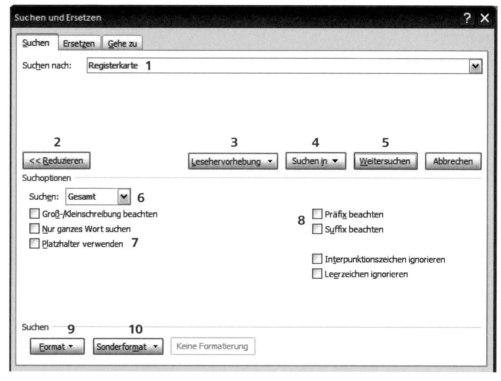

Suchen von Sonderformaten

1 Hier geben Sie den zu suchenden Begriff ein.

2 Schaltet die Suchoptionen ein oder aus.

3 Alle Suchergebnisse werden im Text in der eingestellten Hervorhebungsfarbe markiert, oder die Hervorhebungen werden wieder entfernt.

4 Bestimmen Sie, ob im ganzen Dokument oder innerhalb einer Auswahl gesucht werden soll.

5 Bei jedem Klick springt der Cursor zum nächsten gesuchten Begriff.

6 Bestimmt die Suchrichtung (Gesamt, nach oben oder nach unten).

7 Platzhalter sind Stellvertreterzeichen, die Sie unter **Sonderformat** finden.

8 Wenn Sie das Wort **legen** suchen, findet Word das Wort auch mit einem Präfix (anlegen, zulegen, beilegen). Wenn Sie ein Häkchen setzen, werden diese Wörter nicht gefunden. Gleiches Verhalten geschieht bei einem Suffix (Altertum, Reichtum, Fürstentum).

9 Sie können nach verschiedenen Formaten suchen, z. B. nach allen kursiv gesetzten Wörtern im Text. Dabei muss nicht zwingend ein Begriff unter **Suchen nach** stehen.

10 Sie können nach vielen Sonderformaten suchen (siehe Liste in der Marginalspalte).

▶ Suchen/Ersetzen

Ersetzen entspricht weitgehend der Funktion **Suchen**. Es wird ein zusätzliches Feld **Ersetzen durch** eingefügt. Nach der Suchoperation können Sie entscheiden, ob Sie den gesuchten Text an der fraglichen Stelle ersetzen wollen oder nicht. Die optionalen Möglichkeiten sind gleich wie beim Befehl **Suchen**.

Register	**Start**
Gruppe	**Bearbeiten**
Befehl	Ersetzen
	Ctrl+H

Ersetzen

Zum Suchen von Text können Sie Platzhalter definieren. Der Stern als Platzhalter ersetzt z. B. mehrere beliebige Zeichen, das Fragezeichen ein einzelnes beliebiges Zeichen.

Verwenden Sie z. B. bei der Suche ein Sternchen (*) als Platzhalter für eine beliebige Zeichenfolge. Die Eingabe von s*en findet die Wörter spielen, singen, spurten, nicht aber tanzen usw. Wenn das Kontrollkästchen **Platzhalterzeichen verwenden** aktiviert ist, findet Word nur Text, der genau mit dem angegebenen Text übereinstimmt. Die Kontrollkästchen **Gross-/Kleinschreibung** und **Nur ganzes Wort suchen** stehen nicht zur Verfügung. Sie sind automatisch aktiviert. Zur Suche nach einem Zeichen, das als Platzhalter definiert ist, geben Sie vor diesem Zeichen einen umgekehrten Schrägstrich (\) ein. Geben Sie z. B. \? ein, um nach einem Fragezeichen zu suchen. Sie können Klammern verwenden, um Suchkriterien sowie Text zu gruppieren und die Reihenfolge der Auswertung festzulegen.

Suchen/Ersetzen bietet enorm komplexe Möglichkeiten, die wir hier nicht alle beschreiben können. Versuchen Sie an kleinen Texten und mit den Hilfefunktionen hinter die Geheimnisse zu kommen.

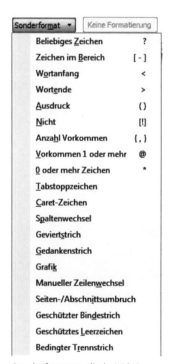

Sonderformate, die bei Aktivierung von Platzhaltern verfügbar sind

Aufgabe 6

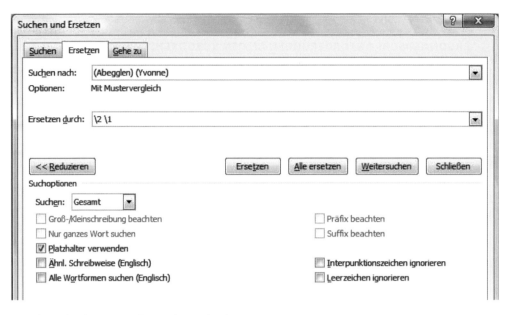

Was bewirkt diese Eingabe in der Dialogbox **Ersetzen**?

_____

_____

_____

▶ Setzen Sie einen Blindtext **=rand().**

▶ Markieren Sie drei Wörter und setzen Sie diese drei Wörter in roter Schrift.

▶ Ändern Sie die Schriftfarbe der roten Textstellen in Blau. Verwenden Sie dazu die Funktion **Suchen/Ersetzen,** sodass alle roten Textstellen automatisch geändert werden.

Register	**Start**
Gruppe	**Bearbeiten**
Befehl	Suchen
Register	**Gehe zu**
oder	F5
oder	Klick auf Statusleiste > Seitenzahl

▶ **Gehe zu**

Gehe zu ermöglicht das Springen zu bestimmten Positionen im Text. Sie wählen die Art der Position (z. B. Seite) und geben dazu eine Zahl oder einen Namen ein. Aufgrund dieser Eingabe kann Word die Stelle im Dokument genau anspringen.

Öffnen Sie die Aufgabe 7 und führen Sie die unten stehenden Anweisungen aus.

Aufgabe 7

ERGONOMISCHE·ANFORDERUNGEN·AN·DEN·BÜRODREHSTUHL¶

Der·Arbeitsstuhl·muss·stand-·und·kippsicher·—·auch·bei·grösster·Rückneigung·der·
Rückenlehne·—,·mit·min.·5·Rollen·ausgestattet·und·gegen·unbeabsichtigtes·Wegrollen·(z.·B.·
durch·gebremste·Rollen)·gesichert·sein.·Der·Rollwiderstand·ist·dem·Fussbodenbelag·
anzupassen·(gebremste·Rollen·bei·glatten·Böden,·ungebremste·nur·bei·textilen·
Bodenbelägen).·Der·Bürostuhl·sollte·den·Nutzer·beim·Hinsetzen·leicht·abfedern,·um·die·
Stossbelastung·der·Wirbelsäule·so·gering·wie·möglich·zu·halten.·Der·Bürostuhl·darf·keine·
scharfen·Kanten·aufweisen·und·soll·über·gepolsterte,·atmungsaktive·Sitz-·und·Rückenlehnen·
verfügen.·Die·Polsterung·sollte·fest·aber·dennoch·komfortabel·sein.·¶

Die·Höhe·der·Sitzfläche·muss·sich·min.·in·einem·Bereich·von·42·bis·50·cm·verstellen·lassen.·
Die·Sitztiefe·beträgt·min.·38·bis·44·cm,·günstig·ist·eine·Verstellmöglichkeit.·Die·Sitzbreite·
sollte·min.·40·bis·48·cm·betragen.·Die·Rückenlehne·ist·horizontal·konkav·gekrümmt·und·
weist·eine·Breite·von·min.·36·bis·48·cm·auf,·vertikal·ist·die·Krümmung·konvex·ausgebildet.¶

Die·Lehne·sollte·den·Rücken·des·Nutzers·in·verschiedenen·Arbeitshaltungen·möglichst·gut·
unterstützen·bzw.·entlasten.·Hierzu·ist·auf·eine·ausreichende·Höhe·und/oder·Verstellbarkeit·
zu·achten.·Die·Ausstattung·mit·einer·gekoppelten·Sitz-Lehnen-Neigungsverstellung·
(sogenannte·Synchronmechanik)·ist·empfehlenswert,·da·diese·den·dynamischen·Wechsel·
der·Körperhaltungen·und·damit·die·Versorgung·der·Bandscheiben·ermöglicht.·Armauflagen·
sind·sinnvoll·zur·Entlastung·des·Schulter-Nackenbereichs,·dürfen·aber·die·Ausübung·der·
Tätigkeit·nicht·behindern.·Sofern·Armauflagen·eingesetzt·werden,·sollten·diese·in·der·Höhe·
verstellbar·(Höhe·über·dem·Sitz·min.·im·Bereich·von·20·bis·25·cm),·min.·20·cm·lang·und·4·cm·
breit·sein.·¶

Alternative·Sitzmöbel·können·in·Einzelfällen·sinnvolle·Ergänzungen,·nicht·aber·Ersatz·für·
Bürodrehstühle·sein.·Auch·alternative·Sitzmöbel·müssen·den·Anforderungen·an·Stand-·und·
Kippsicherheit·genügen·und·einen·ausreichenden·Schutz·vor·dem·Wegrollen·aufweisen.·¶

▶ Verschieben Sie die Textstellen gemäss den Markierungen (rote Pfeile) im Text.

▶ Kopieren Sie den letzten Absatz in ein neues Dokument.

▶ Kopieren Sie den Titel in die Zelle A1 von Excel.

▶ Korrigieren Sie mit der Funktion **Ersetzen** alle Wörter **min.** in **mindestens.**

▶ Ersetzen Sie mit der Funktion **Ersetzen** das Wort konvex durch nach aussen gewölbt.

▶ Ersetzen Sie mit der Funktion **Ersetzen** bzw. durch beziehungsweise.

▶ Ersetzen Sie alle Absatzmarken im Text (ohne Titel) durch einen manuellen Zeilenumbruch.

▶ Beantworten Sie folgende Fragen:

Woran erkennen Sie, dass bzw. ob die automatische Silbentrennung aktiv ist?

_____

_____

Was bedeutet der Begriff «Platzhalter»?

_____

_____

_____

Auf wie viele Arten kann man den Befehl **Gehe zu** aufrufen?

_____

_____

Welcher Befehl ist beim Ersetzen von Text besonders vorsichtig einzusetzen?
Begründen Sie Ihre Antwort.

_____

_____

_____

_____

_____

1.12   Einfügen von Sonderzeichen

Symbole und Sonderzeichen, die auf der Tastatur nicht vorhanden sind, können Sie trotzdem in ein Dokument einfügen. Wollen Sie beispielsweise das ©-Zeichen, ¼ oder — schreiben, so ist dies kein Problem. Welche Sonderzeichen zur Verfügung stehen, ist abhängig von der gewählten Schriftart. Wahrscheinlich sind Ihnen die Symbolschriften Wingdings und Webdings bereits bekannt.

Sonderzeichen können Sie auf zwei Arten eingeben, in einer Auswahlbox oder mit Tastenkombinationen. Oft ist es auch praktisch, eingegebenen Text mithilfe der Autokorrektur (siehe Kapitel Formatierung, S. 37) automatisch durch Sonderzeichen ersetzen zu lassen.

▶ Register Symbole

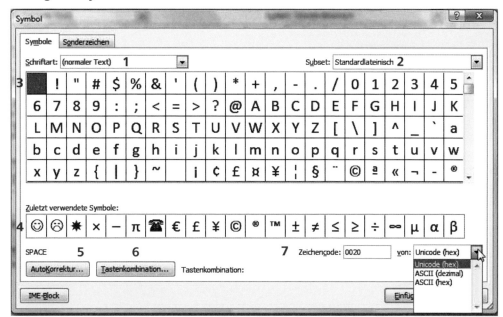

Register	**Einfügen**
Gruppe	Symbole
Befehl	Symbol
Befehl	Weitere Symbole

Sonderzeichen einfügen

1 Schriftart. Der Eintrag **(normaler Text)** bedeutet, dass der Zeichensatz der im Dokument aktiven Schrift angezeigt wird. Sie können den Zeichensatz anderer Schriften wählen.

2 Hier können Sie die Schriftwahl eingrenzen, indem Sie ein anderes Subset auswählen. Wird nur im Unicode angezeigt.

3 Anzeige des Zeichensatzes der gewählten Schriftart.

4 Die zuletzt verwendeten Symbole werden angezeigt.

5 Sie gelangen in die AutoKorrektur-Dialogbox und können das Zeichen direkt einer Autokorrektur zuordnen.

6 Wenn Sie ein Sonderzeichen öfter verwenden, lohnt es sich, diesem eine Tastenkombination zuzuordnen. Sie können dies in einer Dialogbox tun. Ferner ersehen Sie den zum Sonderzeichen gehörenden Zeichencode (Unicode oder ASCII-Code).

7 Zeichencode. Sie können ein Sonderzeichen auch erzeugen, indem Sie die Alt-Taste drücken und **im numerischen Block** die Zahlenkombination des ASCII-Codes mit einer vorangehenden 0 eintippen.

Unicode
Unicode (Einheitsschlüssel) ist ein alphanumerischer Zeichensatz. Es handelt sich um ein von der internationalen Standardisierungsorganisation ISO genormtes System zur Kodierung von Textzeichen (Buchstaben, Silbenzeichen, Ideogrammen, Satzzeichen, Sonderzeichen, Ziffern).

▶ Register Sonderzeichen

Die am häufigsten verwendeten Sonderzeichen finden Sie in dieser Dialogbox. Vielen Zeichen ist eine Tastenkombination bereits zugeordnet. Beachten Sie jedoch, dass diese bei Schweizer Tastaturen nicht immer funktionieren.

In den Sonderzeichen findet man Zeichen, welche bei der Arbeit mit Word sehr häufig verwendet werden. Dazu gehören verschiedene Stricharten (Geviertstrich, Halbgeviertstrich, Geschützter und Bedingter Trennstrich).

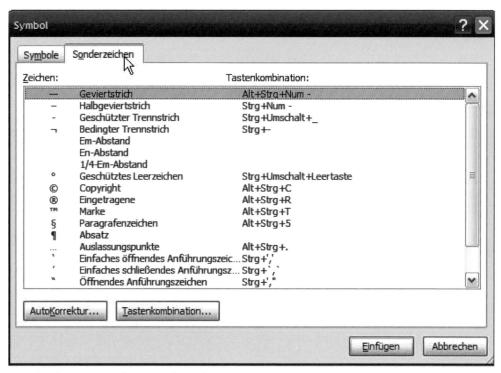

Tastenkombinationen wichtiger Sonderzeichen

▶ Formeln

Sie haben verschiedene Möglichkeiten, eine Formel in ein Dokument einzugeben oder einzufügen:

- Auswählen aus einer Liste mit regelmässig verwendeten oder vorformatierten Formeln. Selber erstellte Formeln können Sie zur Liste der regelmässig verwendeten Formeln hinzufügen.

Register	**Einfügen**
Gruppe	**Symbole**
Befehl	Formel Dropdownmenü

- Einfügen oder Eingeben von Symbolen oder häufig verwendeten mathematischen Strukturen. Nach dem Aufruf des Befehls Formel steht Ihnen zur Bearbeitung das Menüband **Formeltools** zur Verfügung.

Register	**Einfügen**
Gruppe	**Symbole**
Befehl	Formel

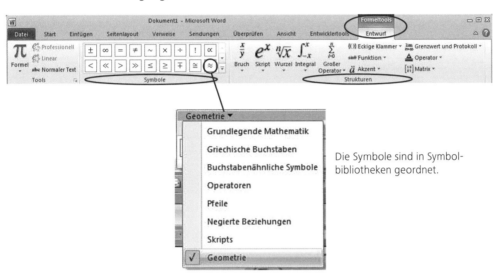

Die Symbole sind in Symbolbibliotheken geordnet.

Beim Eingeben einer Formel wird diese in Word automatisch in eine professionell formatierte Formel konvertiert.

Öffnen Sie die Aufgabe 8 und tragen Sie so weit als möglich den ASCII-Code (dezimal), den Unicode (hex), die Schriftart und die Tastenkombination ein.

Aufgabe 8

Zeichen	Schriftart	Tastenkombination
€	normaler Text	Alt+Ctrl+E
—		
–		
©		
☺		
Ž		
▦		
☑		
Ø		

Formatierung

2

2.1 Einführung

Das A und O der Textverarbeitung ist die Formatierung. Immer, wenn Sie Text erstellen, sind Formatierungsfunktionen aktiv. Ein Text wird automatisch in einer in Word definierten Schrift und in einer in Word definierten Schriftgrösse gesetzt. Jeder Text besteht mindestens aus einem Absatz, und jeder Text, den Sie erstellen, wird durch Seitenformate (Seitenränder) beeinflusst. Diese grundsätzlichen Formatierungen kann man natürlich ändern und Text umgestalten. Das Arbeiten an einem Text mit einem Textprogramm ist etwas Faszinierendes, sofern man die Möglichkeiten von Textprogrammen gut kennt.

Innerhalb der Formatierungsfunktionen werden drei Grundformatierungen unterschieden:

Register	**Start**
Gruppe	Schriftart

Aufruf der Zeichenformatierungen

Register	**Start**
Gruppe	Absatz

Aufruf der Absatzformatierungen

Register	**Seitenlayout**
Gruppe	Seite einrichten

Aufruf der Seitenformatierung

* Zeichenformatierungen (Sie werden in Word neu als **Schriftart** bezeichnet.)
* Absatzformatierungen
* Seitenformatierungen (In Word werden sie als **Seitenlayout** bezeichnet.)

Zum erweiterten Kreis der Formatierungen gehören auch:

* Abschnittformatierungen
* Tabellen
* Seitenumbruch

Das folgende Beispiel zeigt die Formatierungen an einem einfachen Brieftext. Für Brieftexte wählen Sie folgende Einstellungen:

Seitenformat

Grundtext   Einzüge

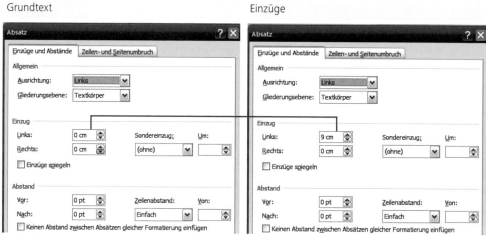

Absatzformate

Zeichenformate (Schriftformate)

Beispiel

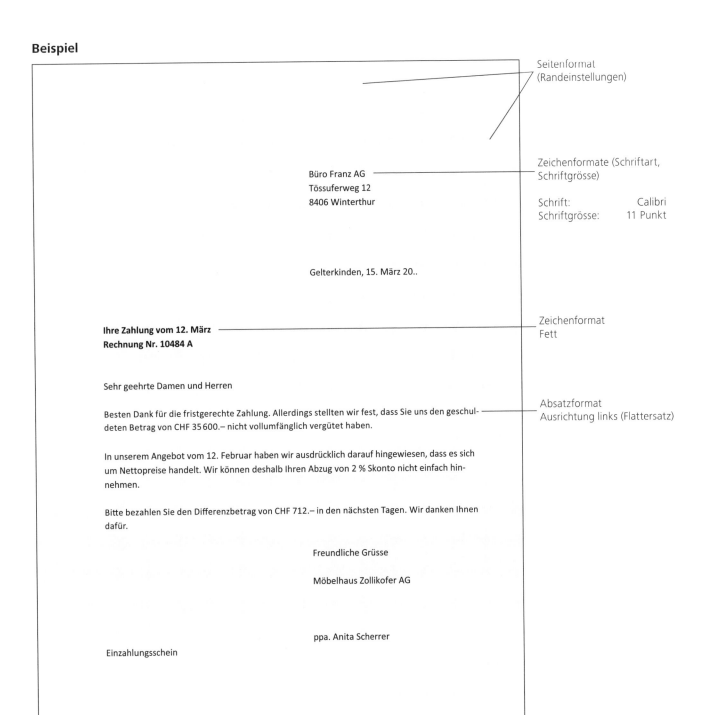

Seitenformat
(Randeinstellungen)

Zeichenformate (Schriftart, Schriftgrösse)

Schrift: Calibri
Schriftgrösse: 11 Punkt

Zeichenformat
Fett

Absatzformat
Ausrichtung links (Flattersatz)

Büro Franz AG
Tössuferweg 12
8406 Winterthur

Gelterkinden, 15. März 20..

Ihre Zahlung vom 12. März
Rechnung Nr. 10484 A

Sehr geehrte Damen und Herren

Besten Dank für die fristgerechte Zahlung. Allerdings stellten wir fest, dass Sie uns den geschuldeten Betrag von CHF 35 600.– nicht vollumfänglich vergütet haben.

In unserem Angebot vom 12. Februar haben wir ausdrücklich darauf hingewiesen, dass es sich um Nettopreise handelt. Wir können deshalb Ihren Abzug von 2 % Skonto nicht einfach hinnehmen.

Bitte bezahlen Sie den Differenzbetrag von CHF 712.– in den nächsten Tagen. Wir danken Ihnen dafür.

Freundliche Grüsse

Möbelhaus Zollikofer AG

ppa. Anita Scherrer

Einzahlungsschein

Nützliche Einstellungen in Office für Formatierungsaufgaben

Wenn Sie Office installieren, gibt Microsoft eine Grundinstallation vor, und somit hat jeder Word-Benutzer die gleiche Oberfläche, und bei jedem sind die gleichen Funktionen eingeschaltet. Diese Voreinstellungen sind nicht immer besonders hilfreich, es lohnt sich daher, bevor Sie sich Formatierungsaufgaben zuwenden, einige Einstellungen in Office selber vorzunehmen.

Autokorrektur

Register	**Datei**
Befehl	Optionen
Befehl	Dokument-prüfung
Eintrag	AutoKorrektur-Optionen
Befehl	AutoKorrektur-Optionen
Register	**AutoKorrektur**

Aufruf der Dialogbox AutoKorrektur

Wenn der Text nach einer Abkürzung automatisch mit einem Grossbuchstaben weiterfährt, kann das sehr störend sein. In einigen Fällen sind die Autokorrekturen jedoch nicht nur störend, sondern sie produzieren ihrerseits Fehler. So macht Word aus einer IDE-Festplatte ganz automatisch DIE-Festplatte. Schuld dafür ist der Eintrag unter **Ersetzen ide durch die** in der Autokorrektur. Welche Einstellungen Sie vornehmen wollen, müssen Sie natürlich selbst entscheiden.

Die Registerkarte AutoKorrektur

1 Wenn ein Wort im Text automatisch korrigiert wird, erscheint ein kleiner, blauer Balken. Beim Anklicken erhalten Sie dieses Auswahlmenü. Empfehlung: einschalten.

2 Dieser Umschaltfehler passiert Ihnen bestimmt auch gelegentlich. Die Funktion ist wertvoll. Empfehlung: einschalten.

3 Meist ärgert diese Funktion, weil Word grundsätzlich nach einem Punkt gross weiterschreibt. Empfehlung: ausschalten.

4 Ob in Tabellenzellen gross oder klein begonnen werden soll, sollten Sie entscheiden. Empfehlung: ausschalten.

5 Eine seltsame Funktion, welche nur für Wochentage Gültigkeit hat. Empfehlung: ausschalten.

6 Dass irrtümlich die Caps-Lock-Taste gedrückt wird, kommt immer wieder vor. Empfehlung: einschalten.

7 Die in dieser Liste aufgeführten Wörter oder Texte werden automatisch bei der Texteingabe ersetzt. So lassen sich Tippfehler automatisch korrigieren. Die Einrichtung kann aber auch benutzt werden, um kurze Textbausteine zu automatisieren. Beispielsweise **mfg** ersetzen durch **Freundliche Grüsse**. Dort, wo Einträge stören, empfiehlt es sich, sie zu entfernen. Anderseits können zusätzliche Einträge die Arbeit erleichtern.

▶ Autoformat

Optionen in der Registerkarte **AutoFormat** wendet Word dann an, wenn ein komplettes Dokument automatisch formatiert werden soll. Die Befehle dafür finden Sie ebenfalls in den Word-Optionen.

▶ Autoformat während der Eingabe

Die Dialogbox **AutoFormat während der Eingabe** ist der Dialogbox **AutoFormat** ähnlich. Es empfiehlt sich auch hier, die meisten Automatismen, die standardmässig eingeschaltet sind, auszuschalten. Besonders störend sind die Befehle **Gerade Anführungszeichen durch typografische** und **Bindestriche (--) durch Geviertstrich — ersetzen**. Solche automatische Funktionen sind oft sehr ärgerlich.

Register	**Datei**
Befehl	Optionen
Befehl	Dokument-prüfung
Eintrag	AutoKorrektur-Optionen
Befehl	AutoKorrektur-Optionen...
Register	**AutoFormat während der Eingabe**

Dialogbox AutoFormat während der Eingabe

Wir empfehlen Ihnen, alle Befehle in den beiden Dialogboxen **AutoFormat** und **AutoFormat während der Eingabe** zu entfernen. Suchen Sie bei ungewollten Automatismen, die Sie stören, immer in diesen Dialogboxen, und ändern Sie die entsprechenden Einträge.

2.2   Die Wahl der Schriftart

Die Wahl irgendeiner Schrift in einem Textprogramm ist keine Kunst; die Wahl einer geeigneten Schrift hingegen schon. Die richtige oder falsche Schriftwahl gibt es nicht. Aber nicht alle Schriften sind für jeden Zweck gleich gut geeignet. Die Schriftwahl richtet sich vor allem nach der Art des Schriftstücks, sie kann je nach Schriftstück zweckmässig oder unzweckmässig, lesefreundlich oder nicht lesefreundlich, schwerfällig oder leichtfüssig sein.

«Schrift ist die sichtbare Wiedergabe des gesprochenen Wortes. Ihre Aufgabe ist in erster Linie, dass ein Text ohne Mühe, ohne Umwege und ohne den Lesefluss hemmende unnötige Verzierungen dem Leser übermittelt wird.»
Hermann Zapf

Adrian Frutiger
Adrian Frutiger ist einer der bedeutendsten Typografen der Schweiz. Er hat viele Schriften entworfen. Seine beiden bekanntesten sind die Univers und die Frutiger, welche er für den Flughafen Charles de Gaulle entwickelt hat.

▶ Corporate Design
Das Corporate Design beinhaltet das gesamte visuelle Erscheinungsbild eines Unternehmens. Bei jedem Kontakt mit dem Unternehmen gilt es, einen Wiedererkennungseffekt zu erreichen. Dabei spielt auch die Schrift eine grosse Rolle. Grosse Unternehmungen verwenden oft eine Hausschrift. Die Frutiger beispielsweise wird von der Universität Zürich, von der Deutschen Post und von Die Post eingesetzt. BMW und Lufthansa wiederum verwenden die Helvetica.

Aufgabe 9

Welche Faktoren finden Sie neben der Schrift für ein einheitliches visuelles Erscheinungsbild einer Unternehmung wichtig?

▶ Leserlichkeit der Schrift

Die Leserlichkeit eines Textes ist von vielen Faktoren abhängig, unter anderem von der Schriftart, dem Zeilenabstand und sogar vom Umfang des weissen Randes. Eine Rolle spielt auch das Trägermaterial. Es ist nicht das Gleiche, ob Ihr Dokument auf dem Bildschirm oder auf Papier ausgegeben wird, und selbstverständlich spielt auch die Farbwahl eine Rolle.

Besonders grosse Beachtung muss der Leserlichkeit dann geschenkt werden, wenn Dokumente eine grosse Textmenge umfassen. Bei Titeln und Kurztexten spielt die Leserlichkeit hingegen eine untergeordnete Rolle.

▶ Serifen und serifenlose Schriften

Schriften kann man unter anderem danach unterscheiden, ob sie Serifen haben oder nicht. Ausserdem unterscheidet man bestimmte Sonderschriften wie Schreibschriften oder spezielle Dekorschriften, wie wir sie in Office von WordArt her kennen.

Allgemein wird angenommen, dass Serifenschriften bei gedruckten Texten (auf Bildschirmtexte trifft dies aufgrund der geringen Auflösung nicht zu) besser lesbar seien als serifenlose Schriften. Dies ist heute umstritten. Es gibt gut lesbare Schriften mit und ohne Serifen. Eine der bekanntesten serifenlosen Schriften ist die Arial bzw. Helvetica, die bekannteste Serifenschrift ist die Times bzw. Times New Roman. Office 2007 und 2010 enthalten neue Standardschriftarten, die auch in Windows Vista und Windows 7 enthalten sind.

Drei Schriften stellen wir Ihnen etwas näher vor. Grundsätzlich können Sie alle diese Schriften in Dokumenten verwenden, wobei bei der Monospace-Schrift Consolas in Dokumenten etwas Vorsicht geboten ist.

Calibri

Bei Office 2007 und 2010 hat Microsoft als Standardschrift Calibri bestimmt. Die Calibri hat eine warme, freundliche Erscheinung und kann sowohl für Titel als auch für Fliesstexte eingesetzt werden. Die abgerundeten Ecken bewirken ein angenehmes Lesen. Sie gehen kaum fehl, wenn Sie diese Schrift für Dokumente und E-Mails wählen.

Auf der Registerkarte ‚Einfügen' enthalten die Kataloge Elemente, die mit dem generellen Layout des Dokuments koordiniert werden sollten. Mithilfe dieser Kataloge können Sie Tabellen, Kopfzeilen, Fusszeilen, Listen, Deckblätter und sonstige Dokumentbausteine einfügen. Wenn Sie Bilder, Tabellen oder Diagramme erstellen, werden diese auch mit dem aktuellen

Cambria

Die Cambria ist eine der beiden Serifenschriften, die zu Office 2007 und 2010 gehören. Sie ist besonders geeignet für lange Dokumente (Mengensatz). Im Gegensatz zur Ungezwungenheit der Calibri ist die Cambria formell und stabil. Auch die Cambria können Sie gut für Dokumente aller Art im Büro einsetzen.

Auf der Registerkarte ‚Einfügen' enthalten die Kataloge Elemente, die mit dem generellen Layout des Dokuments koordiniert werden sollten. Mithilfe dieser Kataloge können Sie Tabellen, Kopfzeilen, Fusszeilen, Listen, Deckblätter und sonstige Dokumentbausteine einfügen. Wenn Sie Bilder, Tabellen oder Diagramme erstellen, werden diese auch mit dem aktuellen

Consolas

Consolas ist eine Monospace-Schrift, die – wie die Courier – grösstenteils von Programmierern benutzt wird. Interessant ist, dass im Gegensatz zur Courier die Consolas eine gestrichene Null hat: 0. Diese Schrift sollten Sie in Dokumenten nicht unbedingt einsetzen.

```
Auf der Registerkarte
‚Einfügen' enthalten die
Kataloge Elemente, die
mit dem generellen Layout
des Dokuments koordiniert
werden sollten. Mithilfe
dieser Kataloge können
Sie Tabellen, Kopfzeilen,
Fusszeilen, Listen,
Deckblätter und sonstige
Dokumentbausteine einfügen.
Wenn Sie Bilder, Tabellen
```

Serifen

Serifenschriften sind Schriften mit kleinen «Füsschen» an den Buchstaben. Die Serifen erleichtern dem Auge, einer Zeile entlangzugleiten. Serifenschriften werden deshalb vor allem bei langen Texten gewählt.

Cambria
(Serifenschrift)

Calibri
(serifenlose Schrift)

Proportionale Schriften und Monospace-Schriften

Proportionalschriften sind Schriften, bei denen die Zeichen verschiedene Zeichenbreiten haben. In fast allen Schriftstücken im kaufmännischen Alltag werden sie heute eingesetzt.

Monospace-Schriften sind Schriften, bei denen alle Zeichen die gleiche Breite haben. Das Schriftbild wirkt unausgeglichen. Die Schriften werden nur noch selten verwendet, z. B. bei der Programmierung oder bei E-Mails.

Beispiel	Beispiel

Cambria
(proportional)

Consolas
(nicht proportional)

Bei früheren Office-Versionen war die Times die Standardschrift. Häufiger wurde jedoch Arial als serifenlose Schrift versendet. Arial ist die auf der Welt am meisten verwendete Schrift. Wenn Sie Dokumente austauschen, ist die Wahl von Arial vernünftig. Sie können damit rechnen, dass der Empfänger ebenfalls über diese Schrift verfügt.

Aufgabe 10

▶ Nennen Sie drei Serifenschriften.

_____

▶ Welche Schrift ersetzt als Standardschrift die aus früheren Office-Versionen bekannte Courier New?

_____

▶ **Weniger ist oft mehr**

Dies ist vielleicht der wichtigste typografische Grundsatz bei Ihrer Arbeit an Texten. Eine einfache Gestaltung ist viel wirkungsvoller als ein komplexes Gebilde. In der Regel genügt deshalb **eine** Schrift in einem Dokument.

Sind mehrere Gliederungsstufen, unterschiedliche Titel und viele typgografische Elemente wie Tabellen, Kästchen, Diagramme, Linien usw. vorhanden, dürfen Sie von diesem Grundsatz gelegentlich abweichen. Mit zwei verschiedenen Schriften können Sie in diesem Fall die einzelnen Elemente optisch unterscheiden. Setzen Sie die zweite Schrift für die Titel, Tabellen und Kästchen ein.

Die beiden Schriften müssen einen starken Kontrast bilden. Serifen- und serifenlose Schriften können Sie gut kombinieren, da sie sich klar voneinander unterscheiden.

Schreib- und Zierschriften sind für lange Texte ungeeignet. Sie sind nicht lesefreundlich. Dies kommt daher, dass die Schrift selber als Gestaltungselement eingesetzt wird. Schreib- und Schmuckschriften eignen sich vielleicht im privaten Bereich. In kaufmännischen Schriftstücken haben sie in der Regel nichts verloren.

2.3 Zeichenformatierung

Die nachstehende Übersicht zeigt den Aufbau der Zeichenformatierungen in Word.

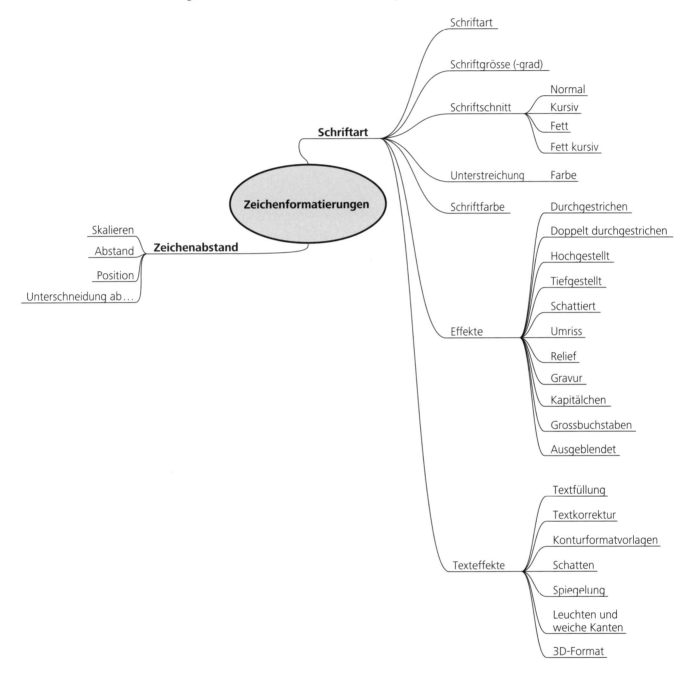

Sie haben in Word drei Möglichkeiten, Zeichenformatierungen vorzunehmen und die Schrift einzustellen:

Schriftwahl in der
Minisymbolleiste

- über die Minisymbolleiste: Sie enthält die am häufigsten benutzten Formatierungsbefehle. Beim Rechtsklick wird sie oberhalb des Kontextmenüs angezeigt. Wird im Text eine Markierung vorgenommen, erscheint sie automatisch im Hintergrund und kann mit dem Cursor sichtbar gemacht werden.

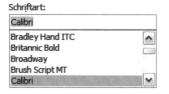

Gruppe Schriftart

- In der Gruppe Schriftart im Menüband haben Sie sofort die wichtigsten Zeichenformate zur Verfügung. Die in der Gruppe vorhandenen Symbole sind nicht ganz identisch mit der Minisymbolleiste.

Dialogbox Schriftart

- Mit dem Pfeil rechts unten in der Gruppe verzweigen Sie in die Dialogbox **Schriftart** mit den Registern Schriftart und Zeichenabstand. In dieser Dialogbox haben Sie sämtliche Zeichenformatierungen zur Verfügung.

Beim Öffnen der Schriftwahl werden Ihnen die Schriften in drei Gruppen angezeigt:

- **Designschriftarten**, welche Sie im Register Seitenlayout, Gruppe Designs, Schriftarten definiert haben

- **Zuletzt verwendete Schriftarten**

- **Alle Schriftarten**

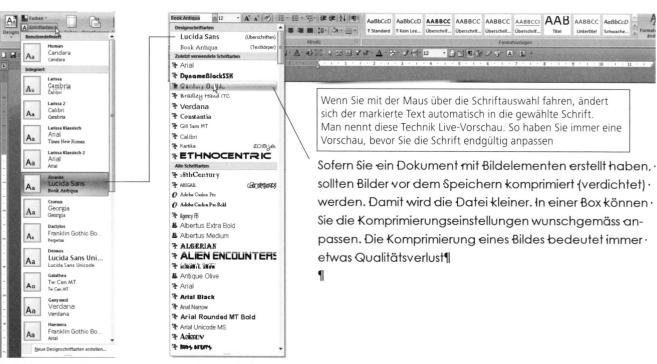

Definition von Design-
schriftarten

Auswahl von Schriften

Wenn Sie mit der Maus über die Schriftauswahl fahren, ändert sich der markierte Text automatisch in die gewählte Schrift. Man nennt diese Technik Live-Vorschau. So haben Sie immer eine Vorschau, bevor Sie die Schrift endgültig anpassen

Sofern Sie ein Dokument mit Bildelementen erstellt haben, sollten Bilder vor dem Speichern komprimiert (verdichtet) werden. Damit wird die Datei kleiner. In einer Box können Sie die Komprimierungseinstellungen wunschgemäss anpassen. Die Komprimierung eines Bildes bedeutet immer etwas Qualitätsverlust¶
¶

▶ Die Gruppe Schriftart

In der Gruppe haben Sie folgende Möglichkeiten:

1 Schriftwahl (**Ctrl+Shift+A**)

2 Schriftgrösse (**Ctrl+Shift+P**)

3 Schrift vergrössern (**Ctrl+>**)

4 Schrift verkleinern (**Ctrl+<**)
  Schriftart vergrössern und verkleinern: Die Schriftart wird jeweils um 2 Punkt vergrössert bzw. verkleinert. Wenn Sie die Schrift lediglich um 1 Punkt vergrössern wollen, drücken Sie **Ctrl+9** bzw. **Ctrl+8**, um die Schrift zu verkleinern.

5 Gross-/Kleinschreibung ändern

6 Zeichenformatierung löschen (**Ctrl+Leertaste**)
  Formatierung löschen: Gelöscht werden sämtliche Formatvorlagen, Texteffekte, sodass nur der Text übrig bleibt.

7 Einschalten von **Fett**, *Kursiv* oder <u>Unterstreichen</u>

8 Einen Text durchstreichen

9 Einen Text tiefer stellen (verkleinert unterhalb der Basislinie)

10 Einen Text höher stellen (vergrössert oberhalb der Basislinie)

11 Texteffekte. Sie können das Aussehen von Text ändern, indem Sie Fülleffekte oder Konturen ändern oder Effekte wie z. B. Schatten, Spiegelungen, Leuchten, dreidimensionale Drehungen oder Abschrägungen hinzufügen.

12 Texthervorhebungsfarbe. Sie können aus verschiedenen Farben wählen und die Hervorhebungen auch wieder zurücksetzen (Markierstift).

13 Wahl der Schriftfarbe (Designfarben oder Standardfarben)

14 Öffnet die Dialogbox **Schriftart** mit zusätzlichen Zeichenformatierungen (**Ctrl+D**)

▶ Schriftgrösse

Die Schriftgrösse wird in Punkten (Abkürzung: pt) angegeben. Ein Punkt entspricht dabei 0,35147 mm. Die Punktgrösse sagt jedoch nicht alles über die Schriftgrösse aus. Je nach Schriftart ist eine 11-Punkt-Schrift auf dem Bildschirm und dem Papier unterschiedlich gross, wie das folgende Beispiel zeigt:

Arial 11 pt	Calibri 11 pt
Vor der Entwicklung der Schrift war Jahrtausende lang die mündliche Überlieferung von wesentlichen Inhalten üblich. Sie barg schon immer gewisse Risiken in sich. Wer etwas weitererzählt, lässt Inhalte weg oder fügt neue hinzu. Weltweit wurden von jeher überlebenswichtige Informationen, aber auch geheimes Wissen, Rituale, Mythen, Legenden und Sagen mündlich weitergegeben (wie u. a. die Geschichte von der grossen Sintflut), die einen ähnlichen Kern aufweisen, in ihren Details aber beträchtlich voneinander abweichen können.	Vor der Entwicklung der Schrift war Jahrtausende lang die mündliche Überlieferung von wesentlichen Inhalten üblich. Sie barg schon immer gewisse Risiken in sich. Wer etwas weitererzählt, lässt Inhalte weg oder fügt neue hinzu. Weltweit wurden von jeher überlebenswichtige Informationen, aber auch geheimes Wissen, Rituale, Mythen, Legenden und Sagen mündlich weitergegeben (wie u. a. die Geschichte von der grossen Sintflut), die einen ähnlichen Kern aufweisen, in ihren Details aber beträchtlich voneinander abweichen können.

In kaufmännischen Schriftstücken, wie Briefen oder Protokollen, verwendet man für Fliesstext häufig eine Schriftgrösse von 10 bis 12 Punkt.

▶ Die Dialogbox Schriftart, Register Schriftart

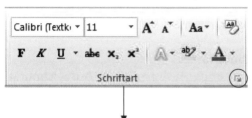

Register	**Start**
Gruppe	Schriftart
Befehl	Startprogramm Dialogbox

Auswahl der Dialogbox
Schriftart

Dialogbox Schriftart, Register Schriftart

1 Verwenden Sie nicht mehr als zwei Schriftarten im Dokument. Strukturieren Sie den Text mit Fettdruck und Kursivschrift.

2 Normalschrift ist immer am besten lesbar, Abweichungen verschlechtern die Lesbarkeit. Als Auszeichnung (Hervorhebung) eignen sich Fett- und Kursivschnitt gut. Achten Sie darauf, dass Sie Hervorhebungen von Elementen auf gleicher hierarchischer Stufe immer gleichartig wählen.

3 Die Schriftgrösse für die Grundschrift beträgt in der Regel zwischen 10 und 12 Punkt. Wählen Sie im Zweifelsfalle immer **die kleinere Schrift.**

4 Farbige Texte lassen sich schlechter lesen als schwarze Texte. Wählen Sie eine dunkle Farbe, wenn Sie ausnahmsweise die Schriftfarbe wechseln.

5 Sie können aus vielen Stricharten auswählen. In der Regel sollten Sie jedoch auf das Unterstreichen verzichten.

6 Dieser Eintrag dient für die Farbe der Unterstreichung, nicht für die Schriftfarbe.

7 Alle mittleren Eintragungen bei den Effekten (Schattiert, Umriss, Relief, Gravur) benötigen Sie für die Textgestaltung nicht, wenn der Text auf Papier ausgedruckt wird.

8 Mit dieser Taste können Sie die gewählten Einstellungen als Standardschriftart festlegen, welche in jedem neuen Dokument verwendet wird.

Fettdruck und Kursivschrift sind im Register Schriftart unter dem Stichwort Schriftschnitt aufgeführt. Das Wort Schriftschnitt stammt noch aus dem Bleisatz. Damals mussten die Stahlvorlagen für die Bleilettern wortwörtlich geschnitten werden.

▶ **Überlegungen zur Wahl der Hervorhebungsart**

Eine Textstelle hervorzuheben, bezeichnet man in der Fachsprache als **Auszeichnung.** Beachten Sie, dass auch die dem Text folgenden Interpunktionszeichen wie Komma, Punkt, Klammern usw. ausgezeichnet werden.

Auszeichnung dient immer zur besseren Leseführung. Wählen Sie deshalb die Hervorhebungsart bewusst aus.

- **Fettschrift (Bold)**

  Der Fettdruck ist eine kontrastreiche Hervorhebung. Verwenden Sie ihn vor allem in Titelzeilen und Überschriften. Die fetten Textstellen springen sofort ins Auge, und man findet sich in der Struktur des Dokuments rasch zurecht.

- **Kursivschrift (Italic)**

  Diese Hervorhebungsart ist schlichter als der Fettdruck. Die Grauwirkung des Textes bleibt unverändert, und der Leser nimmt die Hervorhebung erst während des Lesens wahr. Kursivschrift eignet sich deshalb besonders für Hervorhebungen im Fliesstext.

- **Unterstreichen**

  Unterstreichen ist eine schlechte Hervorhebungsart. Die Unterlängen werden durchgestrichen. In der Regel wählen Sie mit Vorteil Fett- oder Kursivschrift.

- **Grossbuchstaben (Versalien)**

  Versalien sind schlecht lesbar und oft eine ungünstige Auszeichnungsart. Dort, wo Lesbarkeit eine wenig wichtige Rolle spielt, z. B. bei kurzen Haupttiteln, können Sie diese Hervorhebungsart einsetzen. Im Fliesstext haben Versalien nichts zu suchen.

  GROSSBUCHSTABEN

- **Kapitälchen**

  Kapitälchen sind zwei unterschiedliche Grössen von Versalienbuchstaben. Wie Versalien sind sie grundsätzlich schlecht lesbar. Sie fügen sich aber wie die Kursivschrift gut ins Satzbild ein.

  KAPITÄLCHEN

▶ Die Dialogbox Schriftart, Register Zeichenabstand

Beim Skalieren werden die Zeichenbreiten und damit auch die Zwischenräume prozentual geändert, also die Form angepasst. Sie können Text skalieren, indem Sie ihn strecken oder komprimieren.

Dialogbox Schriftart, Register Zeichenabstand

1 Sie können in dieser Box auch Zwischenwerte eingeben. Wir empfehlen Ihnen allerdings, mit dieser Funktion vorsichtig umzugehen.

2 Hier wird der Abstand zwischen den Buchaben verändert. In der Fachsprache spricht man vom Ändern der Laufweite. In der Regel können Sie die Laufweite einer Schrift unverändert lassen. Die Laufweite wird in Punkten eingegeben. Sie können den Text etwas sperren oder zusammenziehen. Je mehr Sie die Laufweite verändern, umso weniger lesbar wird die Schrift.

3 Sie können Zeichen höher oder tiefer stellen. Im Gegensatz zum Eintrag **Hochgestellt** im Register **Schriftart** wird dabei das Zeichen nicht verkleinert.

4 Die Unterschneidung verringert den Abstand bei gewissen Buchstabenkombinationen. Sie können angeben, ab welcher Punktzahl die Unterschneidung wirken soll. Je grösser die Schrift, umso wichtiger wird es, die Unterschneidung einzuschalten, denn der Abstand wird bei grösseren Schriften immer deutlicher sichtbar.

Beispiele

Weiterbildung
Abstand (Laufweite) **Normal** 12 Punkt Calibri

Weiterbildung
Abstand (Laufweite) **Erweitert (1 pt)**

Weiterbildung
Abstand (Laufweite) **Schmal (1 pt)**

Text ohne Unterschneidung

Text mit Unterschneidung (ab 40 pt)

► In der Datei Aufgabe 11.docx befindet sich ein kurzer Brieftext. Öffnen Sie die Datei.

Sie suchen ein geräumiges Einfamilienhaus in Stadtnähe. Wir freuen uns, Ihnen zwei interessante Objekte anbieten zu können:

5-Zimmer-Einfamilienhaus in Adligenswil

Grundstücksfläche 720 m2, an ruhiger Lage, freistehend, Baujahr 1998, 5 Minuten von Bushaltestelle

Preis CHF 1300000.--

6-Zimmer-Einfamilienhaus in Ebikon

mit allem erdenklichem Komfort, Baujahr 1999, Grundstücksfläche 830 m2, Wohn-/Esszimmer mit Cheminee, 2 Badezimmer, sep. WC mit Dusche, Keller mit grossem Bastelraum, Doppelgarage

Preis CHF 2350000.--

Besichtigung   während den Geschäftszeiten von Montag bis Freitag. Unser Prokurist, Herr Müller, wird Ihnen die Objekte gerne zeigen.

Bearbeiten Sie den Text gemäss den folgenden Angaben und beantworten Sie die Fragen.

► In welcher Schrift ist dieser Text gesetzt?

► Wie beurteilen Sie die Wahl der Schrift in diesem Brieftext? Begründen Sie Ihre Antwort.

► Setzen Sie den Text in einer modernen serifenlosen Schrift 12 Punkt gross.

► Fügen Sie sinnvolle Auszeichnungen (Hervorhebungen) ein, sodass der Text eine Struktur erhält und leserlicher erscheint.

► Setzen Sie die Titel «5-Zimmer-...» und «6-Zimmer-...» in Grossbuchstaben und erhöhen Sie die Laufweite um 0,5 Punkt.

► Ersetzen Sie m2 durch m².

► Gruppieren Sie die Zahlen korrekt.

► Setzen Sie die richtigen Rappenstriche. (Beachten Sie Seite 53.)

► Schreiben Sie die Abkürzung sep. aus.

► Bei der Umformatierung des Textes besteht die Gefahr, dass sich unschöne Zeilenumbrüche ergeben, so wie das im Beispiel bei «2 Badezimmer» vorkommt. Setzen Sie an den entsprechenden Stellen ein geschütztes Leerzeichen mit der Tastenkombination Ctrl+Shift+Leertaste.

Aufgabe 12

▶ Öffnen Sie die Datei Aufgabe 12.

▶ Im ersten Teil wenden Sie sämtliche Zeichenformatierungen an bzw. testen Sie die verschiedenen Auszeichnungen aus. Typografische Richtlinien können Sie im ersten Teil dieser Aufgabe ausser Acht lassen.

▶ Ziel dieser Übung ist, dass Sie sämtliche Zeichenformatierungen kennenlernen und entsprechend anwenden können.

▶ Testen Sie neben den verschiedenen Schriftarten, Grössen, Effekten usw. auch die Texteffekte wie Textfüllung, Textkontur, Schatten, Spiegelung, Leuchten und weiche Kanten usw.

▶ Wechseln Sie ins Register «Erweitert» und testen Sie die Skalierung, Abstand, Position usw. aus.

▶ Löschen Sie sämtliche Formatierungen wieder. Wie gehen Sie vor?

_____

_____

_____

▶ Gestalten Sie nun den Text mit einer modernen serifenlosen Schrift.

▶ Fügen Sie sinnvolle Auszeichnungen (Hervorhebungen) ein, sodass der Text eine Struktur erhält und leserlich erscheint.

▶ Achten Sie auch auf die Schreibregeln sowie unschöne Zeilenumbrüche (gem. Aufgabe 11).

▶ Ändern Sie sämtliche Anführungszeichen in Guillemets («»). Wie gehen Sie vor?

_____

_____

_____

2.4 Zeichen und Ziffern richtig setzen

Die Einhaltung der wichtigsten Richtlinien erhöht die Lesbarkeit eines Schriftstücks wesentlich. Ihr Produkt wirkt sofort viel professioneller. Wir erwähnen hier nur die wichtigsten Regeln und empfehlen Ihnen für den Alltag das Buch «Regeln für das Computerschreiben» von Max Sager und Georges Thiriet (Verlag SKV, Zürich).

Zeichen	Regel	Beispiele
Anführungszeichen (Guillemets) «»	Anders als in Deutschland und Österreich (»...«) werden im schweizerischen Schriftsatz die Anführungszeichen im Stil der französischen Schriftsprache verwendet, also mit den Spitzen nach aussen («...»). Dies gilt nicht nur für Deutsch, sondern für alle in der Schweiz verwendeten Sprachen. Verwenden Sie in der Regel als Anführungszeichen in Ihren Texten Guillemets. Damit liegen Sie immer richtig.	«Nein», sagte sie. Polstergruppe Modell «Zürich»
Strichsetzung Divis	Das Divis ist der kurze Strich auf der Tastatur neben der rechten Shift-Taste. Er wird auch als Bindestrich bezeichnet. Er wird als Bindestrich, Trennungsstrich oder Ergänzungsstrich verwendet. Oft wird er **fälschlicherweise** als Minuszeichen, als Gedankenstrich, als Bis-Strich oder als Streckenstrich geschrieben. **Trennungsstrich:** Der Trennungsstrich wird in der Regel in Textprogrammen automatisch gesetzt, möglich sind jedoch auch manuelle Eingaben. Mit dem «bedingten Trennungsstrich», der auch als «weicher Trennungsstrich» bezeichnet wird, geben Sie die Trennstelle innerhalb eines Wortes vor. Wird das Wort nicht umbrochen, bleibt das weiche Trennzeichen in der Ausgabe (Druck oder Bildschirm) unsichtbar.	Druck-Erzeugnis Computer-Ausbildung 100-prozentig i-Punkt 3-Zimmer-Wohnung S-Bahn-Wagen Druck-Erzeugnis Haupt- und Nebeneingang
Strichsetzung Halbgeviertstrich	Der Halbgeviertstrich ist ein Strich, der als Gedankenstrich, Bis-Strich, Streckenstrich und bei Geldbeträgen verwendet wird. Der Halbgeviertstrich kann auch als Spiegelstrich in Aufzählungen verwendet werden. Achtung: In Betragskolonnen verwendet man für fehlende Rappen zwei Nullen, gelegentlich auch den Geviertstrich.	In diesem Jahr – dem schlechtesten des Jahrzehnts – stand er vor dem Konkurs. Die Strecke Luzern–Zürich CHF 40.– CHF –.50 10–12 Uhr
Strichsetzung Geviertstrich	In den meisten Anwendungen ist der Geviertstrich zu breit. Richtig ist der Geviertstrich in Betragskolonnen (Tabellen), weil die Breite zwei Ziffern entspricht.	CHF 50.— CHF 18.30

Register	**Einfügen**
Gruppe	Symbole
Befehl	Symbol
Markieren	« (ASCII-Code 174)
Befehl	Tastenkombination
Befehl	Neue Tastenkombination

Geben Sie die neue Tastenkombination ein (z. B. **Ctrl-Alt-1**) und ersetzen Sie damit die bisherige, welche sich für die Schweizer Tastatur nicht eignet. Genau gleich verfahren Sie für das Zeichen

» (ASCII-Code 175)

Zuweisen einer Tastenkombination für die Guillemets

Bedingter Trennstrich	Ctrl+-

Eingabe eines bedingten Trennstrichs

Halbgeviertstrich	Ctrl+- (im Ziffernblock)

Eingabe eines Halbgeviertstrichs

Geviertstrich	Ctrl+Alt+- (im Ziffernblock)

Eingabe eines Geviertstrichs

		Zeichen	Regel	Beispiele

Geschütz- tes Leer- zeichen	Crtl+Shift+ Leertaste

Prozent- und Promillezeichen

Im professionellen Bereich wird vor dem Prozentzeichen ein Spatiumabstand eingefügt. Ein Spatium ist ein Abstand, der kleiner ist als ein normaler Wortzwischenraum. Mit Word setzen wir vor dem Prozentzeichen ein geschütztes Leerzeichen (in der Praxis wird das Prozentzeichen auch direkt an die Ziffern gestellt).

4 %

10 % Steigung

1 ‰   nicht   1 0/00

Gliederung von Zahlen

Zahlen gliedert man von hinten in Dreiergruppen. Vierstellige Zahlen gliedert man nicht.

43 000   100 000   1 000 000

CHF 22 000.–   CHF 4000.50

Register	**Einfügen**
Gruppe	Symbol
Befehl	Symbol

Im Zeichensatz vorhandene Brüche einfügen

Brüche

In manchen Fonts finden Sie Brüche als einzelnes Zeichen. Wenn dies zutrifft, wählen Sie am besten das entsprechende Zeichen. Sonst müssen Sie die Brüche zusammensetzen (3/8).

¼ ½ ¾ 3/8

4½-Zimmer-Wohnung

½ Portion

2.5 Absatzformatierungen

Einführung

Unter einem Absatz versteht man den Beginn einer neuen Zeile in einem geschriebenen oder gedruckten Text. Oft bezeichnet man einen Absatz auch als Abschnitt. Aber aufgepasst: Für Word ist ein Absatz alles, was mit einer Absatzmarke (¶) endet. Das können mehrere Zeilen, ein Titel oder nur eine Leerzeile sein. Jedes neue Dokument enthält mindestens eine Absatzmarke. Wenn Sie Text eintippen und Enter drücken, setzt Word eine Absatzmarke.

In Word haben Absatzmarken eine ganz wichtige Bedeutung, weil in der Absatzmarke (¶) das Absatzformat definiert ist. Zudem werden eingefügte Objekte wie ClipArts, Bilder und andere grafische Objekte an der Absatzmarke befestigt.

Der folgende Text stammt aus einem Geschäftsbrief. Der Verfasser hat zur guten Lesbarkeit den Text sinnvoll gegliedert, die gedankliche Struktur wird sichtbar. Der Text besteht deshalb aus drei Absätzen. Im Sinne der Textverarbeitung allerdings hat dieser Text fünf Absätze, denn so viele Absatzmarken befinden sich im Text. Bei jedem Absatz sind nämlich zwei Zeilenschaltungen eingefügt.

> Schon seit längerer Zeit haben Sie bei uns keine Ware mehr bezogen. Wir fragen uns · deshalb, warum Sie nicht mehr bei uns bestellen. Waren Sie mit unserer letzten · Lieferung nicht zufrieden? Bitte teilen Sie uns mit, wenn wir Sie irgendwie enttäuscht · haben. ¶
> ¶
> Zurzeit bereiten wir einen grossen Posten moderner Gartenmöbel zum Verkauf vor. · Diesen können wir besonders günstig anbieten. Wir möchten vor allem unseren langjährigen Kundinnen und Kunden Gelegenheit geben, dieses aussergewöhnliche Angebot zu nutzen. Sie erhalten als Beilage einen Farbpros¬pekt mit ausführlicher Beschreibung und Preisangaben. ¶
> ¶
> Haben Sie schon unseren neuen Gesamtkatalog angesehen? Sie finden darin viele · Artikel, die Ihnen bestimmt gefallen. Sie werden an den bestellten Wohnungseinrichtungen Ihre Freude haben. ¶

Wenn Sie einen einzelnen Absatz formatieren wollen, müssen Sie ihn nicht markieren. Es genügt, wenn sich der Cursor im Absatz befindet. Aufgrund der Absatzmarke erkennt Word automatisch selbst, wo ein Absatz beginnt und wo er endet. Sofern Sie jedoch mehrere Absätze gleichzeitig formatieren wollen, ist die Markierung selbstverständlich notwendig.

▶ Feste und weiche Zeilenschaltung

Eine Zeilenschaltung, die mit einer Absatzmarke auf dem Bildschirm dargestellt wird, nennt man auch feste Zeilenschaltung.

Gelegentlich ist es bei der Texterstellung vorteilhaft, wenn anstelle einer Absatzmarke eine sogenannte weiche Zeilenschaltung, auch Zeilenwechsel genannt, eingefügt wird. Dies kann unter Umständen die weitere Formatierung vereinfachen, weil eben kein Absatz erwünscht ist. Das Zeichen auf dem Word-Bildschirm sieht in diesem Falle so aus:

Sie·uns·mit,·wenn·wir·Sie·irgendwie·enttäuscht·haben↵
↵

In der Textverarbeitung unterscheidet man klar zwischen Absätzen und Abschnitten. Was Abschnitte sind, erfahren Sie im Kapitel 2.7, Seitenlayout.

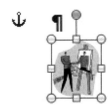

Dieses ClipArt hängt an der Absatzmarke. Der Anker zeigt, an welcher Absatzmarke ein Bild verankert ist.

Befehl	Shift+Enter

Einfügen einer weichen Zeilenschaltung (Zeilenwechsel)

Tipp: Verwenden Sie den Zeilenwechsel nur, wenn Sie ihn auch begründen können. In Tabellen beispielsweise können Formatierungsvorteile entstehen, wenn Sie den Zeilenwechsel wählen. Wenn es keinen Grund für den Zeilenwechsel gibt, fügen Sie mit Vorteil eine Absatzmarke ein.

Aufgabe 13

Die nachstehende Übersicht zeigt den Aufbau der Absatzformatierungen in Word. Ergänzen Sie bitte dieses Mindmap.

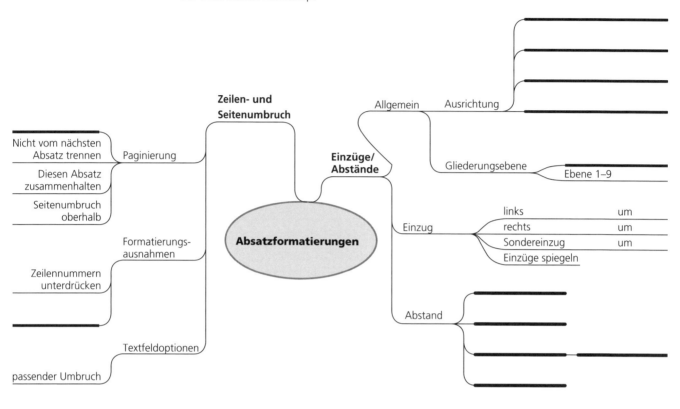

Aufgabe 14

Beantworten Sie die folgenden Fragen mithilfe der Hilfefunktionen oder des Internets:

Ihr Kollege sieht in seinem Dokument keine Absatzmarken und bittet Sie um Rat.

_____

_____

_____

Wie erzeugen Sie innerhalb eines Absatzes einen Zeilenumbruch?

_____

_____

Anstatt einer Zeilenschaltung empfiehlt es sich oft, einen Absatzabstand zu definieren und nur einmal zu schalten. Wo wird dieser Abstand in Word definiert?

_____

_____

Die Gruppe Absatz

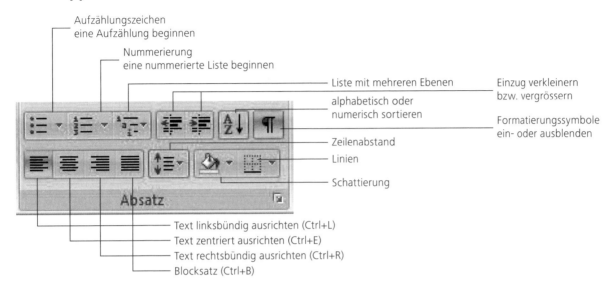

Aufzählungszeichen
eine Aufzählung beginnen

Nummerierung
eine nummerierte Liste beginnen

Liste mit mehreren Ebenen

alphabetisch oder
numerisch sortieren

Einzug verkleinern
bzw. vergrössern

Formatierungssymbole
ein- oder ausblenden

Zeilenabstand

Linien

Schattierung

Text linksbündig ausrichten (Ctrl+L)
Text zentriert ausrichten (Ctrl+E)
Text rechtsbündig ausrichten (Ctrl+R)
Blocksatz (Ctrl+B)

▶ Textausrichtung

Wenn Sie einen Text erfassen, so sind zuerst einmal die Einstellungen der Seitenränder dafür massgebend, wie der Text auf der Seite angeordnet wird. Mit den Textausrichtungen und anderen Absatzformaten können Sie die Anordnung der einzelnen Absätze dann anpassen.

Register	Seitenlayout
Gruppe	Seite einrichten
Befehl	Seitenränder

Seitenränder einrichten

Linksbündig

Die Linksausrichtung – auch linksbündig oder Flattersatz genannt – ist die einfachste Darstellung von Texten. Dabei wird die Zeile so lange aufgefüllt, bis das nächste Wort oder die nächste Silbe nicht mehr in die Zeile passt. Der Rest der Zeile bleibt leer. Flattersatz ohne Trennungen erzeugt oft sehr unregelmässige Zeilenenden, das Einschalten der Trennung ist jedoch im Flattersatz nicht zwingend. Bei Geschäftsbriefen empfiehlt es sich, die Trennung in der Regel einzuschalten. In folgenden Fällen sollten Sie grundsätzlich Flattersatz anwenden:

- bei Zeilenlängen unter 35 Zeichen. Wenn Sie derart kurze Zeilen im Blocksatz setzen, entstehen grosse, hässliche Zwischenräume;
- bei kleineren Textmengen, z. B. in Überschriften oder Bilderklärungen;
- in Aufzählungen;
- in Brieftexten. Der Briefcharakter kommt besser zum Ausdruck.

Gute und schlechte Briefe unterscheiden sich nicht nur in Inhalt und Sprache, sondern auch in der Gestaltung. Ein Brief mit einem harmonischen Erscheinungsbild wirkt sympathischer, spricht an und lässt sich leicht lesen.

Register	Start
Gruppe	Absatz
Befehl	Text linksbündig
	Ctrl+L

Text linksbündig anordnen

Ausrichtung linksbündig, der rechte Rand flattert. Die Silbentrennung ist eingeschaltet.

Blocksatz

Blocksatz ist die Bezeichnung für Satz, der die volle Satzbreite ausfüllt. Die glatte rechte Satzkante wird erreicht, indem der Weissraum zwischen den Wörtern angepasst wird. Das führt dazu, dass sich die Wortzwischenräume von Zeile zu Zeile verändern. Bei schmalem Satz eignet sich der Blocksatz nicht. Die Trennung muss unbedingt eingeschaltet werden, damit die Wortzwischenräume nicht zu unregelmässig und breit werden.

Register	**Start**
Gruppe	Absatz
Befehl	Blocksatz
	Ctrl+B

Blocksatz

Gute und schlechte Briefe unterscheiden sich nicht nur in Inhalt und Sprache, sondern auch in der Gestaltung. Ein Brief mit einem harmonischen Erscheinungsbild wirkt sympathischer, spricht an und lässt sich leicht lesen.

Ausrichtung Blocksatz, die volle Satzbreite wird ausgefüllt

Rechtsbündig

Rechtsausrichtung kommt im Normalfall nur in Tabellen, in rechten Marginalien (Randspalten) oder gelegentlich in einzeiligen Absätzen vor. In Tabellen wird die Rechtsausrichtung häufig zum Ausrichten von Zahlenkolonnen verwendet, wenn die Zahlen keine Nachkommastellen haben oder wenn die Anzahl der Ziffern nach dem Komma gleich bleibt. Dies ist in Betragskolonnen meist der Fall. Verwenden Sie vor allem in Tabellen wenn möglich die Rechtsausrichtung statt den Tabulator.

Register	**Start**
Gruppe	Absatz
Befehl	Text rechtsbündig ausrichten
	Ctrl+R

Rechtsbündig

Fr. 500.80
Fr. 300.50
Fr. 190.30

Ausrichtung rechtsbündig (bei ungleicher Anzahl Stellen benötigen Sie für diese Darstellung Tabulatoren).

Zentriert (Mittelachsensatz)

Die Zeilen werden zwischen den linken und rechten Rand mittig gesetzt. Man wendet das Zentrieren z. B. bei Überschriften, kurzen Texten auf Deckblättern, in Gedichten und in Bild- oder Tabellentiteln an. Schreiben Sie keine langen Texte im Mittelachsensatz. Das wirkt langweilig.

Achten Sie auch darauf, dass Titel **optisch** in der Mitte stehen.

Register	**Start**
Gruppe	Absatz
Befehl	Zentriert
	Ctrl+E

Zentriert

Einladung

zur ordentlichen Generalversammlung
vom Freitag, 20. Januar 20.., 20.15 Uhr
im Hotel Rössli, Kreuzlingen

Zentriert (Mittelachsensatz)

Einer der häufigsten Fehler bei der Textgestaltung ist, dass Titel optisch nicht in der Mitte stehen. Zentriert wird immer über die gesamte Satzbreite. Der optische Rand entsteht beim Flattersatz aber links vom Textrand. Es ist immer besser, in solchen Fällen auf das Zentrieren zu verzichten. Im folgenden Beispiel ist der Titel auf den Satzspiegel eingemittet und steht damit viel zu weit rechts:

Schweizerlied

Uf'm Bergli
Bin i gesässe,
Ha de Vögle
Zugeschaut;
Hänt gesunge,
Hänt gesprunge,
Hänt's Nästli
Gebaut.
(Goethe)

▶ Einzug verkleinern und Einzug vergrössern

Mit dieser Funktion können Sie einen Einzug um eine Einzugsebene erweitern bzw. verringern. Word benutzt dazu die Standardtabulatoren oder selbst eingefügte Tabulatorstopps. Bei der Aktivierung des Befehls **Aufzählungszeichen** und **Nummerierung** setzt Word automatisch einen Erstzeileneinzug und zusätzlich einen linken, hängenden Einzug. Wenn Sie den Erstzeileneinzug nicht wünschen, klicken Sie einfach auf den Befehl **Einzug verkleinern**.

Unter Einzug versteht man einen Leerraum zu Beginn der ersten Zeile oder für einen ganzen Absatz links oder rechts. Der richtige Einsatz der Einzugsfunktionen erleichtert die Arbeit mit Textsoftware enorm. Es gibt verschiedene Möglichkeiten, Text links oder rechts einzuziehen. Wer mit Einzügen arbeitet, muss zwingend auch die Tabulatorgrundfunktionen verstehen. Wir erklären diese hier nur so weit, als sie für Einzüge im Zusammenhang mit Nummerierung und Gliederung notwendig sind. Weitere Tabulatorfunktionen stellen wir Ihnen später vor.

So verschieben Sie das Einzugssymbol mit der Maus.

Die Einzugsfunktionen im Lineal

Erstzeileneinzug

Linker Einzug | Hängender Einzug — Standardtabstopps — Rechter Einzug

Tabstoppmarkierung
(Stapel mit / Positionen)

Lineal ein-/ausschalten

Erstzeileneinzug

Wie der Name sagt, bestimmt dieser Einzug die Stellung der ersten Zeile. Dieser Einzug kann positiv oder auch negativ sein. Den Erstzeileneinzug benötigen Sie beispielsweise, um die erste Zeile bei Absätzen einzuziehen – eine häufige Gestaltungsart, um den Text zu strukturieren.

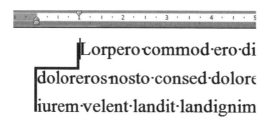

Hängender Einzug

Beim hängenden Einzug wird die erste Zeile eines Absatzes auf volle Breite gesetzt, während alle weiteren Zeilen eingerückt werden – die erste Zeile «hängt» somit links aus dem Textrand des Absatzes heraus. Diese Formatierung benötigen Sie sehr häufig, beispielsweise um Stichwörter am linken Rand zu schreiben oder um Nummerierungen und Gliederungen zu gestalten.

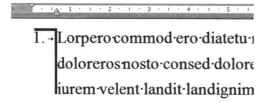

Tipp: Das Fassen und Verschieben des Reiters **Hängender Einzug** mit der Maus ist – vor allem bei kleinen Bildschirmen – nicht immer ganz einfach. Wenn Sie den Reiter «Linker Einzug» ziehen und gleichzeitig die Shift-Taste drücken, entsteht ebenfalls ein «hängender Einzug». Das ist oft der einfachere Weg.

Linker Einzug

Der linke Einzug dient dazu, den ganzen Absatz vom linken Seitenrand einzuziehen (möglich, aber selten, ist auch ein Einzug nach links vom Seitenrand).

Achtung: Verwenden Sie den Einzug nicht, um im ganzen Dokument einen grösseren linken Rand zu setzen. Dazu dient die Seitenformatierung (Registerkarte Seitenlayout, Gruppe Seitenränder). Einen Einzug setzen Sie immer dann, wenn ein Absatz eben nicht auf den Satzspiegel ausgerichtet ist:

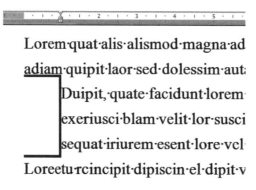

Diese Einzugsmarke ist gleichzeitig automatisch ein Tabstopp, sofern dies in den Grundeinstellungen von Word nicht verändert wurde.

Einzug und Tabstopp

Einzüge mithilfe der Tabstoppmarkierung

Die beiden letzten Optionen auf der Tabstoppmarkierung sind Einzugsmarken. Statt die Einzugsmarken auf dem Lineal zu verschieben, können Sie auch die entsprechende Marke auswählen und dann auf das Lineal klicken, um den Einzug an der gewünschten Stelle zu setzen. Vorgehen: Setzen Sie den Cursor in den Absatz, den Sie formatieren möchten. Klicken Sie so lange auf die Tabstoppmarkierung, bis das Symbol für Erstzeileneinzug angezeigt wird. Klicken Sie nun auf die Stelle des Lineals, an der die erste Zeile des Absatzes beginnen soll. Für hängende Einzüge verfahren Sie gleich.

Standardtabstopps

Ein neues Dokument enthält in Word automatisch Standardtabstopps. Sie sind in der Standardeinstellung alle 1,25 cm gesetzt und an den kleinen schwarzen Strichen im Lineal ersichtlich. Diese Standardtabstopps verwendet Word in der Normaleinstellung auch für Einzüge. Wenn Sie den Cursor an den Anfang eines Absatzes stellen und die Tabuliertaste anschlagen, entsteht automatisch ein Erstzeileneinzug bis zum ersten Standardtabstopp. Wenn Sie einen ganzen Absatz einziehen möchten, setzen Sie den Cursor links neben eine beliebige Zeile (mit Ausnahme der ersten Zeile) und drücken die Tabuliertaste.

Standardtabstopps können Sie auch in anderen Abständen definieren. Dazu tragen Sie einen anderen Wert in der Dialogbox **Tabstopps** ein.

Rechter Einzug

Diesen Einzug verwenden Sie, um den ganzen Absatz vom rechten Seitenrand einzuziehen (siehe auch linker Einzug).

Register	**Datei**
Befehl	Optionen
Befehl	Dokument-prüfung
Befehl	AutoKorrektur-Optionen
Register	**AutoFormat während der Eingabe**

Während der Eingabe

☐ Listeneintrag wie
☑ Setzt den linken
☐ Formatvorlagen

Dieses Häkchen bestimmt, ob Einzüge mit der Tabuliertaste funktionieren oder nicht.

Register	**Start**
Gruppe	**Absatz**
Befehl	Startprogramm für Dialogfeld
Befehl	Tabstopps
Wert	Standard-tabstopps

Ändern der Standardtabstopps

▶ Zeilenabstand

Word bietet im Drop-down-Menü für den Zeilenabstand Werte zwischen 1.0 und 3.0 an. Der Eintrag **Zeilenabstandoptionen** führt in die Dialogbox **Absatz**, wo weitere Einstellungsmöglichkeiten bestehen und der Wert des Zeilenabstandes bis auf 132 erhöht werden kann. Das macht allerdings wenig Sinn. Wichtig jedoch ist, dass auch Zwischenwerte, beispielsweise 1.1, in der Dialogbox eingetragen werden können.

Abstand vor und nach einem Absatz

In der Dialogbox **Absatz** haben Sie die Möglichkeit, einen Abstand nach und/oder vor jedem Absatz zu definieren. Diese Technik ist vor allem bei längeren Texten wesentlich sinnvoller, als bei einem Absatz zwei Absatzmarken zu setzen. Word trägt die Werte in Schritten von 6 Punkten ein. Für Briefe eignet sich der Abstand von 12 Punkten recht gut.

Den Abstand zwischen Zeilen ändern

Welchen Zeilenabstand wählt man?

Der Zeilenabstand in einem Fliesstext ist wichtig für die Lesbarkeit eines Textes. Dabei spielt die Wahl der Schrift aber eine wichtige Rolle. Betrachten wir die drei folgenden Beispiele von Blindtext in Word:

Auf der Registerkarte 'Einfügen' enthalten die Kataloge Elemente, die mit dem generellen Layout des Dokuments koordiniert werden sollten. Mithilfe dieser Kataloge können Sie Tabellen, Kopfzeilen, Fußzeilen, Listen, Deckblätter und sonstige Dokumentbausteine einfügen. Wenn Sie Bilder, Tabellen oder Diagramme erstellen, werden diese auch mit dem aktuellen Dokumentlayout koordiniert.	Auf der Registerkarte 'Einfügen' enthalten die Kataloge Elemente, die mit dem generellen Layout des Dokuments koordiniert werden sollten. Mithilfe dieser Kataloge können Sie Tabellen, Kopfzeilen, Fußzeilen, Listen, Deckblätter und sonstige Dokumentbausteine einfügen. Wenn Sie Bilder, Tabellen oder Diagramme erstellen, werden diese auch mit dem aktuellen Dokumentlayout koordiniert.	Auf der Registerkarte 'Einfügen' enthalten die Kataloge Elemente, die mit dem generellen Layout des Dokuments koordiniert werden sollten. Mithilfe dieser Kataloge können Sie Tabellen, Kopfzeilen, Fußzeilen, Listen, Deckblätter und sonstige Dokumentbausteine einfügen. Wenn Sie Bilder, Tabellen oder Diagramme erstellen, werden diese auch mit dem aktuellen Dokumentlayout koordiniert.
Schriftart Calibri Zeilenabstand 1 Schriftgrösse 11 Punkt	Schriftart Arial Zeilenabstand 1 Schriftgrösse 11 Punkt	Schriftart Times Zeilenabstand 1 Schriftgrösse 11 Punkt

Trotz gleicher Schriftgrösse und gleicher Zeilenabstände ist der Raum in der Standardschrift Calibri grösser als bei der in älteren Word-Versionen als Standardschrift verwendeten Arial. Die Times benötigt am wenigsten Raum, der Zeilenabstand wirkt aber ebenfalls kleiner als bei der Calibri. Beim Gestalten von Dokumenten kann es sinnvoll sein, in einem Fliesstext den Abstand auf 1.15 zu vergrössern. Die Leserlichkeit wird dadurch etwas günstiger.

Aufgabe 15

Öffnen Sie die Aufgabe 15. Sie finden darin vier Absätze mit vier verschiedenen Zeilenabständen. Welcher Absatz ist aus Ihrer Sicht mit dem besten Zeilenabstand formatiert worden?

Öffnen Sie die Aufgabe 16 und formatieren Sie den Text **genau nach Vorlage**. Überlegen Sie zuerst gut, welche Zeichen- und Absatzformate in diesem Text eingesetzt wurden. Lediglich der Zeilenumbruch darf von der Lösung abweichen.

Aufgabe 16

Schrift	Calibri
Schriftgrösse, Zeilenabstand	Fliesstext 11 Punkt; Titel 14 Punkt, fett; Zeilenabstand Einfach
Abstand zwischen Absätzen	immer 12 Punkt. Definieren Sie diesen Wert (nicht zweimal schalten).

Textverarbeitung als Gestaltungsmittel

Textverarbeitung stellt Ihnen leistungsfähige Funktionen zur optischen Gestaltung Ihrer Texte zur Verfügung. Sie sollten diese Möglichkeiten kennen. Aber *setzen Sie die Mittel gezielt ein.* Bei jeder Hervorhebung sollten Sie begründen können, weshalb Sie diese und nicht jene Hervorhebungsart gewählt haben. Achten Sie auch darauf, dass Ihre Korrespondenz ein einheitliches Erscheinungsbild zeigt (Corporate Identity).

> Wählen Sie für Ihre Korrespondenz immer die gleiche Schrift, auch wenn Sie viele Schriftarten zur Verfügung haben. Wenn Ihre Kunden die Briefe einmal so und einmal so bekommen, ist das ungünstig.

Der sinnvolle Einsatz gestalterischer Mittel erleichtert das Lesen Ihrer Texte. Viele Texte werden deshalb nicht gelesen, weil sie optisch nicht ansprechen. Hier nochmals die wichtigsten Hervorhebungsmittel und deren Einsatzmöglichkeiten:

Fettdruck	Fettdruck kann fast überall als Hervorhebungsmittel eingesetzt werden. Aber gehen Sie sparsam damit um.
Unterstreichen	Das Unterstreichen sollten Sie mit grosser Zurückhaltung verwenden. Unterstreichen in Druckschriften wirkt hässlich.
Versalien	Versalien lassen sich schlecht lesen, die Lesegeschwindigkeit sinkt rapid. Vermeiden Sie deshalb Versalien in längeren Textpassagen. Müssen Sie trotzdem einmal Versalien setzen, nutzen Sie die Möglichkeiten der CAPS-LOCK-Taste.
Zentrieren	Mit der Zentrierfunktion können Sie auch mehrere Zeilen auf einmal zentrieren. Eine nützliche Funktion z. B. für Deckblätter und Titelgestaltung.
Einrücken	Das ist eine der leistungsfähigsten Funktionen der Absatzformatierung. Rücken Sie Texte nie mit der Leertaste ein, weil sonst eine Umformatierung nicht ohne weiteres möglich ist.

Nehmen Sie sich ruhig etwas Zeit, sich intensiv mit der Textgestaltung auseinander zu setzen. Prüfen Sie verschiedene Darstellungsformen. *Ihre Texte soll man bereits an der optischen Aufmachung erkennen.*

▶ **Textfluss**

Ungünstige Spalten- und Seitenumbrüche entstehen vor allem beim Erstellen längerer Texte. Beim automatischen Umbruch von Texten ergeben sich gelegentlich Situationen, die ein unharmonisches Seitenbild liefern und korrigiert werden müssen. Meist genügt es nicht, wenn man beim Erstellen einen Seitenumbruch an einer günstigen Stelle organisiert. Werden nach der Eingabe noch Textbestandteile hinzugefügt oder gelöscht, verschiebt sich der Umbruch erneut, was zu unschönen Seitenwechseln führt. Schlecht sind insbesondere:

- einzelne Zeilen am Seiten- oder Spaltenanfang,
- einzelne Zeilen am Seiten- oder Spaltenende,
- das Auseinanderreissen einzelner Elemente.

Beispielsweise werden Überschriften am Ende einer Seite gedruckt, während der Text auf der nächsten Seite beginnt. Einer Überschrift sollten auf einer Seite immer zwei oder besser drei Zeilen folgen.

Deshalb verfügen Textprogramme über eine Absatzkontrolle. Damit wird vermieden, dass die letzte Zeile eines Absatzes am Anfang einer neuen Seite (Hurenkind) oder die erste Zeile eines Absatzes am Ende einer Seite erscheint (Schusterjunge). Analog gilt diese Regel auch bei Spaltenwechsel.

In Word lassen sich mithilfe der entsprechenden Optionen unschöne Seitenumbrüche und Spaltenwechsel von vornherein vermeiden.

Register	**Start**
Gruppe	**Absatz**
Befehl	Startprogramm Dialogbox Absatz
Register	**Zeilen- und Seitenumbruch**

Aufruf der Befehle für Zeilen- und Seitenumbrüche

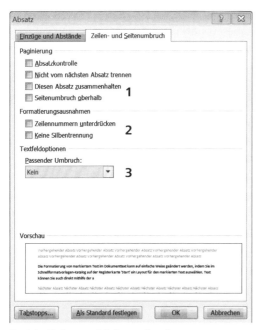

Register Zeilen- und Seitenumbruch

1 Absatzkontrolle

In einem professionell aussehenden Dokument endet eine Seite nie mit einer einzigen Zeile eines neuen Absatzes. Eine Seite sollte auch nie mit der letzten Zeile eines Absatzes von der vorherigen Seite beginnen. Das Aktivieren dieser Option verhindert den Fehler.

Nicht vom nächsten Absatz trennen

Sollen zwei Absätze nicht getrennt werden, so markieren Sie die Absätze, die auf einer Seite zusammengehalten werden sollen, und aktivieren diese Option.

Diesen Absatz zusammenhalten

Klicken Sie in den Absatz, der nicht auf zwei Seiten aufgeteilt werden soll, und aktivieren Sie die Option.

Seitenumbruch oberhalb

Bei diesem Eintrag wird immer ein Seitenumbruch oberhalb des Absatzes eingefügt. Das ist beispielsweise sinnvoll bei Haupttiteln, die immer auf einer neuen Seite stehen müssen. Vermeiden Sie bei langen Schriftstücken feste Seitenumbrüche soweit als möglich.

2 Zeilennummern unterdrücken

Zeilennummerierungen sind vor allem bei Pressetexten erwünscht (siehe Befehl Marginalspalte). Markieren Sie die Zeilen, die keine Zeilennummerierung benötigen, und setzen Sie ein Häkchen. Damit wird die Zeilennummerierung unterdrückt.

Keine Silbentrennung

Sie können in Word die Silbentrennung nur für den ganzen Text ein- oder ausschalten. Um einen einzelnen Absatz nicht zu trennen, aktivieren Sie diese Option. Sie können dann immer noch im entsprechenden Absatz die Trennung manuell eingeben.

3 Textfeldoptionen

Zu dieser Funktion erfahren Sie mehr im Kapitel 5, Illustrationen.

Register	**Seitenlayout**
Gruppe	**Seite einrichten**
Befehl	Zeilennummern

Einfügen von Zeilennummern

2.6   Nummerierung und Aufzählungen

Eine stichwortartige Auflistung stellt man mit Aufzählungszeichen dar, oder man nummeriert sie. In Word werden solche Elemente als «Liste» bezeichnet. Auch wenn der Grundtext im Blocksatz steht, werden solche Listen oft im Flattersatz dargestellt.

Als Aufzählungszeichen verwendet man vor allem den Halbgeviertstrich –. Der Divisstrich (Trennungsstrich) ist in Aufzählungen zu kurz. Geeignet ist auch der dicke Punkt. Gelegentlich und ausnahmsweise eignen sich bei kurzen Aufzählungen in Drucksachen auch Sonderzeichen wie Pfeile, Herzchen oder Hände.

Setzen Sie bei fortlaufenden Aufzählungen keine Interpunktionszeichen am Textende. Diese Funktion übernimmt das Aufzählungszeichen. Aufzählungen können Sie gross oder klein beginnen. Beginnen Sie jedoch nicht einmal gross und dann wieder klein.

Aufgabe 17

Beachten Sie bei der Briefdarstellung:	Beachten Sie bei der Briefdarstellung:
– Als Briefpapier wird DIN A4, ein Format mit einer Höhe von 29.7 cm und einer Seitenbreite von 21 cm versendet. – Als Randeinstellung wählen Sie links 3 cm, rechts 2 cm, oben auf der ersten Seite 4.5 cm und unten 2 cm. – Das Adressfeld beginnt 4.5 cm vom oberen Blattrand. Das Datum schreiben Sie 9 cm vom oberen Blattrand.	- Als Briefpapier wird DIN A4, ein Format mit einer Höhe von 29.7 cm und einer Seitenbreite von 21 cm versendet. - Als Randeinstellung wählen Sie links 3 cm, rechts 2 cm, oben auf der ersten Seite 4.5 cm und unten 2 cm. - Das Adressfeld beginnt 4.5 cm vom oberen Blattrand. Das Datum schreiben Sie 9 cm vom oberen Blattrand.

Begründen Sie bitte, warum die linke Darstellung vorzuziehen ist:

_____

_____

_____

_____

▶ Aufzählungszeichen einfügen

Ein Klick auf das Symbol **Aufzählungszeichen** setzt ein entsprechendes Zeichen und gleichzeitig einen linken Einzug von 0,63 cm sowie einen hängenden Einzug von 0,63 cm. Der Absatz wird durch den linken Einzug eingerückt. Der hängende Einzug bewirkt, dass die erste Zeile des Absatzes wieder nach links geschoben wird, wodurch die Aufzählungszeichen genau untereinander stehen. Wenn Sie den linken Einzug nicht wünschen, klicken Sie auf das Symbol **Einzug verkleinern**.

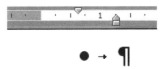

Register	**Start**
Gruppe	**Absatz**
Befehl	Aufzählungs-zeichen

Befehl zum Setzen eines Aufzählungszeichens

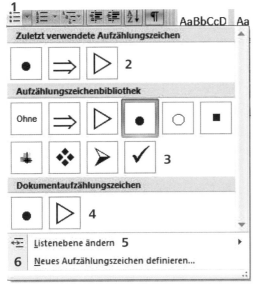

Auswahl von Aufzählungszeichen

1 Symbol Aufzählungszeichen mit dem Pfeil zum Ändern des aktiven Symbols.

2 Die zuletzt verwendeten Aufzählungszeichen werden gesondert aufgeführt.

3 Es lässt sich eine beliebige Aufzählungsbibliothek von mehreren Aufzählungszeichen verwalten. Das Symbol «Ohne» stellt eine Aufzählung zurück.

4 Hier sind die Symbole eingetragen, die im aktiven Dokument vorkommen. Dieser Symboleintrag erscheint erst, wenn Sie einmal eine Aufzählung definiert haben.

5 Eine Liste kann über verschiedene Ebenen mit Aufzählungszeichen versehen werden. Es empfiehlt sich jedoch, nicht über mehrere Ebenen mit Aufzählungszeichen zu gliedern, da die Übersicht leidet.

6 Sie können auch sämtliche anderen Zeichen und grafische Elemente als Aufzählungszeichen definieren (siehe nebenstehende Dialogbox).

Neues Aufzählungszeichen definieren

Eine Liste können Sie beenden, indem Sie auf das Symbol **Aufzählungszeichen** klicken oder zweimal die Enter-Taste anschlagen.

Aufgabe 18

Erstellen Sie die folgenden Beispiele:

Der Systemstart

▶ Einschalten des Computers

▶ Einlesen der Systemdateien von der Festplatte, dem Laufwerk, der CD oder dem USB-Stick in den Arbeitsspeicher

▶ Starten der Hardware-Dienste (Treiber)

▶ Starten der grafischen Oberfläche

▶ Abfragen des Benutzernamens und des Passwortes

▶ Prüfung der Zugangsberechtigung

▶ weitere benutzerspezifische Programminitialisierungen

Windows-Explorer

▶ Strukturebenen ein-/ausblenden

▶ Ordner wählen/öffnen

▶ Inhaltsbereich aktualisieren

▶ Ordner/Datei

Das Symbol Nummerierung

▶ Eine Nummerierung einfügen

Für eine einstufige Nummerierung klicken Sie auf das entsprechende Symbol. Das Nummerierungssystem können Sie auswählen, indem Sie auf den Pfeil neben dem Symbol klicken. Eine automatische Nummerierung erstellen Sie ähnlich wie eine Aufzählung. Die Ausführungen im vorangehenden Kapitel sind deshalb auch für die einstufige Nummerierung gültig.

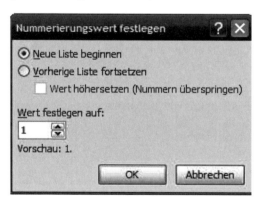

Nummerierungswerte festlegen

Einstufige Nummerierungssysteme

Listen mit mehreren Ebenen (numerische Gliederung)

Listen mit mehreren Ebenen sind etwas komplizierter als einfache Nummerierungen. Es ist wichtig, dass Sie sich mit diesen Besonderheiten vertraut machen.

1 Symbol für Listen mit mehreren Ebenen.

2 Zeigt das aktuell ausgewählte Nummerierungssystem.

3 Auswahl der Listen. Sie können weitere Listen unter dem Eintrag «Neue Liste mit mehreren Ebenen definieren» auswählen und organisieren.

4 **Achtung:** Bei diesen Nummerierungssystemen handelt es sich um Formatvorlagen für Listen mehrerer Ebenen. Solche Nummerierungen benötigen Sie beispielsweise für lange Dokumente (Diplomarbeiten, Ausbildungseinheiten usw.). Sie können damit automatisch Überschriften, Untertitel usw. nummerieren. Mehr erfahren Sie im Kapitel 3.3, Formatvorlagen.

5 Hier bestimmen Sie, in welcher Ebene die Nummerierung erfolgen soll.

6 Die Möglichkeiten, Listen zu definieren, sind fast unerschöpflich. Wir erklären Ihnen diesen Eintrag auf den folgenden Seiten.

7 Bei diesem Eintrag geht es wiederum um Formatvorlagen. Listentypen, die Sie immer wieder verwenden wollen, legen Sie in einer entsprechenden Vorlage ab. Das geht viel einfacher, als immer wieder Listen neu zu definieren. Mehr dazu erfahren Sie im Kapitel 3.3, Formatvorlagen.

Neue Liste mit mehreren Ebenen definieren

Anhand einer kleinen Übung lernen Sie diese Funktion kennen. Erstellen Sie die folgende Liste:

1   Sitzungen leiten
1.1   Vorbereitung
1.1.1   Warum? – Notwendigkeit prüfen
1.1.2   Wozu? – Sitzungsziel definieren
1.1.3   Wer? – Teilnehmerkreis definieren
1.1.4   Was? – Themen bekannt geben
1.2   Durchführung
1.2.1   Zeitmanagement
1.2.2   Spielregeln vereinbaren
1.2.3   Verbindlichkeit schaffen
…

Gehen Sie wie folgt vor:

1. Erfassen Sie die Liste ohne Gliederung.
2. Markieren Sie alle Zeilen.
3. Klicken Sie auf das Symbol **Liste mit mehreren Ebenen.**
4. Wählen Sie aus der Listenbibliothek die dritte Gliederung in der ersten Reihe aus (1., 1.1, 1.1.1).
5. Setzen Sie den Cursor in die zweite Zeile («Vorbereitung»).
6. Klicken Sie auf das Symbol **Einzug vergrössern.** Dadurch erhält diese Zeile die Nummerierung 1.1.
7. Wiederholen Sie das in der Zeile mit dem Wort «Durchführung».
8. Markieren Sie die übrigen Zeilen, die gemäss unserem Beispiel eine dreistufige Gliederung erhalten sollen. Klicken Sie **zweimal** auf das Symbol **Einzug vergrössern.** Die Liste sollte nun so aussehen:

1   Sitzungen leiten
   1.1   Vorbereitung
      1.1.1   Warum? – Notwendigkeit prüfen
      1.1.2   Wozu? – Sitzungsziel definieren
      1.1.3   Wer? – Teilnehmerkreis definieren
      1.1.4   Was? – Themen bekannt geben
   1.2   Durchführung
      1.2.1   Zeitmanagement
      1.2.2   Spielregeln vereinbaren
      1.2.3   Verbindlichkeit schaffen

Damit die Gliederung einerseits und der Text andererseits untereinander stehen, müssen wir die Einzüge der einzelnen Gliederungsstufen anpassen. Zudem entfernen wir den Punkt nach der letzten Ziffer:

1. Klicken Sie mit der rechten Maustaste irgendwo auf den Titel «Sitzungen leiten».
2. Wählen Sie im Kontextmenü **Listeneinzug anpassen**. Es erscheint folgende Dialogbox:

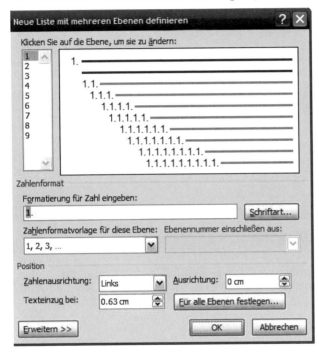

In dieser Dialogbox können Sie für jede Ebene das Zahlenformat, die Position, die Ausrichtung usw. bestimmen. Zuerst legen wir für die Ebene 1 die Formatierung fest.

3. Achten Sie darauf, dass die Ebene 1 in der Dialogbox markiert ist.
4. Löschen Sie im Feld **Formatierung für Zahl eingeben** den Punkt hinter der 1. Wichtig: Was grau markiert ist, ist ein Feld. Solche Einstellungen dürfen Sie nie manuell ändern.
5. Setzen Sie im Feld «Texteinzug bei» den Wert auf 1,4 cm. Die Ausrichtung belassen Sie bei 0 cm, da alle Ziffern am linken Rand stehen sollen.

Nun passen wir die Einstellungen für die zweite und dritte Gliederungsebene an:

1. Klicken Sie auf die Ebene 2 in der Dialogbox.
2. Löschen Sie den Punkt hinter der letzten Ziffer im Feld **Formatierung für Zahl** eingeben.
3. Im Feld **Texteinzug bei** geben Sie erneut 1,4 cm ein, im Feld Ausrichtung 0 cm.
4. Klicken Sie auf die Ebene 3.
5. Löschen Sie erneut den Punkt hinter der letzten Ziffer, und wählen Sie die gleichen Einstellungen für den Texteinzug und die Ausrichtung.
6. Klicken Sie auf OK.

▶ **Alphabetisch oder numerisch sortieren**

Register	**Start**
Gruppe	Absatz
Befehl	Sortieren

Sortieren

Listen können Sie sortieren. In den Optionen bestimmen Sie, mit welchem Zeichen die Spalten getrennt sind (Tabulator, Semikolons oder andere Zeichen) und ob die Gross- und Kleinschreibung beachtet werden soll. Sie haben drei Sortierkriterien zur Verfügung und können auf- und absteigend sortieren. Um zu einem brauchbaren Ergebnis zu kommen, müssen Sie definieren, ob Ihre Liste eine Überschrift enthält oder nicht.

Sortiertyp

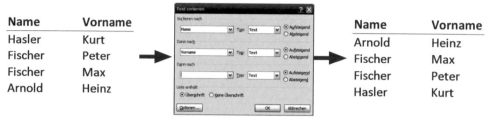

Beispiel eines Sortiervorgangs

Aufgabe 19

Erstellen Sie die Liste (linkes Beispiel) und nummerieren Sie automatisch. Erweitern Sie die Liste anschliessend um zwei Einträge (rechtes Beispiel) und gliedern Sie auf zwei Ebenen.

Traktanden

1. Feststellen der Beschlussfähigkeit
2. Protokoll der 4. ordentlichen Versammlung
3. Genehmigung der Jahresrechnung
4. Kostenvoranschlag 2.../2...
5. Wahl der Verwaltung auf 2 Jahre
6. Anträge der Stockwerkeigentümer
7. Verschiedenes

Traktanden

1. Feststellen der Beschlussfähigkeit
2. Protokoll der 4. ordentlichen Versammlung
3. Genehmigung der Jahresrechnung
4. Kostenvoranschlag 2.../2...
5. Wahl der Verwaltung auf 2 Jahre
6. Anträge der Stockwerkeigentümer
   a) Änderung der Hausordnung
   b) Pflichtenheft für den Hauswart
7. Verschiedenes

Aufgabe 20

Schreiben Sie das folgende Inhaltsverzeichnis. Verwenden Sie dazu die automatische Nummerierungsfunktion.

Sprache

1 Schreiben – aber wie?
  1.1 Vier Grundformen des Schreibens
    1.1.1 Erzählen
    1.1.2 Berichten
    1.1.3 Beschreiben
    1.1.4 Erörtern
  1.2 Viel gebrauchte Textsorten
    1.2.1 Kommentar
    1.2.2 Stellungnahme und kritische Besprechung
    1.2.3 Mitschrift und Protokoll
    1.2.4 Brief
    1.2.5 Stellenbewerbung
2 Was einen Text zusammenhält
  2.1 Was ist ein Text?
    2.1.1 Eigenschaften von Texten
    2.1.2 Innerer Zusammenhang eines Textes
    2.1.3 Sinnvolle Gliederung von Texten
  2.2 Wie verstehen wir Texte?
    2.2.1 Verstehen von Sachtexten
    2.2.2 Verstehen von Dichtung

Ändern Sie die Darstellungsform dieser Tabelle, sodass die Nummerierung am linken Rand erscheint:

1	Schreiben – aber wie?
1.1	Vier Grundformen des Schreibens
1.1.1	Erzählen

Erstellen Sie den folgenden Text und verwenden Sie die notwendigen Zeichen- und Absatz-formate (Achtung: nicht Tabulatoren setzen!). Setzen Sie ein geeignetes Aufzählungszeichen.

Aufgabe 21

Eröffnungsfest

**Sonntag, 21. Mai 2..., 10:00–17:00 Uhr
in unserem neuen Spezialbetrieb in Fällanden**

für Gross:

- Lassen Sie sich unter fachkundiger Führung den modernen und umweltgerechten Spezialbetrieb zeigen.

- Bestaunen Sie im exklusiven Wintergarten eine Vielfalt an exotischen Pflanzen.

- Geniessen Sie zwei Extra-Jazz-Konzerte der bekannten «Old Time Jungle Cats»-Band.

und Klein:

- Clown Pepe, bekannt von der TV-Sendung «Spielhaus», überrascht die Kinder mit Kunststücken und Zaubertricks.

- Sieben Ponys erwarten die Kleinen zum Ritt in der gedeckten Manege.

- Wurstbraten an der offenen Feuerstelle.

**Selbstverständlich bewirten wir alle im
Festzelt mit Speis und Trank!**

2.7 Seitenlayout (Seitenformatierung)

Basis für die Gestaltung von Dokumenten ist der Satzspiegel. Er legt fest, wo auf einer Seite Texte, Grafiken und Bilder liegen. Häufig bezeichnet man den Satzspiegel auch als Layout einer Seite. Oder man könnte auch sagen: Der Satzspiegel ist die Fläche des Papiers, auf die Texte und Bilder platziert werden.

Bevor Sie einen Text auf dem Bildschirm erfassen, bestimmen Sie immer zuerst die Seitengrösse des Dokuments. In der kaufmännischen Praxis ist das in der Regel das Format A4. Gelegentlich kommt auch das Format A5 in Frage.

Ist die Seitengrösse festgelegt, definieren Sie im nächsten Schritt den Satzspiegel, also jene Bereiche, die bedruckt werden. Dazu gehören hauptsächlich der eigentliche Textbereich, die Seitenzahl, die in der Fachsprache als Pagina bezeichnet wird, sowie die Kopf- und Fusszeilen.

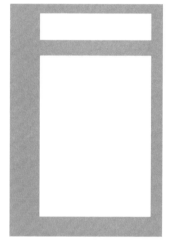

Satzspiegel Geschäftsbrief, erste Seite

Satzspiegel Schulungsunterlagen, mit Marginalspalte und Seitennummer

Publikation doppelseitig gespiegelt, zweispaltig, mit Seitennummern

▶ Die Gruppe Seite einrichten

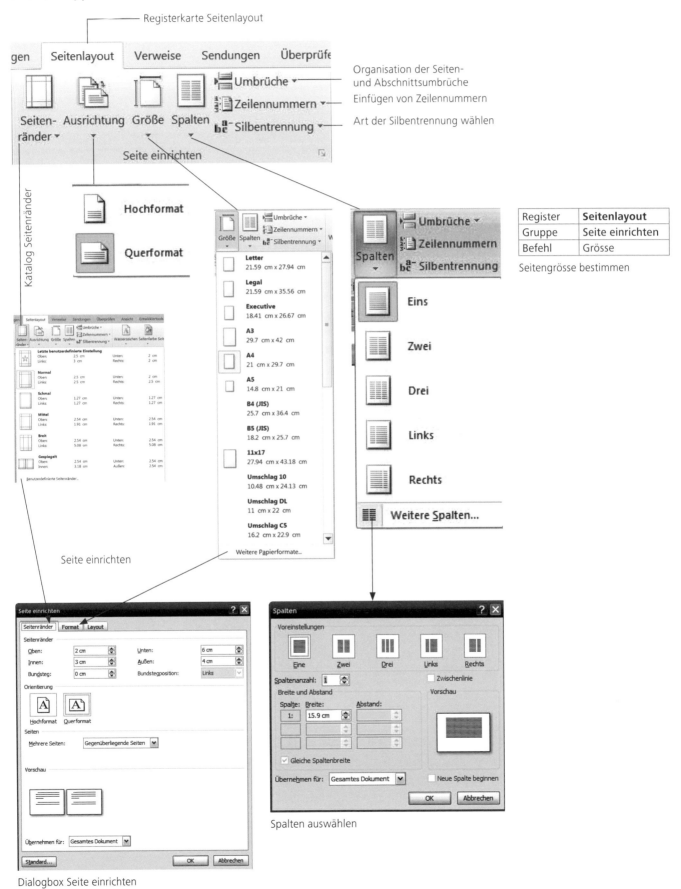

Registerkarte Seitenlayout

Organisation der Seiten- und Abschnittsumbrüche

Einfügen von Zeilennummern

Art der Silbentrennung wählen

Register	**Seitenlayout**
Gruppe	Seite einrichten
Befehl	Grösse

Seitengrösse bestimmen

Seite einrichten

Spalten auswählen

Dialogbox Seite einrichten

Register	**Seitenlayout**
Gruppe	Seite einrichten
Befehl	Seitenränder

Seitenränder bestimmen

Register	**Seitenlayout**
Gruppe	Seite einrichten
Befehl	Orientierung

Hoch- oder Querformat
bestimmen

Register	**Seitenlayout**
Gruppe	Seite einrichten
Befehl	Grösse

Papierformat bestimmen

Tipp: Sie können zur besseren Übersicht die Randbegrenzungen auf dem Bildschirm einblenden. Diese Funktion wird in Word «Textbegrenzung» genannt. Damit werden die Ränder mit einer feinen Linie ausgezeichnet. So gehts:

Register	**Datei**
Befehl	Optionen
Befehl	Erweitert
Eintrag	Dokumentinhalt anzeigen
Eintrag	Textbegrenzungen anzeigen, aktivieren

Seitenränder

Sie finden sechs verschiedene Satzspiegel in einem Katalog. Vermeiden Sie einen Satzspiegel, der genau eingemittet ist. Das wirkt langweilig. Bei der Wahl der Randeinstellungen in Briefen halten wir uns an die Normvorschrift Schweizer Norm NS 010 130. Näheres dazu im Kapitel 4, Briefgestaltung.

Orientierung

Sie können zwischen Hoch- und Querformat wählen. Achten Sie darauf, dass Sie für Fliesstext nicht die ganze Breite eines Querformats nutzen. Das würde die Lesefreundlichkeit stark herabsetzen.

Grösse (Papierformat)

Für die Papierformate bietet Word einen Katalog an. Sie können aus verschiedenen Papierformaten auswählen. Mit wenigen Ausnahmen werden Sie A4 als Papiergrösse bestimmen. Beachten Sie, dass auch Ihr Drucker das gewählte Papierformat kennt; die Wahl eines Papierformats, welches Ihr Drucker nicht bedrucken kann, nützt Ihnen gar nichts.

Bei der Wahl einzelner Papiergrössen müssen Sie unter Umständen die Orientierung (damit ist die Papierausrichtung hoch oder quer gemeint) ändern. Wenn Sie also beispielsweise einen Briefumschlag C5 beschriften wollen, wählen Sie zuerst aus dem Katalog «Grösse» das Papierformat C5 und anschliessend unter Orientierung den Befehl «quer». Jetzt müssen Sie aber klären, in welches Druckerfach Sie den Briefumschlag einlegen müssen und wie der Umschlag für die korrekte Bedruckung ausgerichtet werden soll, sonst stehen dann die Angaben auf dem Umschlag am falschen Ort.

Spalten

Wie der Name sagt, können Sie Text in Spalten anorden. Am einfachsten geht das wiederum über den Katalog. Verfügen Sie hier über zu wenig Möglichkeiten, verzweigen Sie in die Dialogbox, wo Sie Breite und Abstände von Spalten bestimmen.

Achtung: Sofern Sie Text nebeneinander gestalten wollen, müssen Sie sich immer fragen, welche Funktionen von Word am geeignetsten sind. Spaltenartige Darstellungsformen können Sie nicht nur mit Spaltentext, sondern auch mithilfe der Tabellenfunktionen und mittels Textfeldern erreichen. Die Tabellenfunktion ist oft die zweckmässigste Technik, weil sie sehr flexibel angewandt werden kann.

Umbrüche

Bei den Umbrüchen unterscheidet man Seiten- und Abschnittsumbrüche. Einen festen Seitenumbruch können Sie auch mit der Tastenkombination **Ctrl+Enter** einfügen. Diese Technik ist aber nicht immer sinnvoll. Bei langen Dokumenten ist es meist vorteilhaft, wenn Sie den Seitenumbruch automatisch einfügen lassen und mit den Absatzformaten bestimmen, was auf einer Seite zusammengehalten werden soll (siehe Kapitel Absatzformatierung). Damit passt sich das Schriftstück dynamisch an. Sie müssen nicht ständig nachkorrigieren.

Anzeige eines festen Seitenumbruchs

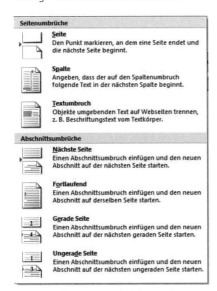

Die Wahl der Seitenumbrüche und Abschnittsumbrüche

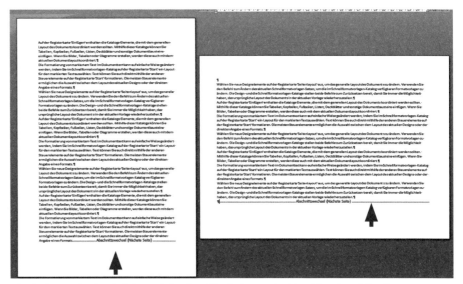

Abschnittswechsel auf nächster Seite. Der Abschnittswechsel bewirkt, dass Seitenformate im folgenden Abschnitt gewechselt werden können. A4 > A4 quer

2.8 Einfügen von Kopf- und Fusszeilen

Register	Einfügen
Gruppe	Kopf- und Fuss-zeile
Befehl	Kopfzeile oder Fusszeile oder Seitenzahl

Die Gruppe Kopf- und Fusszeile

Tipp: Fügen Sie Kopf- und Fuss-zeilen erst kurz vor der endgültigen Version des Schriftstückes ein. Sonst müssen Sie immer wieder Anpassungen vornehmen. Das ist recht mühsam.

Register, das sich bei Aktivierung von Kopf- oder Fusszeile öffnet

In Kopf- und Fusszeilen geben Sie Texte ein, die im gesamten Dokument oder in einem gewissen Bereich des Dokuments am oberen oder unteren Seitenrand gedruckt werden. Typische Anwendungen für die Kopfzeilen sind das Drucken von Kapitelüberschriften bzw. in der Fusszeile das Drucken von Seitennummern.

Word stellt viele Kataloge zur Gestaltung von Kopf- und Fusszeilen zur Verfügung. Sie können aber auch eigene Kopf- und Fusszeilen gestalten.

Ganz nach Wunsch wählen Sie, ob eine Kopf- oder eine Fusszeile entstehen soll, worauf der entsprechende Katalog aufgerufen wird.

Nach einem Klick auf **Seitenzahl** können Sie wählen, wo die Seitenzahl erscheinen soll, wiederum mit einem entsprechenden Katalog.

► **Kopf- und Fusszeilentools**

Wenn Sie sich im Kopf- oder Fusszeilenbereich befinden, öffnet sich ein neues Menüband unter der Zusatzregisterkarte **Kopf- und Fusszeilentools/Entwurf**. Sie haben folgende Gruppen zur Verfügung:

Gruppe Kopf- und Fusszeile

Die gleiche Gruppe befindet sich im Register Einfügen.

Gruppe Einfügen

Verwechseln Sie diese Gruppe nicht mit dem Register **Einfügen**. Hier geht es darum, Elemente in die Kopf- oder Fusszeile einzufügen.

1 Sie erhalten verschiedene Datumsformate zur Auswahl. Setzen Sie ein Häkchen bei «automatisch aktualisieren», wenn das Datum immer beim Öffnen des Dokuments aktuell sein soll. In diesem Falle wird das Datum grau hinterlegt. Grau hinterlegte Einträge sind in Word immer sogenannte Felder, d. h., die Angaben können sich verändern.

2 Sie können Text oder Bilder aus Textkonserven (Schnellbausteine) in die Kopf- oder Fusszeile einfügen. Das könnte z. B. ein Logo oder ein Vereinsname sein.

3 Sie wollen grafische Elemente, ClipArts oder Bilder in eine Kopf- oder Fusszeile einlesen. Der Befehl führt Sie zu den entsprechenden Aufbewahrungsorten der Dateien.

Gruppe Navigation

Sie können zwischen Kopf- und Fusszeile und den Textabschnitten wechseln. Für wechselnde Kopf- und Fusszeilen braucht es Abschnittsformatierungen, denn Kopf- und Fusszeilen sind ja Seitenformate.

1 Wechsel zwischen Kopf- und Fusszeile einer Seite.

2 Im vorherigen Kapitel haben Sie erfahren, dass Dokumente in mehrere Abschnitte unterteilt werden können. Dies ist nötig, wenn man im selben Dokument beispielsweise verschiedene Fusszeilen haben möchte. Über die beiden Schaltflächen können Sie in den Kopf- oder Fusszeilenbereich der verschiedenen Abschnitte springen.

Gruppe Optionen

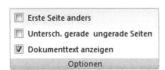

Oft haben Dokumente nur auf der ersten Seite einen Kopfzeileneintrag (beispielsweise einen Briefkopf), oder die Kopfzeile wechselt ab der zweiten Seite. In diesem Falle können Sie dies in den Optionen definieren. Ebenfalls in den Optionen definieren Sie, wenn gerade und ungerade Seiten unterschiedlich sind.

Gruppe Position

In dieser Gruppe bestimmen Sie, wie weit die Kopf- und Fusszeile vom oberen bzw. unteren Rand entfernt sein soll. Wenn Sie die Werte verändern, sehen Sie auf dem Blatt sofort die Anpassung. In der Ausrichtungsregisterkarte finden Sie weitere Möglichkeiten.

Einstellungen betreffend die Kopf- und Fusszeilen können Sie auch ausserhalb der Kopf- und Fusszeilentools vornehmen. Dazu müssen Sie in der Dialogbox **Seite einrichten** ins Register **Layout** klicken.

2.9   Seitenhintergrund

Sie können den Seitenhintergrund mit einem Wasserzeichen versehen. Unter Wasserzeichen versteht man einen hinter dem Dokumententext angezeigten Text oder ein grafisches Objekt (Bild).

Register	**Seitenlayout**
Gruppe	Seiten- hintergrund

Eine Hintergrund- oder Seitenfarbe findet vor allem in elektronischen Dokumenten Verwendung, also beispielsweise, wenn Sie eine Webseite gestalten.

Eine Seite mit einem Rahmen versehen

Gelegentlich kann es interessant sein, eine Seite mit einem Rahmen zu versehen. Aber bitte mit Vorsicht und mit der notwendigen Zurückhaltung.

Register	**Seitenlayout**
Gruppe	Seite einrichten
Befehl	Startprogramm Dialogfeld
Register	**Layout**
Befehl	Ränder

Den Seitenrand mit einem Rahmen versehen

Rahmen können auf allen Seiten, nur in einem Abschnitt oder auf einer einzelnen Seite erscheinen. Sie können Seitenränder mit einfachen Linien in verschiedenen Farben versehen oder aus vorgegebenen grafischen Elementen auswählen:

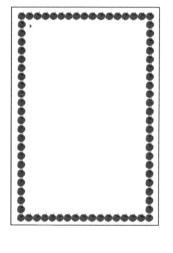

Beispiele von Seiten mit Zierrahmen

▶ Setzen Sie die Randeinstellungen auf einem leeren A4-Blatt so:

oben	6 cm
links	4 cm
unten	4 cm
rechts	3 cm

▶ Erstellen Sie einen Blindtext mit etwa zehn Seiten. Bei Verwendung der Schriftart Calibri, 12 Punkt, lautet der Befehl etwa **=rand(12,15)**

▶ Setzen Sie einen «Abschnittswechsel fortlaufend» in der 4. Seite, sodass die Seite 5 dem 2. Abschnitt zugeordnet wird.

Fügen Sie Kopfzeilen so ein:

1. Seite	keine Kopfzeile
ab 2. Seite	Kopfzeile mit Text: Kopfzeile 1. Abschnitt, Schrift dunkelblau, Rahmenlinie unten
ab 5. Seite	Kopfzeile mit Text: Kopfzeile 2. Abschnitt, Schrift dunkelblau, Rahmenlinie unten

▶ Fügen Sie in der Fusszeile die Seitennummer ein, indem Sie eine Auswahl aus dem Katalog wählen. Jede Seite soll eine Seitennummer erhalten.

▶ Setzen Sie den ganzen Text zweispaltig.

▶ Setzen Sie als Wasserzeichen Ihren Namen und Vornamen in roter Schrift diagonal über die Seite.

Wenn Sie alles richtig gemacht haben, sieht die Seite 7 oder 8 Ihres Textes etwa so aus:

2.10 Rahmen und Schattierungen

▶ Rahmen und Kästchen

Kästchen und Rahmen sind bei der Textgestaltung besonders heikel. Man kann sie ja so einfach auf dem Bildschirm erstellen. Und weil das so schnell und problemlos funktioniert, werden sie für alles und jedes, mit dicken und dünnen Linien, geraden und abgerundeten Ecken, mit und ohne Schatten verwendet.

Weniger ist mehr! Das gilt für Kästchen ganz besonders. Setzen Sie Kästchen dort, wo ganzheitliche, inhaltlich zusammengehörende Aussagen gemacht werden. Aber brauchen Sie die Kästchen nie, um eine einzelne Zeile, etwa einen Titel, einzurahmen. Wählen Sie eine Linienstärke, die zum Text passt. Im Zweifelsfalle nehmen Sie eine dünnere Linie. Zu dicke Linien ergeben einen Trauerrand. Und achten Sie darauf, dass der linke Rand des Kästchens nicht über den linken Textrand hinausragt. Der Text im Kästchen benötigt etwas Abstand zum Rahmen (Weissraum). Links und rechts sollte gleich viel, unten darf auch etwas mehr Abstand sein.

Normales Kästchen. Strichstärke ist dem Text angepasst (0.5 pt)

> Setzen Sie Kästchen dort, wo ganzheitliche, inhaltlich zusammengehörende Aussagen gemacht werden. Vermeiden Sie Trauerränder.

Linien zu fett (4 pt) Trauerrandeffekt

> Setzen Sie Kästchen dort, wo ganzheitliche, inhaltlich zusammengehörende Aussagen gemacht werden. Vermeiden Sie Trauerränder.

Die 4-Punkt-Linie wirkt viel weniger hart, wenn der Farbton heller gewählt wird.

> Setzen Sie Kästchen dort, wo ganzheitliche, inhaltlich zusammengehörende Aussagen gemacht werden. Vermeiden Sie Trauerränder.

Linien zu fein, wirkt wie ein Coupon

> Setzen Sie Kästchen dort, wo ganzheitliche, inhaltlich zusammengehörende Aussagen gemacht werden. Vermeiden Sie Trauerränder.

▶ Schattierungen

Meist sind Schattierungen (Füllungen) eleganter als Kästchen. Wenn die Füllung den Kasten abgrenzt, werden Rahmen als Begrenzung überflüssig. Lassen Sie die Linien weg. Als Füllungen kommen Flächen, Verläufe oder Bildhintergründe in Frage. Füllungen sollten möglichst kontrastarm sein. Bei zu dunkler Füllung wird der Text schlecht lesbar.

Gutes Kästchen (5 % Deckkraft)

> Setzen Sie Kästchen dort, wo ganzheitliche, inhaltlich zusammengehörende Aussagen gemacht werden. Vermeiden Sie Trauerränder.

Hintergrund zu dunkel (25 % Deckkraft)

> Setzen Sie Kästchen dort, wo ganzheitliche, inhaltlich zusammengehörende Aussagen gemacht werden. Vermeiden Sie Trauerränder.

▶ Rahmenlinien setzen

Ein grosses Anwendungsgebiet für Rahmen sind die Tabellen, aber nicht nur. Linien und Rahmen verwenden Sie selbstverständlich zur Strukturierung von Text auch ausserhalb von Tabellenfunktionen.

Wenn Sie Rahmen oder Linien setzen wollen, so starten Sie in der Gruppe Absatz. Hier finden Sie das Symbol mit den Rahmenlinien, wobei dieses Symbol je nach Auswahl wechseln kann.

Register	**Start**
Gruppe	**Absatz**
Befehl	Rahmenlinie (Befehl [Symbol] kann sich verändern)

Dieses Symbol kann wechseln. Links ist die Rahmenlinie unten aktiv, auf der rechten Seite führt ein Klick zur Dialogbox Rahmen und Schattierungen.

Wenn Sie rasch eine Linie oder einen Rahmen ziehen wollen, dann klicken Sie am besten auf den Pfeil neben dem Symbol. Dadurch öffnet sich eine Auswahl an Rahmenlinien. Massgebend für die Linienstärke, die Linienfarbe, die Abstände zum Text (Weissraum), die Schatten und Schattierungen sind jedoch immer die Einstellungen in der Dialogbox bzw. in den Optionen, die aus der Dialogbox aufgerufen werden. Um die Dialogbox aufzurufen, wählen Sie in der Auswahl den letzten Eintrag «Rahmen und Schattierungen».

▶ Die Dialogbox Rahmen und Schattierungen

Die Dialogbox Rahmen und Schattierungen, Register Rahmen

Befehl Optionen

1 Klicken Sie auf «Ohne», wenn Sie einen Rahmen entfernen wollen.

2 Setzt einen Rahmen auf allen vier Seiten.

3 Setzt einen Rahmen mit Schatten (mit Vorsicht anzuwenden).

4 Sollte eine dreidimensionale Linie setzen, was leider oft nicht funktioniert.

5 Mit der Option Anpassen können Sie Rahmen erstellen, bei denen die einzelnen Seiten des Rahmens unterschiedliche Linienstärken oder -farben aufweisen.

6 Wahl der Strichart, Farbe und Strichstärke in Punkt.

7 Vorschaufenster. Sie können direkt im Vorschaufenster Linien setzen.

8 Normalerweise setzt man einen Rahmen um einen oder mehrere Absätze. Sie können jedoch auch ein Wort oder mehrere Wörter markieren und den Text einrahmen. In diesem Fall wählen Sie im Feld «Übernehmen für» den Eintrag «Text».

9 Hier definieren Sie den Weissraum zwischen Rand und Text.

10 In der Registerkarte **Schattierung** können Sie die Füllfarbe oder das Füllmuster bestimmen.

Absätze mit unterschiedlichen Einzügen können nicht in einen gemeinsamen Rahmen gestellt werden. Es ist vorher unbedingt nötig, die Einzüge aller beteiligten Absätze zu vereinheitlichen.

Erstellen Sie einen Abschnitt mit Blindtext und gestalten Sie mit Rahmen und Schattierungen:

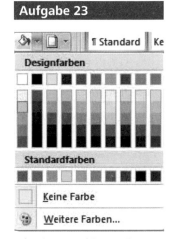

Auf der Registerkarte 'Einfügen' enthalten die Kataloge Elemente, die mit dem generellen Layout des Dokuments koordiniert werden sollten. Mithilfe dieser Kataloge können Sie Tabellen, Kopfzeilen, Fusszeilen, Listen, Deckblätter und sonstige Dokumentbausteine einfügen. Wenn Sie Bilder, Tabellen oder Diagramme erstellen, werden diese auch mit dem aktuellen Dokumentlayout koordiniert.

Auf der Registerkarte 'Einfügen' enthalten die Kataloge Elemente, die mit dem generellen Layout des Dokuments koordiniert werden sollten. Mithilfe dieser Kataloge können Sie Tabellen, Kopfzeilen, Fusszeilen, Listen, Deckblätter und sonstige Dokumentbausteine einfügen. Wenn Sie Bilder, Tabellen oder Diagramme erstellen, werden diese auch mit dem aktuellen Dokumentlayout koordiniert.

Auf der Registerkarte 'Einfügen' enthalten die Kataloge Elemente, die mit dem generellen Layout des Dokuments koordiniert werden sollten. Mithilfe dieser Kataloge können Sie Tabellen, Kopfzeilen, Fusszeilen, Listen, Deckblätter und sonstige Dokumentbausteine einfügen. Wenn Sie Bilder, Tabellen oder Diagramme erstellen, werden diese auch mit dem aktuellen Dokumentlayout koordiniert.

Auf der Registerkarte 'Einfügen' enthalten die Kataloge Elemente, die mit dem generellen Layout des Dokuments koordiniert werden sollten. Mithilfe dieser Kataloge können Sie Tabellen, Kopfzeilen, Fusszeilen, Listen, Deckblätter und sonstige Dokumentbausteine einfügen. Wenn Sie Bilder, Tabellen oder Diagramme erstellen, werden diese auch mit dem aktuellen Dokumentlayout koordiniert.

Auf der Registerkarte 'Einfügen' enthalten die Kataloge Elemente, die mit dem generellen Layout des Dokuments koordiniert werden sollten. Mithilfe dieser Kataloge können Sie Tabellen, Kopfzeilen, Fusszeilen, Listen, Deckblätter und sonstige Dokumentbausteine einfügen. Wenn Sie Bilder, Tabellen oder Diagramme erstellen, werden diese auch mit dem aktuellen Dokumentlayout koordiniert.

Schattierungen können Sie auch direkt über das Symbol **Schattierungen** einfügen.

Register	Start
Gruppe	Absatz
Befehl	Schattierung

Eine Schattierung einfügen

2.11   Tabulatorfunktionen

Tabuliertaste

Tabstopps sind Positionen innerhalb einer Zeile bzw. von Absätzen, die durch Betätigen der Tabuliertaste angesprungen werden können. Im Text selbst wird die Tabuliertaste mit einem → angezeigt. Die in Word vorhandenen Tabulatorfunktionen ersieht man am besten aus der Dialogbox **Tabstopps**.

Register	**Start**
Gruppe	**Absatz**
Befehl	Startprogramm Dialogbox Absatz
Befehl	Tabstopps …

Aufruf der Dialogbox Tabstopps

Die Dialogbox Tabstopps

1   In diesem Feld geben Sie die Position ein, auf der ein Tabstopp gesetzt werden soll. Da in deutschen Programmversionen die Standardeinstellung in Zentimeter angegeben wird, genügt lediglich die Zahl. Das System rechnet automatisch mit Zentimeter.
Beispiel: 2.5.

2   Die Standardtabstopps sind im Lineal durch die feinen grauen Linien ersichtlich. 1.25 cm ist der vorgegebene Standardwert.

3   Sie haben fünf Ausrichtungsmöglichkeiten, wobei «Vertikale Linie» eigentlich keine wirkliche Ausrichtung beinhaltet, sondern eine senkrechte Trennungslinie in den einzelnen Spalten erzeugt.

4   Füllzeichen können die Lesbarkeit tabulatorischer Darstellungen verbessern. Sie sind beispielsweise in einem Inhaltsverzeichnis gelegentlich sinnvoll. Aber wenn schon, dann bitte ganz feine Linien. Wenn Sie bei Füllzeichen die Schriftgrösse heruntersetzen, wird die Linie feiner.
Tipp: Füllzeichen sind oft die beste Wahl, um Linien zu ziehen, beispielsweise in Formularen.

5   Alle Tabulatoreinträge zu löschen, ist eine häufig verwendete Funktion.
Tipp: Verwenden Sie die Tastenkombination **Ctrl+Q**.

Tabstopps im Lineal
Gesetzte Tabstopps werden im Lineal angezeigt:

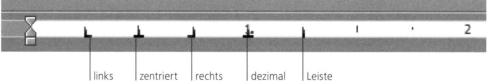

Tabulatorarten im Lineal

So setzen Sie Tabstopps im Lineal: Sie finden ganz links im Lineal die Tabstoppmarkierung. Es handelt sich um einen Stapel, mit jedem Klick auf diese Tabstoppmarkierung wird eine neue Tabstoppart angezeigt.

Tabstoppmarkierung

Wenn der gewünschte Tabstopp aktiviert ist, klicken Sie mit der Maus an die Stelle des Lineals, an der Sie den Stopp setzen wollen.

So entfernen Sie Tabstopps aus dem Lineal: Fassen Sie das Symbol mit der linken Maustaste und schieben Sie es nach oben oder nach unten weg.
Der Textfluss ist je nach dem gewählten Tabstopp verschieden. Beachten Sie immer den senkrechten und den waagrechten Strich des Symbols. Er zeigt an, wie der Text fliesst.

Tipp: Wenn Sie Tabstopps setzen oder verschieben, so wird ein Raster aktiv. Um diesen Raster auszuschalten, halten Sie die Alt-Taste gedrückt: Das Lineal ändert die Massangaben, und Sie können Tabstopps ganz präzise mit dem Lineal setzen.

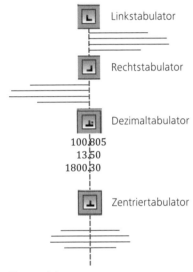

Textausrichtung

Achtung: Der Dezimaltabulator hat seine Tücken. Ob die Dezimalfunktion korrekt arbeitet, ist nämlich von der Einstellung der Zifferngruppierung im Betriebssystem abhängig. Dort ist standardmässig das Apostrophzeichen eingetragen. Wenn Sie anstelle dessen einen Leerschlag setzen, geht die Dezimaltabulatorfunktion deshalb verloren. Das Zeichen (Symbol) für die Zifferngruppierung kann zwar geändert werden, dies ist aber meist nicht sinnvoll, denn von dieser Einstellung sind auch andere Programme betroffen.

→ 100.00¶

→ 180.50¶

→ 1·800.20¶

Falsches Zahlenformat für Dezimaltabulator

Befehl	Startmenü Systemsteuerung
Befehl	Region und Sprache
Register	**Formate**
Befehl	Weitere Einstellungen…
Befehl	Symbol für Zifferngruppierung ändern (beispielsweise Leerschlag)

Ändern des Symbols für die Zifferngruppierung

Mit der Tabuliertaste springen Sie zu den einzelnen Tabstopps. Sie können auch rückwärts tabulieren, indem Sie die Shift-Taste drücken und dann die Tabuliertaste anschlagen.

Falsche Verwendung der Tabulatorstopps (Standardtabstopps)

Es gilt als unprofessionell, von Standardstopp zu Standardstopp zu tabulieren, bis ungefähr die gewünschte Position erreicht ist. Setzen Sie besser einen individuellen Tabstopp und tabulieren Sie einmal. Denken Sie daran, dass Sie oft sinnvoller Einzugsfunktionen oder Tabellenfunktionen statt Tabulatorstopps einsetzen.

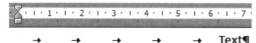

So nicht, sondern **einen** Tabstopp setzen und einmal tabulieren.

Aufgabe 24

Erstellen Sie folgende Tabelle und verwenden Sie den Linkstabulator.

Adressliste			
Steiner	Frieda	Riedgutstrasse 31	4053 Basel
Brantschen	Werner	Holzstrasse 60	9010 St. Gallen
Dossenbach	Jacques	Hohlweg 15	8640 Rapperswil
Scherrer	Sylvia	Bächli	3074 Muri

▶ Verändern Sie die Tabelle, indem Sie die Abstände zwischen den einzelnen Spalten korrigieren.

▶ Setzen Sie unter den Titel einen Strich über die gesamte Satzbreite und setzen Sie einen 10-Punkt-Abstand zwischen Titel und Tabelle.

▶ Sortieren Sie die Tabelle nach den Namen.

▶ Erstellen Sie folgende Tabelle und verwenden Sie den Rechtstabulator.

13 285	5 829	4 328	5 847
400	10 000	12 300	15 000
640	420	1 000	6 750
380	23 650	19 800	430

▶ Erstellen Sie folgende Tabelle und verwenden Sie den Dezimaltabulator.

1'230.50	235.80	123.90
4'825.90	1'590.80	1'345.605
100.00	99.9958	10'350.00
6'590.238	1'000'000.00	55.00

Tipp: Mit Vorteil verwenden Sie bei Tabellen mit Zahlen den Rechts- statt den Dezimaltabulator. Dann spielt das Zahlenformat keine Rolle, und die Tabelle lässt sich leichter erstellen. Grundsätzlich empfehlen wir Ihnen, den Dezimaltabulator nur bei Aufstellungen mit unterschiedlicher Anzahl Dezimalstellen zu verwenden.

Damit der Dezimaltabulator in dieser Aufgabe funktioniert, müssen Sie als Gliederungszeichen einen Apostroph setzen.

Register	Datei
Befehl	Optionen
Befehl	Dokumentprüfung
Befehl	AutoKorrektur-Optionen
Register	**AutoFormat während der Eingabe**
Kontrollkästchen	"Gerade" Anführungszeichen durch «typografische» deaktivieren

Damit die Dezimaltabulatoren auch wirklich funktionieren, ist es wichtig, dass unter den Optionen «Während der Eingabe ersetzen» "Gerade" Anführungszeichen durch «typografische» deaktiviert wird. Sonst werden die Zahlen auf das Anführungszeichen statt auf den Dezimalpunkt ausgerichtet.

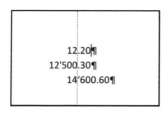

▶ Erstellen Sie folgende Tabelle und verwenden Sie den Zentriertabulator. Stellen Sie den Tabstopp auf 5 cm.

Die nebenstehende Darstellung wirkt wie eine Vase. Schriftsatz, welcher im Gesamtbild eine Figur oder eine Form ergibt, nennt man in der Fachsprache **Formsatz**. In kaufmännischen Schriftstücken hat diese Satzgestaltung kaum Bedeutung.

Ein
Mensch
erhofft sich
fromm und still,
dass er einst das
kriegt, was er will. Bis
er dann doch dem
Wahn erliegt und
schliesslich das
will, was er
kriegt.

Erstellen Sie folgende Tabelle und verwenden Sie zweckmässige Tabulatorarten.

Aufgabe 25

Nummer	Beschreibung	Menge	Stückpreis	Betrag
CW 1002/DB	Shorts, dunkelblau	2	27.50	55.00
CW 1004/DB	Shorts, schwarz	5	25.50	127.50

2.12 Tabellen

Tipp: Wozu Tabellen mit Word erstellen? Dafür gibt es doch Excel. Die Antwort ist einfach: In einer Tabelle, in der keine Berechnungen ausgeführt werden, verwenden Sie mit Vorteil Word. Sie sind flexibler und verfügen über alle Formatierungsfunktionen von Word.

Word verfügt über mächtige Tabellenfunktionen für die Formatierung von Text. Ob Sie eine einfache Liste benötigen oder eine komplexe Tabellenstruktur zeichnen wollen, es gibt kaum etwas, was Sie nicht mithilfe der Tabellenfunktionen perfekt gestalten können. Egal, ob Sie Geschäftsbriefe, Protokolle, Rechnungen, Offerten oder Berichte mit oder ohne Zahlen schreiben, Tabellenfunktionen erleichtern Ihnen die Arbeit in jedem Fall. Tabellenfunktionen ermöglichen Ihnen, den Text übersichtlich auf Papier zu bringen, vor allem aber bedeutet der Einsatz von Tabellenfunktionen ein leichteres, angenehmeres Arbeiten und gute Umformatierungsmöglichkeiten. Das einfache Einfügen von Linien, das farbige Hinterlegen von Zellen und vieles andere geht leicht von der Hand. Gerade weil es so einfach geht, besteht die Gefahr, dass man gestalterische Fehler begeht und zu viele Funktionen unüberlegt einsetzt, was die Leserlichkeit des Textes beeinträchtigt.

▶ Die Gruppe Tabelle

Register	**Einfügen**
Gruppe	Tabelle
Befehl	Tabelle

Einfügen einer neuen Tabelle

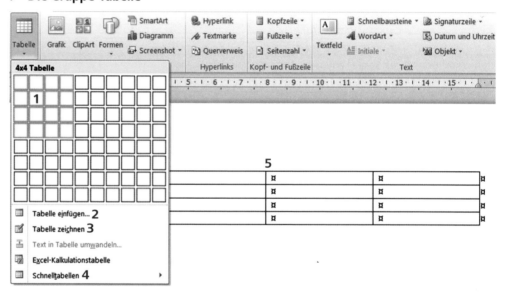

1 Mit der Maus können Sie in dieser Matrix einen Tabellenraster erstellen. 4×4 bedeutet vier Zeilen und vier Spalten.

2 Tabellen lassen sich auch durch Eingabe von Werten erstellen.

3 Komplexe Tabellen lassen sich mit einem Zeichenstift direkt ins Dokument zeichnen.

4 Schnelltabellen bestehen aus einem Katalog von Tabellenvorlagen, die anschliessend angepasst werden können.

5 In der Seitenlayoutansicht wird ständig eine Vorschau der Tabelle angezeigt.

▶ Die Dialogbox Tabelle einfügen

Register	**Einfügen**
Gruppe	**Tabellen**
Befehl	Tabelle
Befehl	Tabelle einfügen

Aufruf der Dialogbox Tabelle einfügen

1 Die maximale Spaltenzahl beträgt 63.

2 Die maximale Zeilenzahl beträgt 32 767.

3 Auto bedeutet, dass Word die Spalten gleichmässig auf den Satzspiegel verteilt.

4 Passt die Grössen der Spalten automatisch an den Inhalt der Zellen an.

5 Passt die Grösse der Tabelle automatisch an ein Webbrowser-Fenster an, wenn Sie die Grösse des Fensters verändern.

6 Eingegebene Werte als Standard speichern.

Es ist vorteilhaft, nicht zu viele Zeilen einzufügen, auch wenn Sie eine lange Tabelle erstellen wollen. Sie können jederzeit eine zusätzliche Zeile hinzufügen, indem Sie den Cursor in der letzten Zelle platzieren und dann die Tabuliertaste anschlagen. Grosse Tabellen verlangsamen das System gewaltig. Offensichtlich sind dazu hohe Rechenleistungen notwendig.

▶ Tabellentools

Für die weitere Arbeit an der Tabelle benötigen wir die Registerkarte Tabellentools. Sobald Sie auf eine Tabelle klicken, wird die Registerkarte angezeigt, und Sie haben die Wahl zwischen zwei Menübändern, nämlich **Entwurf** und **Layout**.

Tabellentools mit den Registerkarten Entwurf und Layout

Tabellenentwurf

Sie wählen aus einem grossen Katalog an Tabellenvorlagen, können aber auch eigene Tabellenvorlagen speichern.

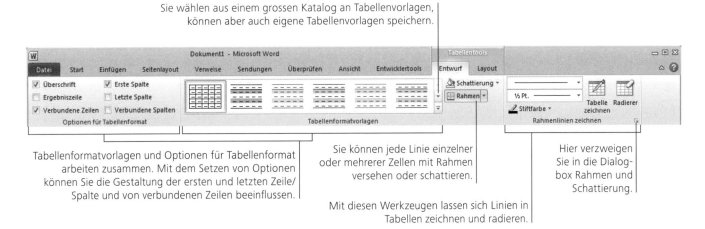

Tabellenformatvorlagen und Optionen für Tabellenformat arbeiten zusammen. Mit dem Setzen von Optionen können Sie die Gestaltung der ersten und letzten Zeile/Spalte und von verbundenen Zeilen beeinflussen.

Sie können jede Linie einzelner oder mehrerer Zellen mit Rahmen versehen oder schattieren.

Mit diesen Werkzeugen lassen sich Linien in Tabellen zeichnen und radieren.

Hier verzweigen Sie in die Dialogbox Rahmen und Schattierung.

Tabellenlayout

Das Menüband Tabellenlayout

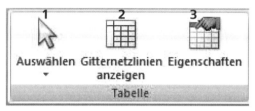

Die Gruppe Tabelle

1 Sie haben die Möglichkeit, einzelne Elemente der Tabelle zu markieren. Einfacher jedoch geht dies mit der Maus. Wenn Sie auf eine Spalte zeigen, erscheint oberhalb der Spalte ein kleiner schwarzer Pfeil, und mit einem Linksklick können Sie die Spalte markieren. Bei gedrückter Ctrl-Taste können Sie so auch mehrere Spalten gleichzeitig markieren.

2 Wenn Sie die Gitternetzlinien einer Tabelle anzeigen, lässt es sich einfacher arbeiten. Die Übersicht wird besser. Diese Einstellung beeinflusst lediglich die Anzeige auf dem Bildschirm und nicht den Druck von Linien.

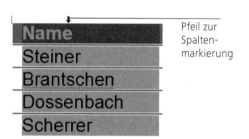

Pfeil zur Spaltenmarkierung

Markieren von Spalten. Der Cursor wird zu einem Pfeil.

3 Es öffnet sich die Dialogbox **Tabelleneigenschaften** mit den fünf Registerkarten **Tabelle, Zeile, Spalte, Zelle** und **Alternativtext**. Einige der in den Eigenschaften vorhandenen Einstellungen können Sie direkt im Menüband verändern (beispielsweise die Zeilenhöhe).

Tipp: Eine Tabelle ist immer auch ein grafisches Element und kann mit dem Doppelpfeil oberhalb der Tabelle auf dem Blatt verschoben werden. In den Tabelleneigenschaften definieren Sie, wie der Text um die Tabelle fliessen soll, und können entsprechende Optionen wählen. Wählen Sie «Textumbruch > Ohne», wenn Sie die Tabelle aus Versehen verschoben haben.

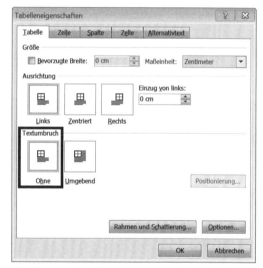

Tabelleneigenschaften

Diese Gruppe beinhaltet die Befehle, um Zeilen und Spalten zu löschen oder einzufügen. Beachten Sie aber, dass dies mit dem Kontextmenü (Klick mit rechter Maustaste auf die Tabelle) oft einfacher geht.

Mit dem Klick auf den Pfeil **Startpro-gramm für ein Dialogfeld** sind Eintragungen aktiv, welche Zellen anstatt Zeilen und Spalten betreffen.

Die Gruppe Zeilen und Spalten

Die Gruppe Zusammenführen

Eine Tabelle muss nicht zwingend aus einem gleichmässigen Tabellennetz bestehen, Zellen lassen sich verbinden oder teilen:

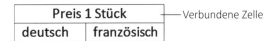

Gelegentlich kommt es vor, dass man aus einer längeren Tabelle sinnvollerweise zwei Tabellen erstellt. Dies geschiet mit dem Befehl **Tabelle teilen**.

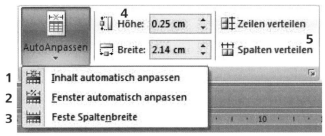

Die Gruppe Zellengrösse

1 Die Zellengrösse verändert sich automatisch je nach Umfang des Zelleninhaltes.

2 Das Fenster passt sich automatisch dem Satzspiegel an, die Tabelle reicht also vom linken bis zum rechten Rand.

3 Ausschalten des automatischen Anpassens von Zellen. Word verwendet wieder die aktuelle Spaltenbreite als feste Spaltenbreite.

4 Eingabe von Werten, um die Zeilenhöhe und Zeilenbreite zu bestimmen.

5 Gleichmässiges Verteilen von Zeilen und Spalten.

Breite und Höhe von Zeilen und Spalten lassen sich auch mit der Maus in ihrer Grösse anpassen. Sobald der Cursor auf eine Gitternetzlinie zeigt, entsteht auf dem Bildschirm ein Doppelpfeil, und Sie können die Linien verschieben, oder Sie verschieben die Spalten im Tabellenlineal.

Tipp: Oft lassen sich Zellen nicht verkleinern, weil Absatzmarken nach dem Text vorhanden sind. In diesem Falle müssen Sie diese Absatzmarken zuerst löschen.

Länge	Breite	Preis
12 cm	8 cm	50.80
16 cm	10 cm	62.50

Tabelle mit senkrechten
Tabellenköpfen

Die Gruppe Ausrichtung

1 In dieser Gruppe bestimmen Sie die Textausrichtung und die Textrichtung innerhalb einer Zelle. Im Spalten-kopf kann die Textrichtung von unten nach oben gewählt werden, wenn Platznot herrscht und der Tabellen-kopf länger ist als der Spalteninhalt.

2 In der Zellenbegrenzung bestimmen Sie den Abstand von Linien oder Schattierungen zum Text. Achten Sie darauf, dass der Text nicht an der Linie klebt. Der Abstand sollte aber auch nicht zu gross sein. Zudem sollten Linien nicht über den Satzspiegel hinausragen.

Die Gruppe Daten

1 Sie können bis zu drei Sortierkriterien eingeben, um eine Tabelle zu sortieren.

2 Bei Tabellen, die länger als eine Seite sind, wird die Kopfzeile wiederholt. Bevor Sie diesen Befehl ankli-cken, müssen Sie die Tabellenüberschrift markieren.

3 Eine Tabelle kann wieder in einen Standardtext umgewandelt werden. Sie können das Trennzeichen aus-wählen.

4 In Tabellen können Sie auch rechnen. Das ist vor allem bei Seriendruck interessant, wo Werte aus Daten-banken automatisch im Schriftstück berechnet werden. Word ist nicht Excel, und Excel ist nicht Word. Wenn Sie ausserhalb von komplexen Schriftstücken etwas berechnen wollen, ist Excel das richtige Pro-gramm.

▶ Tabulatorfunktionen innerhalb von Tabellen

Tipp: Immer, wenn die Tabulier-taste nicht die erwartete Funk-tion ausführt, verwenden Sie die Tastenkombination **Ctrl+Tab**. Oft funktioniert dann die Tab-Taste so, wie Sie dies erwartet haben.

Bekanntlich springen Sie mit der Tabuliertaste von Zelle zu Zelle. Wenn Sie innerhalb einer Zel-le tabulieren möchten, müssen Sie die Tastenkombination **Ctrl+Tab** drücken. Grundsätzlich können Sie Formatierungsfunktionen, welche Sie ausserhalb von Tabellen zur Verfügung ha-ben, auch innerhalb von Tabellen verwenden. Einzüge über mehrere Zellen können Sie ein-fach erreichen, wenn Sie Spalten markieren.

Eine besondere Funktion innerhalb von Tabellen hat der Dezimaltabulator. Wenn Sie eine Ta-belle lediglich mit Zahlen füllen wollen, so setzen Sie am besten einen Dezimaltabulatorstopp. Ein Tabulieren in der Zelle ist dann nicht mehr notwendig. Die Zahlen werden automatisch korrekt stellenrichtig dargestellt. Versuchen Sie es!

▶ Typografische Hinweise für Tabellen

Anhand einer einfachen Tabelle lernen Sie die wichtigsten typografischen Regeln für Tabellen kennen.

Die folgende Tabelle wurde anhand der Adressliste aus Aufgabe 24 erstellt.

In den Grundeinstellungen von Word sieht eine Tabelle zuerst einmal so aus:

Steiner¤	Frieda¤	Riedgutstrasse·31¤	4053·Basel¤	¤
Brantschen¤	Werner¤	Holzstrasse·60¤	9010·St.·Gallen¤	¤
Dossenbach¤	Jacques¤	Hohlweg·15¤	8640·Rapperswil¤	¤
Scherrer¤	Sylvia¤	Bächli¤	3074·Muri¤	¤

¶

Die Tabelle wirkt schwerfällig und überladen. Die Zellen wirken wie Blocksteine. Linien haben in Texten zwar eine wichtige Bedeutung. Damit lassen sich Textgruppen und Absätze gliedern, auch ausserhalb von Tabellen. In unserem Beispiel aber haben vor allem die senkrechten Linien nichts zu suchen. Lassen Sie in Tabellen alle Linien weg, welche die Leserlichkeit, die Struktur der Tabelle nicht verbessern.

So präsentiert sich die Tabelle, nachdem die senkrechten Linien und der äussere Rahmen weggelassen wurden:

Steiner¤	Frieda¤	Riedgutstrasse·31¤	4053·Basel¤	¤
Brantschen¤	Werner¤	Holzstrasse·60¤	9010·St.·Gallen¤	¤
Dossenbach¤	Jacques¤	Hohlweg·15¤	8640·Rapperswil¤	¤
Scherrer¤	Sylvia¤	Bächli¤	3074·Muri¤	¤

¶

Register	**Start**
Gruppe	Absatz
Befehl	Rahmenlinien

Rahmenlinien ausschalten

Nun fügen wir eine Tabellenüberschrift hinzu. Für die Formatierung verwenden wir eine Tabellenformatvorlage.

Name¤	**Vorname¤**	**Strasse¤**	**Ort¤**	¤
Steiner¤	Frieda¤	Riedgutstrasse·31¤	4053·Basel¤	¤
Brantschen¤	Werner¤	Holzstrasse·60¤	9010·St.·Gallen¤	¤
Dossenbach¤	Jacques¤	Hohlweg·15¤	8640·Rapperswil¤	¤
Scherrer¤	Sylvia¤	Bächli¤	3074·Muri¤	¤

¶

Die Linien sind etwas zu fett. Sie sollten nie dicker sein als die Schrift. Als Referenz dient das kleine l. Die schwarze Schrift in der Überschrift ist schlecht lesbar. Die Linien ragen links und rechts über den Satzspiegel hinaus.

Im letzten Schritt sollen die Linienstärke, die Schrift und die Schattierung angepasst sowie die Standardzellenbegrenzung geändert werden.

Name	Vorname	Strasse	Ort
Steiner	Frieda	Riedgutstrasse 31	4053 Basel
Brantschen	Werner	Holzstrasse 60	9010 St. Gallen
Dossenbach	Jacques	Hohlweg 15	8640 Rapperswil
Scherrer	Sylvia	Bächli	3074 Muri

Standardzellenbegrenzungen
für nebenstehende Tabelle. Zwischen den Zeilen entsteht Weissraum (0.11 cm unten und oben). Die Linien gehen nicht über den linken Rand hinaus (links und rechts 0 cm).

Die feinen Linien, die fast nicht zu sehen sind, genügen, die Tabelle sinnvoll zu gliedern. Sie sind lediglich ¼ Punkt gross und punktiert.

Aufgabe 26

Gestalten Sie die folgende Tabelle:

Englischkurse

Kurs	Tag	Datum	Zeit	Lekt.	Preis
Anfänger Tageskurse	MO	04.01.20..	17:10	12×1	220.–
	DI	05.01.20..	09:00	12×1	220.–
	DO	07.01.20..	15:00	12×1	220.–
Anfänger Abendkurse	MO	04.01.20..	18:15	12×2	320.–
	DI	05.01.20..	18:15	12×2	320.–
	DI	05.01.20..	20:15	12×2	320.–
	DO	07.01.20..	20:15	12×2	320.–
Intensiv Anfänger	MO	04.01.20..	09:00	12×2	350.–
	DO	07.01.20..	09:00	12×2	350.–
Powerkurs	DO	07.01.20..	09:00	12×2	460.–
	DO	07.01.20..	20:15	12×2	460.–
Grammatik	MO	04.01.20..	18:15	12×2	330.–
	MO	04.01.20..	20:15	12×2	330.–
Business	DI	05.01.20..	18:15	12×2	350.–
	DI	05.01.20..	20:15	12×2	350.–

Gestalten Sie folgenden Text und verwenden Sie die Tabellenfunktionen:

Aufgabe 27

Zimmer-Ausstattung

Hotel Crest'Agüzza *** (Stammhaus)	Hotel Résidence Crest'Agüzza ****
• gemütliche, moderne Zimmer, fast alle kürzlich renoviert und mit Bad oder Dusche und WC ausgestattet • hochwertige Betten mit höchstem Schlafkomfort • Selbstwahltelefon • Radio mit Info-Sender «Piz Corvatsch» • Farbfernseher mit 60 Kanälen	• rustikal-elegant, Wohn- und Schlafteil • eigens entworfene Möbel, Textilien, Bodenbeläge und Beleuchtungskörper • hochwertige Betten mit höchstem Schlafkomfort • Bad, extra Dusche, geheizter Fussboden, separates WC • Signallampe für Mitteilungen • Selbstwahltelefon, Radio und Weckuhr • Satelliten-Farbfernseher mit Fernbedienung • alle Zimmer verfügen über Balkon oder gedeckten Gartensitzplatz

In unserer neu konzipierten Hotelanlage stehen unseren Gästen zur Verfügung

• Halle mit offenem Kamin und Hallenbar • Schwimmbad 7 × 11 m, 28 Grad, Gegenstromanlage, Whirl-Pool 36 Grad, Fitness-Ecke • Kinderspielzimmer • Aufenthaltsraum für Jugendliche mit diversen Automaten, Fernsehspielen usw. • Tischtennis-Raum • Squash-Halle • Solarium	• Sauna mit Kneipptretbecken und Kaltwasserbecken • Liegeraum • Massageraum • Hotelrestaurants mit 130 Plätzen • Grillroom mit 60 Plätzen • Bündnerstübli mit 35 Plätzen • Crest'Agüzza-Hallenbar mit 30 Plätzen • Résidence Hallenbar mit 60 Plätzen • Internet-Café

Gestalten Sie die folgende Tabelle:

Aufgabe 28

Holzart	Ausführung	Durchmesser in Zentimeter				
		80	90	100	110	120
Eiche	roh	110.00	126.50	145.50	167.50	192.50
	mattiert	118.00	135.50	156.00	179.50	206.50
	poliert	125.50	144.50	166.00	191.00	219.50
Kirschbaum	roh	140.00	161.00	185.00	213.00	245.00
	mattiert	152.50	175.50	202.00	232.50	267.50
	poliert	163.00	187.50	215.50	248.00	285.00
Buche	roh	158.00	181.50	208.50	240.00	276.00
	mattiert	175.50	202.00	232.50	267.50	307.50
	poliert	192.80	221.50	254.50	292.50	336.50

Aufgabe 29

Gestalten Sie die folgende Tabelle:

Totalliquidation

Infolge endgültiger Schliessung muss das gesamte Warenlager innert kürzester Frist total liquidiert werden. Handgeknüpfte ausgesuchte Einzelstücke und exklusive Sammlerteppiche werden mit Liquidationsrabatten von 50–80 % verwertet. Einige Beispiele:

	Mass			Ladenpreis	Liquidations preis
Vorlagen					
Feiner Isfahan auf Seide	17	x	68 cm	7 200.–	1 490.–
Pangmeraba	130	x	85 cm	420.–	80.–
Gebetsteppich	122	x	78 cm	2 100.	690.–
Hamedan semi alt	153	x	95 cm	3 000.–	780.–
Brücken					
Hosseinabad	218	x	160 cm	2 200.–	750.–
Feiner Estfahan	180	x	20 cm	5 300.–	1 250.–
Bochara super	343	x	79 cm	2 100.–	490.–
Kasak um 1920	120	x	167 cm	17 800.–	7 900.–
Kasak Kars	186	x	137 cm	2 450.–	670.–
Läufer					
Bochara super	343	x	79 cm	2 400.–	720.–
Ning Hsia	650	x	80 cm	4 700.–	1 260.–
Hamedan	283	x	76 cm	3 020.–	750.–
Mud Birdschend	400	x	80 cm	5 110.–	1 410.–

Vorlagen

3

3.1   Dokumentvorlagen

Wer mit Word arbeitet, verwendet Dokumentvorlagen. Anders geht es nicht. Jedem Text liegt also eine Dokumentvorlage zugrunde.

Dokumentvorlagen sind Muster für Schriftstücke aller Art, z. B. für Briefe, Faxe oder Rechnungen. Dokumentvorlagen können Texte (z. B. den Briefkopf), Grafiken oder Makros (Befehlsaufzeichnungen) und anderes mehr enthalten. Passende Dokumentvorlagen erleichtern das Erstellen ähnlicher Dokumente. Es ist doch praktisch, wenn man für einen Brief eine Vorlage mit den wichtigsten Einstellungen benutzen kann und nicht jedes Mal mit einem leeren Dokument beginnen muss.

Unterschied zwischen DOTX und DOTM
Vorlagen, in denen Makros integriert sind, erhalten die Bezeichnung DOTM. Ohne Makros lautet die Erweiterung bei Vorlagen DOTX.

Wie bereits oben angedeutet: Jedes Dokument, das Sie in Word erstellen, basiert auf einer Dokumentvorlage. Das ist vielen Anwendern nicht bewusst. Wenn Sie Dokumente speichern, werden Sie gelegentlich gefragt, ob auch die veränderte Dokumentvorlage gespeichert werden soll, und dann wissen viele nicht so recht, was jetzt zu tun ist.

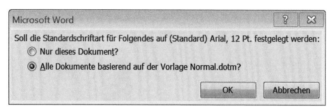

Meldung von Word, ob die Dokumentvorlage Normal.dotm angepasst werden soll. Diese Dialogbox erscheint, wenn die Standardschriftart von Word geändert wird. In diesem Beispiel ist Arial 12 Punkt die neue Standardschrift, sofern die Frage mit «Alle Dokumente basierend auf der Vorlage Normal.dotm?» bestätigt wird.

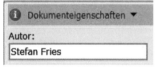

Benutzerinformationen sind beispielsweise in der Normal.dotm eingetragen.

Immer, wenn Sie Word starten oder ein neues Dokument erstellen, wird das Dokument automatisch mit der Dokumentvorlage Normal.dotm verbunden. Grundlegende Kenntnisse über diese Vorlage sind also nützlich.

Die Standarddokumentvorlage Normal.dotm

Word speichert alle Grundeinstellungen in dieser Datei. Diese Datei wird angelegt, wenn ein unter Windows angemeldeter Benutzer Word erstmals startet. Dabei fragt Word nach den Benutzerinformationen, und es wird erstmals etwas in die Normal.dotm eingetragen. Sollten Sie diese Datei einmal löschen, wird sie von Word automatisch beim nächsten Programmstart angelegt.

C:\Benutzer\Stefan.Fries\AppData\Roaming\Microsoft\Templates

Normal.dotm des Users Stefan.Fries

Die Normal.dotm ist benutzerspezifisch, d. h., jeder, der sich an einem PC anmeldet, hat eine eigene Vorlagendatei. Im oben stehenden Auszug aus dem Explorer ist die Normal.dotm des Benutzers Stefan.Fries abgebildet. In dieser Datei sind also die Grundeinstellungen wie Standardschriftart, Standardschriftgrösse oder das Papierformat gespeichert.

Änderungen in der Normal.dotm nehmen Sie in der Regel vor, indem Sie Standardwerte setzen. Wenn Sie also beispielsweise eine andere Schrift als Calibri als Standardschrift bestimmen wollen, so ändern Sie das in der Dialogbox **Schriftart** und wählen den Befehl **Standard**.

Ein Klick auf diesen Knopf in der Dialogbox **Schriftart** ändert die Standardschrift und bewirkt einen Eintrag in der Normal.dotm.

▶ Bereits vorhandene Vorlagen verwenden

Sie erleichtern sich die Arbeit wesentlich, wenn Sie für wiederkehrende Dokumentarten spezielle Dokumentvorlagen anlegen. Dies kann beispielsweise eine Brief-, eine Fax-, eine Protokollvorlage oder es können Vorlagen für viele andere Schriftstücke sein. Solche Dokumentvorlagen sind Muster, man nennt sie auch Konserven, die uns Einstellungen wie Ränder, Zeichenformatierungen, Formatvorlagen, Schnellbausteine, Makros (Befehlsabkürzungen) und vieles andere für ein bestimmtes Dokument einstellen oder aktivieren.

Eine Dokumentvorlage unterscheidet sich äusserlich von einem normalen Word-Dokument durch die Dateierweiterung. Die Dokumentvorlage hat die Erweiterung DOTM oder DOTX, ein normales Word-Dokument die Erweiterung DOCX. Auch der Speicherort ist unterschiedlich. Word-Dokumente können Sie an beliebigen Orten speichern. Damit Sie jedoch Vorlagen aufrufen können, sollten sie so gespeichert sein, dass Word die Vorlagen auch findet. So haben Sie auf die vorhandenen Vorlagen schnell Zugriff. Viele Vorlagen sind von Microsoft bereits vorbereitet. Leider sind sie sehr auf Deutschland abgestimmt und eignen sich für uns nicht immer. Sie werden kaum darum herumkommen, eigene Vorlagen zu erstellen.

Windows-Befehl	Start
Auswahl	System-steuerung
Auswahl	Ordneroptionen
Register	**Ansicht**
Erweiterte Einstellun-gen	Versteckte Dateien und Ordner. Häkchen bei Ausgeblendete Dateien. Ordner und Laufwerke anzeigen

Die Datei Normal.dotm ist versteckt. Damit Sie sie im Explorer sehen, müssen Sie die versteckten Dateien sichtbar machen. Die Datei lässt sich auch öffnen.

Register	**Datei**
Befehl	Neu

Eine Vorlage auswählen

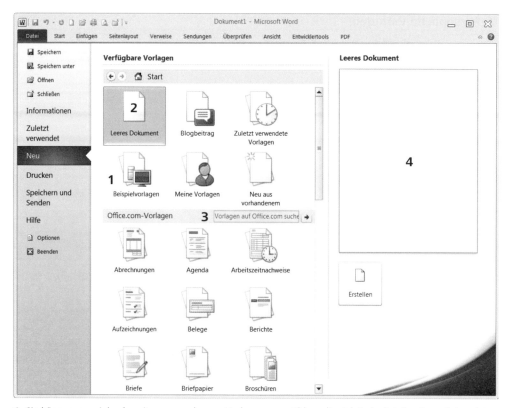

1 Sie können aus vielen bereits vorgegebenen Vorlagen auswählen, die sich jedoch teilweise auf dem Internet zum Download befinden (Microsoft Office Online). Die Vorlagen sind thematisch geordnet.

2 Leeres Dokument bedeutet nichts anderes, als dass ein neues Dokument, basierend auf Nomal.dotm, erstellt wird.

3 Sie können durch Eingabe von Begriffen Onlinevorlagen suchen. Vor dem Download wird geprüft, ob Sie eine legale Office-Version benützen.

4 Sofern möglich, wird in diesem Feld eine Vorschau der Vorlage angezeigt. Bei der Wahl **Leeres Dokument** ist dies natürlich nicht möglich.

▶ Persönliche Vorlagen

Wenn Sie **Meine Vorlagen** anklicken, öffnet sich eine Dialogbox, in der Sie Ihre selbst entwickelten Vorlagen finden. Angezeigt werden jedoch auch Vorlagen, die Sie heruntergeladen haben.

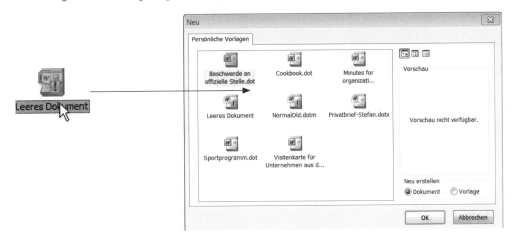

Über den oben beschriebenen Weg erstellen Sie auch Ihre eigenen Vorlagen. Wissen muss man, dass eine neu erstellte Vorlage immer auf einer bereits vorhandenen Vorlage aufbaut. Meist ist dies die Normal.dotx (dotm), die auch als **Leeres Dokument** bezeichnet wird.

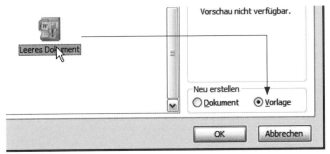

Erstellen einer neuen Vorlage. Grundlage ist die Normal.dotm (leeres Dokument).

Sie können auch eine Vorlage erzeugen, indem Sie zunächst ein gewöhnliches Word-Dokument erstellen, es dann aber als Dokumentvorlage speichern. Wählen Sie dazu einfach in der Dialogbox **Speichern unter** als Dateityp **Word-Vorlage(*.dotx)**.

Es kann durchaus Sinn machen, eine andere Vorlage als Basis für eine neue Vorlage zu wählen. Nehmen wir an, Sie schreiben das Protokoll für Abteilungssitzungen in Ihrem Betrieb und übernehmen nun neu auch die Aufgabe, das Protokoll bei Direktionssitzungen zu verfassen. In diesem Falle besitzen Sie vermutlich eine zweckmässige Vorlage für die Protokolle der Abteilungssitzungen. Diese Vorlage können Sie nun wiederum zur Erstellung einer neuen Vorlage für die Protokolle der Direktionssitzungen verwenden. Sie nehmen einfach noch die Anpassungen vor.

Vorlage1 - Microsoft Word

Wenn Sie an einer Vorlage arbeiten, erscheinen in der Titelleiste der Eintrag **Vorlage** und die Nummerierung. Damit wissen Sie, dass Sie momentan nicht an einem Dokument, sondern an einer Vorlage arbeiten.

Aufgabe 30

Erstellen Sie eine ganz einfache Vorlage für Ihren Privatbrief. Dabei sollen die Absenderangaben in der Kopfzeile (Achtung: nur auf der ersten Seite) erscheinen. Zudem stellen Sie die Ränder für den Brief ein: links 3 cm, oben 5.2 cm (erste Adresszeile), rechts 2 cm und unten 3 cm. Speichern Sie die Datei als Vorlage (dotx), und zwar unter dem Namen Privatbrief.dotx.

Beispiel:

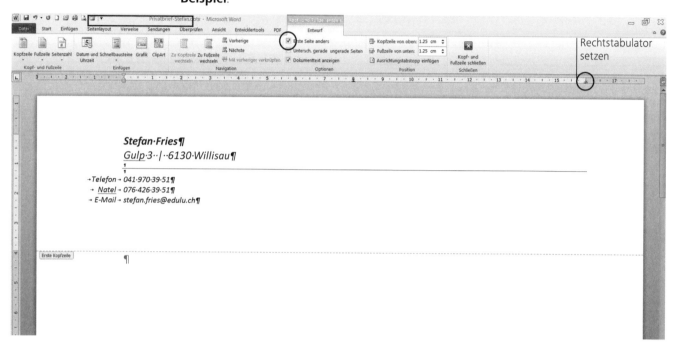

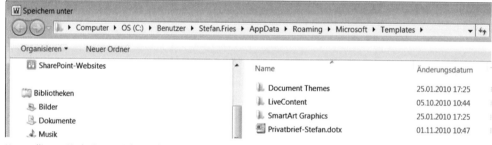

Kontrollieren Sie beim Speichern der Vorlage, wo diese abgelegt wird. Das erleichtert Ihnen das erneute Öffnen der Vorlage, wenn Sie diese verändern wollen.

3.2 Erweitern der Briefvorlage Privatbrief.dotx

Die Aufgabe 30 hat an einem einfachen Beispiel gezeigt, wie Dokumentvorlagen erstellt werden. Sie können diese Vorlage fast beliebig ausbauen und sich damit die Arbeit vereinfachen. Bevor Sie die Privatbriefvorlage zum Erstellen eines ersten Briefes benutzen, möchten wir drei Automatismen als Beispiel einbauen:

1. Die Empfängeradresse soll beim Start der Vorlage in eine Erfassungsmaske eingegeben werden können.
2. Das Erstellungsdatum des Briefes soll automatisch eingetragen werden.
3. Der Gruss «Freundliche Grüsse» soll in einem Schnellbaustein abgelegt werden. Der Schnellbaustein soll nur für diesen Privatbrief vorhanden sein.

Zur Realisierung von Punkt 1 und 2 benötigen wir zwei Feldfunktionen. Selbstverständlich werden sie in die Vorlage Privatbrief.dotx eingetragen. Deshalb sollte diese Vorlage geöffnet sein.

Stellen Sie den Cursor zur Absatzmarke, bei der die erste Adresszeile erscheinen soll. Das sollte die erste Absatzmarke auf 5.2 cm vom oberen Blattrand sein. Fügen Sie eine Feldfunktion ein (siehe nebenstehenden Befehlsaufbau); sie soll beim Start der Vorlage folgende Box anzeigen:

Wenn die Box erscheint, wählen Sie OK. Eine Adresse tippen wir erst ein, wenn wir die Vorlage benutzen, um einen Brief zu schreiben.

Nun fügen wir das Briefdatum ein. Wenn wir berücksichtigen, dass sich das Datum bei der Eingabe der Adresse um etwa vier Zeilen nach unten schiebt, sollte der Abstand vom oberen Briefrand etwa 7,5 cm betragen. Geben Sie den Ort und ein Komma ein. Nach dem Komma soll das Briefdatum automatisch erscheinen. Word kennt verschiedene Datumsfunktionen. Für unseren Zweck eignet sich **CreateDate** am besten. Damit bleibt immer das Datum stehen, an dem der Brief geschrieben wurde. Es wäre nicht klug, wenn das Datum wechseln würde, wenn Sie einige Tage nach dem Absenden den Brief wieder öffnen. Die Anleitung zum Einfügen finden Sie in der nebenstehenden Box.

Feldfunktionen in Word
Dank Feldfunktionen können Informationen automatisch in ein Dokument eingetragen werden. Beispiel: Sie möchten das Datum und die Uhrzeit einfügen. Wählen Sie das Register Einfügen, die Gruppe Text und dann den Befehl Datum und Uhrzeit. Auch ein automatisch erstelltes Inhaltsverzeichnis wird über eine Feldfunktion erzeugt.

Erstellen der Felder mit Ctrl+F9. Beim Öffnen der Vorlage die Felder mit F11 anspringen. Angezeigt wird eine Feldfunktion, wenn Sie mit der rechten Maustaste auf das Feld klicken und Feldfunktionen ein/aus aktivieren oder Alt+F9 drücken.

Anzeige der Feldfunktion
Aktuelles Datum

Register	**Einfügen**
Gruppe	Text
Befehl	Schnellbausteine
Befehl	Feld
Feldnamen	Fill-in
Feldeigenschaft	Empfängeradresse

Eingabe der Feldfunktion Fill-in

Register	**Einfügen**
Gruppe	Text
Befehl	Schnellbausteine
Befehl	Feld
Feldnamen	CreateDate
Datumsformate	passendes Format auswählen

Register	**Einfügen**
Gruppe	Text
Befehl	Schnellbausteine
Befehl	Auswahl im Schnellbaustein-Katalog speichern…
Dialogbox	Neuen Baustein erstellen

Einen Schnellbaustein erstellen

Nun soll noch ein kleiner Textbaustein («Freundliche Grüsse») die Vorlage abschliessen. Die erste Arbeit besteht darin, diesen Textbaustein zu definieren. Setzen Sie den Cursor unter das Datum und tippen Sie «Freundliche Grüsse» ein. Sofern Sie rechts adressieren, ziehen Sie den Text auf 9 cm ein. Markieren Sie den Text samt Absatzmarke. Wählen Sie den nebenstehenden Befehl und füllen Sie die Dialogbox aus.

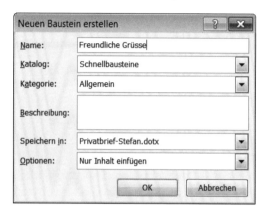

Löschen Sie den Text «Freundliche Grüsse» und speichern Sie die Vorlage. Damit ist die Vorlage abgeschlossen. Wie gesagt: Es handelt sich fürs Erste um eine einfache Vorlage, die sich wesentlich ausbauen liesse.

Aufgabe 31

Kündigen Sie den Mietvertrag für Ihre Zweizimmerwohnung auf den nächsten Kündigungstermin. Ihr Brief soll auf der Privatbriefvorlage basieren. Betreffend Briefdarstellung orientieren Sie sich am Kapitel 4, Briefgestaltung.

Wenn Sie aufgrund der Vorlage ein neues Dokument erstellen, werden die Felder automatisch abgearbeitet. Die Grussformel können Sie auf zwei Arten einlesen:

1. Sie beginnen mit den ersten Buchstaben «Fr» und drücken dann die Funktionstaste F3.
2. Sie wählen **Einfügen > Schnellbausteine** und klicken auf den gewünschten Eintrag.

3.3　　Formatvorlagen

Texte, die Sie mit Word erfassen, enthalten meistens verschiedene Formatierungen. Beispielsweise setzen Sie die Haupttitel (1. Ebene) in einem Schriftstück in Calibri 14 Punkt, die Untertitel (2. Ebene) in Calibri 12 Punkt und den Fliesstext in der Serifenschrift Cambria 10 Punkt. Beim Erfassen von Text würde dies bedeuten, dass Sie immer wieder neue Formatierungsbefehle eingeben müssen, bis der Text das gewünschte Aussehen erreicht. In solchen Fällen erleichtern Ihnen Formatvorlagen die Arbeit ganz wesentlich. Sie können beliebig viele Formatierungsbedingungen **einer einzigen** Formatvorlage zuweisen, also beispielsweise die Schriftgrösse, die Schriftfarbe, den Zeilenabstand oder die Nummerierung. Formatvorlagen sind sehr leistungsfähige Instrumente. Setzen Sie diese Technik soweit als möglich ein, auch wenn Sie vielleicht anfänglich die grossen Vorteile nicht erkennen.

Ein weiterer grosser Vorteil von Formatvorlagen ist, dass Sie Änderungen im ganzen Dokument mit einem einzigen Befehl vornehmen können, indem Sie ganz einfach die Formatvorlage ändern. Wenn also beispielsweise die Haupttitel in 14 Punkt geschrieben sind und Sie möchten lieber die Grösse 15 Punkt, so müssen Sie dies nicht in jedem Haupttitel ändern. Sie ändern den Wert ganz einfach in der Formatvorlage – fertig.

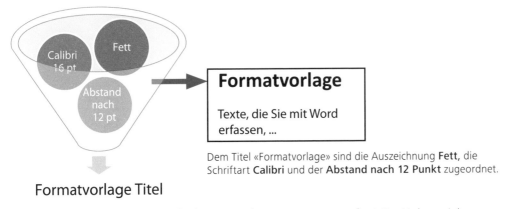

Dem Titel «Formatvorlage» sind die Auszeichnung **Fett**, die Schriftart **Calibri** und der **Abstand nach 12 Punkt** zugeordnet.

Formatvorlage Titel

In einer Formatvorlage werden verschiedene Formatierungen zusammengefasst. Der Vorlage wird ein Name zugewiesen (hier Titel).

Genau wie bei den Dokumentvorlagen ist in jedem Dokument, das Sie erstellen, mindestens eine Formatvorlage aktiv. Diese Formatvorlage heisst in der Grundeinstellung von Word **Standard**, wobei dem Grundtext in den Word-Optionen auch eine andere Vorlage zugeordnet werden kann. Die Vorlage wird in der Regel in den Schnellformatvorlagen angezeigt. Microsoft gibt nämlich dem Programm eine grosse Anzahl von Formatvorlagen mit und stellt diese an verschiedenen Orten zur Verfügung. Die nach Meinung von Microsoft wichtigsten Formatvorlagen sind als Schnellformatvorlagen gespeichert.

Schnellformatvorlagen

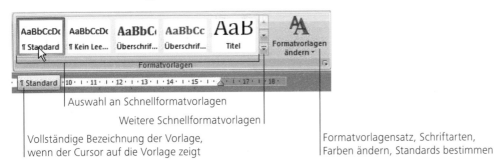

Auswahl an Schnellformatvorlagen

Weitere Schnellformatvorlagen

Vollständige Bezeichnung der Vorlage, wenn der Cursor auf die Vorlage zeigt

Formatvorlagensatz, Schriftarten, Farben ändern, Standards bestimmen

Register	**Start**
Gruppe	Formatvorlagen

In dieser Gruppe sind die Schnellformatvorlagen sichtbar.

► Einstellungen der Formatvorlagen anpassen

Die Definitionen in den Schnellformatvorlagen sind nicht starr. Sie können verändert werden. Je nach dem gewählten Stil-Set ändern sich die Schnellformatvorlagen. Sie entscheiden, ob Ihr Text ein ausgefallenes, ein elegantes, ein konservatives (Vorlagensatz Standard) oder ein traditionelles Aussehen erhalten soll. Dabei wird nicht einfach die Schrift in den Vorlagen verändert, auch Randeinstellungen und anderes passt sich in den Vorlagen an.

Register	Start
Gruppe	Formatvorlagen
Befehl	Formatvorlagen ändern
Befehl	Format-vorlagensatz

So können Sie den Formatvorlagensatz ändern oder zurücksetzen.

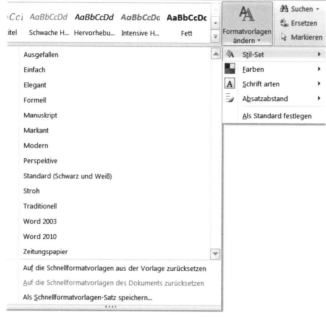

Diese Formatvorlagensätze stehen zur Verfügung.

Direktformatierung
Auch wenn Sie Formatvorlagen bewusst einsetzen, so haben Sie immer noch die Möglichkeit, sogenannte Direktformatierungen einzufügen. Einen Absatz, der also beispielsweise mit der Formatvorlage **Standard** gesetzt ist, können Sie so ändern, dass die Schrift kursiv gesetzt wird. Damit nehmen Sie eine Direktformatierung vor.

Register	Start
Gruppe	Formatvorlagen
Befehl	Startprogramm Dialogfeld

Fenster Formatvorlagen öffnen

► Öffnen Sie ein leeres Dokument.
Schreiben Sie auf die oberste Schreibzeile den Text: «Dies ist der Titel». Fügen Sie eine Absatzmarke ein.

► Fügen Sie zwei Absätze Blindtext ein =rand(2).
Welche Formatvorlage haben die drei Absätze Ihres Textes?

► Überprüfen Sie, wie sich der Titel verändert, wenn Sie ihm Formatvorlagen von **Überschrift 1** bis **Überschrift 9** sowie die Formatvorlage **Titel** zuordnen.

► Weisen Sie den beiden Absätzen, die noch mit der Formatvorlage **Standard** definiert sind, die Formatvorlage **Kein Leerraum** zu. Damit sollten die Leerzeilen im Text verschwinden.

► Fügen Sie nun eine sogenannte Direktformatierung ein, indem Sie eine blaue Schriftfarbe wählen.

► Öffnen Sie **Formatvorlagen ändern.** Beobachten Sie, wie Sie durch Wahl von Vorlagensätzen, Farbkatalogen und Schriftkatalogen das Aussehen des Schriftstückes verändern können.

Die verschiedenen Formatvorlagentypen

Formatvorlagentyp	Anwendungsbeispiele
Zeichenformatvorlagen	In Zeichenformatvorlagen können Sie z. B. einzelne Zeichen, die Schriftart oder den Schriftschnitt definieren.
Absatzformatvorlagen	In Absatzformatvorlagen können Sie z. B. Absatzabstände, Rahmen, Schattierungen oder Tabstopps bestimmen.
Listenformatvorlagen	In Listenformaten können Sie Nummerierungen, Aufzählungen usw. definieren.
Tabellenformatvorlagen	Formatieren von Tabellen.

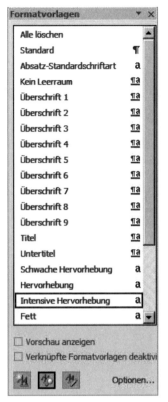

Formatvorlagentypen werden jedoch sehr oft verknüpft, sodass in Formatvorlagen Absatz- und Zeichenformate definiert sind.

Den Formatvorlagentyp erkennt man an den Symbolen, welche in verschiedenen Zusammenhängen angezeigt werden. Das Zeichen ¶ steht für Absatzformate, der Buchstabe a für Zeichenformate (siehe nebenstehende Dialogbox). Beide Zeichen stehen für verknüpfte Vorlagen.

▶ Inhalt einer Formatvorlage anzeigen

Öffnen Sie das Fenster für die Formatvorlagen. Wenn Sie nun auf eine Formatvorlage zeigen, erhalten Sie eine Box mit sämtlichen Eintragungen zu dieser Formatvorlage. Im Folgenden ist der Auszug aus der Formatvorlage Überschrift 2 abgebildet. Können Sie den Inhalt interpretieren?

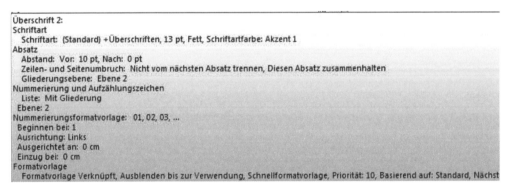

Anzeigen einer Formatvorlage

Anzeige der Formatvorlagen im Fenster **Formatvorlagen**. Zeichen-, Absatz- und verknüpfte Vorlagen werden angezeigt.
Bei Klick auf Vorschau werden Schriftart und Schriftgrösse bildlich dargestellt.

Register	**Start**
Gruppe	**Formatvorlagen**
Befehl	Startprogramm Dialogfeld

Fenster Formatvorlagen öffnen

▶ Eine Formatvorlage ändern

Sie sind nicht darauf angewiesen, Formatvorlagen von Microsoft mit deren Eintragungen zu übernehmen. Sie können die Vorlagen Ihren Wünschen anpassen, und Sie können auch eigene Vorlagen erstellen.

Angenommen, Sie möchten für die Vorlage **Überschrift 1** andere Werte definieren, so klicken Sie mit der rechten Maustaste auf die Vorlage und wählen **Ändern**.

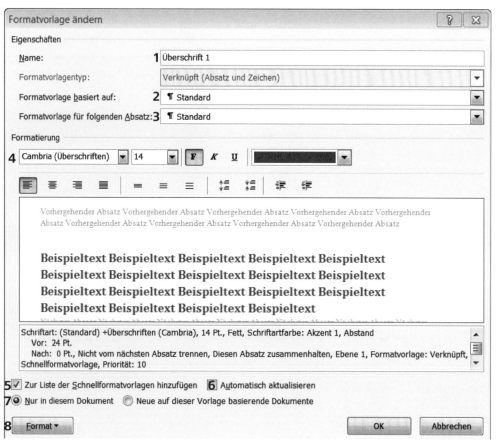

Eine bestehende Formatvorlage ändern

1 Name der Formatvorlage.

2 Jede Formatvorlage basiert auf einer bereits vorhandenen Vorlage. Überschrift 1 basiert also auf der Vorlage **Standard**.

3 Nach einer Überschrift 1 (Titel) folgt in der Regel Fliesstext (Standard). Sie können bestimmen, welche Vorlage für den folgenden Absatz aktiviert ist.

4 Einstellung der wichtigsten Formatvorgaben und Vorschau.

5 Sie bestimmen, ob die Vorlage in den Schnellformatvorlagen erscheinen soll.

6 Wenn Sie hier ein Häkchen setzen, werden bei einer Direktformatierung alle Elemente mit dieser Formatvorlage angepasst.

7 Sie bestimmen, ob diese Änderung nur im aktiven Dokument gelten soll oder in jedem auf dieser Vorlage basierenden Dokument. Wenn Sie also beispielsweise wünschen, dass Überschrift 1 in jedem neuen Dokument den in diesem Menü definierten Werten entsprechen soll, muss sie in der Normal.dotx (dotm) entsprechend geändert werden. Dann aktivieren Sie den Punkt rechts.

8 Hier können Sie viele weitere Formateinstellungen, die für Überschrift 1 gelten sollen, definieren.

▶ Eine Formatvorlage hinzufügen

Wenn Sie in Word ein Format definiert haben, können Sie dieses Format in einer Formatvorlage speichern. Die Dialogbox entspricht weitgehend der Dialogbox zum Ändern von Formatvorlagen. Word schlägt als Name «Formatvorlagen» vor. Geben Sie der Formatvorlage einen aussagekräftigen Namen.

Register	Start
Gruppe	Formatvorlagen
Befehl	Startprogramm Dialogfeld
Befehl	Neue Formatvorlage

Eine neue Formatvorlage erstellen

▶ Formatinspektor

Wenn Sie die Formatvorlagen in einem Dokument geändert haben, diese jedoch nicht erwartungsgemäss aktualisiert werden, klicken Sie auf das Startprogramm für das Dialogfeld **Formatvorlagen** und dann auf **Formatinspektor**. Nun können Sie herausfinden, ob der Text manuell statt mithilfe von Formatvorlagen formatiert wurde, und entsprechende Änderungen anbringen.

Formatinspektor ohne Direktformatierungen

Formatinspektor Vorlage mit Direktformatierungen

Hier können Sie die Direktformatierung entfernen.

Alle Formatvorlagen werden zurückgesetzt. Aktiv ist die Standardformatvorlage.

Formatierung anzeigen

Register	Start
Gruppe	Formatvorlagen
Befehl	Startprogramm Dialogfeld
Befehl	Formatinspektor

Formatinspektor starten

▶ Formatierung anzeigen

Gelegentlich haben Sie eine bessere Übersicht, wenn Sie sich die Formatierungen in einem Text anzeigen lassen. Stellen Sie den Cursor in den entsprechenden Absatz, und aktivieren Sie die Anzeige. Solange Sie die Anzeige im Aufgabenbereich nicht schliessen, erhalten Sie ausführlich Auskunft über alle vorhandenen Formatierungen.

Register	**Start**
Gruppe	**Formatvorlagen**
Befehl	Startprogramm Dialogfeld
Befehl	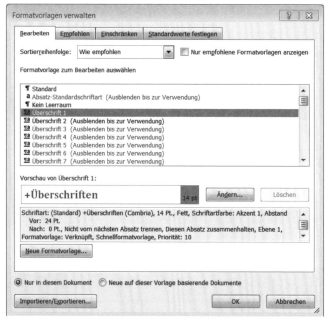 Formatvorlagen verwalten

Formatvorlagen verwalten

▶ Formatvorlagen verwalten

Word besitzt leistungsfähige Werkzeuge, um Formatvorlagen zu verwalten. In der Registerkarte **Bearbeiten** finden Sie alle vorhandenen Formatvorlagen, die von Microsoft definiert wurden oder die Sie selber definiert haben. Sie können bestimmen, welche Vorlagen in der Dialogbox **Formatvorlagen** angezeigt werden. Wenn wir richtig gezählt haben, sind es etwa 360 Vorlagen, aus denen Sie auswählen können. Standardwerte können Sie auch hier im entsprechenden Register aktivieren.

Formatvorlagen verwalten

▶ Anzeige der Formatvorlagen in der Entwurfs- und Gliederungsansicht

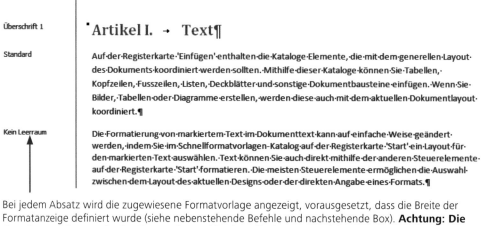

Register	**Datei**
Befehl	Optionen
Befehl	Erweitert
Titel	Anzeigen

Breite der Formatvorlagenanzeige einstellen

Bei jedem Absatz wird die zugewiesene Formatvorlage angezeigt, vorausgesetzt, dass die Breite der Formatanzeige definiert wurde (siehe nebenstehende Befehle und nachstehende Box). **Achtung: Die Anzeige erfolgt nur in der Entwurfs- und in der Gliederungsansicht.**

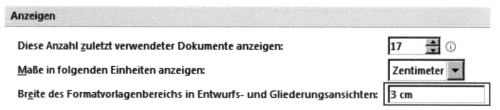

Breite der Formatvorlagenanzeige einstellen. Wird nur in der Entwurfs- und Gliederungsansicht angezeigt.

▶ Erstellen Sie den folgenden Text und verwenden Sie die am Rand angegebenen Format-vorlagen. Das Aussehen des Textes sollte (mit Ausnahme des Zeilenumbruchs) möglichst der Vorlage entsprechen. Sie müssen die Standardvorlagen anpassen.

Aufgabe 33

Überschrift 1	# Computerviren¶
Standard	Computerviren·sind·sich·selbstständig·vermehrende·Computerprogramme.·Sie·nisten·sich·in· andere·Computerprogramme·ein·¶
Überschrift 2	**Computervirentypen¶**
Standard	Die·häufigsten·Formen·sind:¶
Aufzählung	•→ Bootviren¶
Aufzählung	•→ Dateiviren¶
Aufzählung	•→ Makroviren¶
Aufzählung	•→ Skriptviren¶
Überschrift 2	**Trojaner¶**
Standard	Sie·richten·eine·Hintertür·auf·dem·System·ein.·Dadurch·erhalten·Unberechtigte·Zugriff·auf·einen· Rechner.¶
Überschrift 2	**Verbreitung¶**
Standard	Die·meisten·Viren·werden·heute·über·das·Internet·verbreitet.·Vor·allem·sind·es·die·Attachements,· welche·häufig·mit·Viren·verseucht·sind.¶
Überschrift 2	**Schutz¶**
Standard	Ein·100-prozentiger·Virenschutz·jedoch·ist·leider·nicht·möglich.·Folgende·Schutzmassnahmen· helfen·aber,·einen·Virenbefall·des·Systems·zu·verhindern.·¶
Aufzählung	•→ **Virenscanner**↵ prüfen·alle·Dateien·des·Systems·oder·einzelne·Dateien.·Viele·Infektionen·können·aber·auch· durch·einen·Virenscanner·nicht·verhindert·werden¶
Aufzählung	•→ **Firewalls**↵ Schützen·von·einem·Angriff·von·aussen.¶
Aufzählung	•→ **Rechtetrennung·durch·das·Betriebssystem**↵ Durch·eine·sinnvolle·Vergabe·von·Zugriffsrechten·werden·Infektionen·deutlich·erschwert.· Beispielsweise·sollten·Windows-Benutzer·nicht·ständig·mit·Administratorenrechten·arbeiten.· In·diesem·Zustand·sind·viele·Sicherheitsfunktionen·ausser·Betrieb.¶ —

▶ Wählen Sie den Formatvorlagensatz **Modern**.

▶ Wählen Sie als Farbvorlage **Rhea**.

▶ Ändern Sie die Schriftgrösse der Überschrift 1 auf 22 Punkt. Markieren Sie die Über-schrift 1 und aktualisieren Sie die Formatvorlage für Überschrift 1 aufgrund der Markie-rung (rechte Maustaste auf Schnellformatvorlage und dann Überschrift aktualisieren). Damit ändern Sie die Formatvorlage nach einer Direktformatierung.

Markieren	Absatz mit Überschrift 1
Register	**Start**
Gruppe	**Formatvorlagen**
Befehl	Rechter Maus-klick (Kontext-menü) auf Formatvorlage Überschrift 1
Wählen	Überschrift 1 aktualisieren, um der Auswahl anzupassen

Eine Auswahl mit Direktfor-matierungen der Formatvorlage zuweisen

Briefgestaltung

4

4.1 Einführung

Zur Hauptsache hat ein Brief die Aufgabe, Informationen von einer Stelle an die andere zu übermitteln. Inhalt und Sprache sind für einen guten, überzeugenden Brief besonders wichtig. Aber auch die Gestaltung, die Form eines Briefes, hat ihre Bedeutung. Alle Personen, die sich mit einem Brief beschäftigen, müssen die für sie wichtigen Informationen rasch erkennen und verarbeiten können.

Ganz ehrlich: Haben Sie nicht auch gelegentlich ein ungutes Gefühl, wenn Sie Briefe darstellen? Sind Sie sicher, dass Ihre Bewerbungsunterlagen die formalen Anforderungen erfüllen? Stehen Adresse und Datum am richtigen Ort? Wie oft schaltet man zwischen den Abschnitten? Um wie viele Zentimeter wird der Gruss eingezogen? In diesem Kapitel beantworten wir nebst diesen noch viele weitere gestalterische Fragen.

Für die Gestaltung eines Briefes gibt es Regeln. Aber es gibt auch einen Spielraum. Es ist nicht so, dass alle Firmen ihre Briefe genau gleich darstellen. Oft bestehen interne Weisungen zur Briefdarstellung, oder die Darstellung ist weitgehend in Dokumentvorlagen bestimmt. Briefe sind Imageträger. Sie spielen für die Corporate Identity (Erscheinungsbild, Unternehmensbild) einer Firma eine wichtige Rolle. Und denken Sie daran: Auch Privatbriefe sind Imageträger.

Wenn wir Ihnen in diesem Kapitel viele Regeln für eine gute Briefdarstellung mitgeben, tun wir dies nicht in der Meinung, dass nicht auch eine andere Form zweckmässig sein kann. Vielmehr hoffen wir, dass Sie dank diesen Regeln das Gespür für eine zweckmässige Darstellung erhalten und dass Sie künftig grobe Formfehler vermeiden. Ihre Botschaften sollen nicht nur inhaltlich und sprachlich überzeugen, sondern Sie sollen sie auch lese- und normgerecht aufs Papier bringen. In diesem Kapitel helfen wir Ihnen, diese Ziele zu erreichen.

4.2 Darstellung der Briefelemente

Die Anordnung der Briefelemente ist im Normblatt SN 010 130 geregelt. Darin festgehalten sind unter anderem folgende Normen (A4-Blatt, Rechtsadressierung):

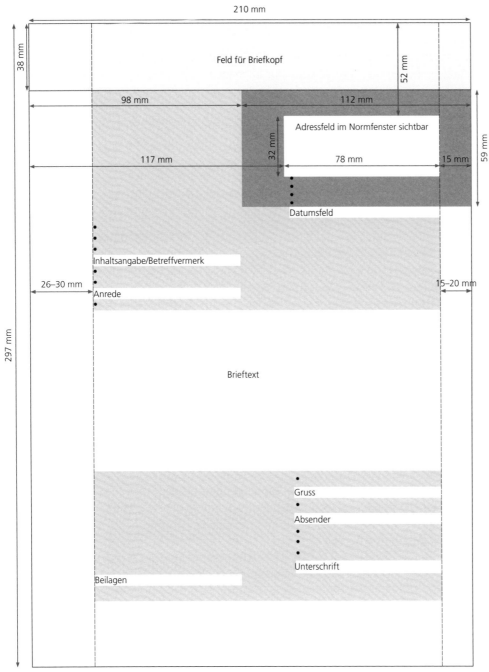

Ausführliche Darstellungsregeln für die einzelnen Briefteile finden Sie in den Regeln für das Computerschreiben von Max Sager und Georges Thiriet, Verlag SKV, Zürich.

Adresse links oder rechts?
Beides ist möglich. Wenn die Adresse links steht, stehen auch Grussformel, Absender und Unterschrift links. Bei der Rechtsadressierung stehen diese Elemente rechts. Ob links oder rechts, ist natürlich auch eine Frage des verwendeten Briefumschlages.

A4-Blatt, Linksadressierung

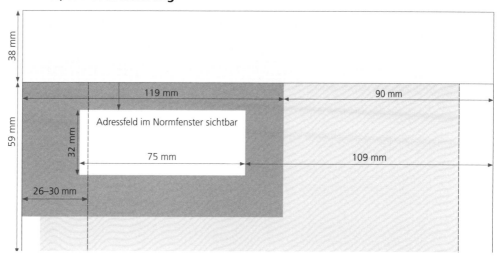

Briefkopf, Geschäftsangaben, Bezugszeichen, Falz- und Lochmarke

Register	**Einfügen**
Gruppe	**Kopf- und Fusszeile**
Befehl	Kopfzeile
Befehl	Kopfzeile bearbeiten
Register	**Kopf- und Fusszeilentools**
Befehl	Erste Seite anders

Kopfzeileneinstellung für Dokumentvorlage

Selbstverständlich gestaltet man für Geschäftsbriefe eine Dokumentvorlage. Ob der Briefkopf mit dem Ausdruck aufs Papier gedruckt oder Papier mit bereits vorhandenem Briefkopf verwendet wird, ist in der Praxis unterschiedlich. Wenn die Angaben wie Briefkopf, Geschäftsangaben, Bezugszeichen, Falz- und Lochmarken beim Ausdruck aufs Papier gebracht werden, sollten Sie diese in einer Kopfzeile (Erste Seite anders!) definieren.

Als Bezugszeichen bezeichnet man Angaben wie **Ihr Zeichen, Ihre Nachricht vom** und **Unser Zeichen**. Auf der gleichen Zeile steht auch vorgedruckt der Ort. Alle Angaben werden unter dieser Zeile angegeben. Dort, wo Angaben nicht vorhanden sind, setzt man einen Halbgeviertstrich:

Ihr Zeichen	**Ihre Nachricht vom**	**Unser Zeichen**	**4051 Basel**
–	–	hb-sm	15.3.20..

Geschäftsangaben wie Adresse, Telefon- und Faxnummern, E-Mail-Adressen, Webadresse usw. können im Briefkopf oder in der Fusszeile angebracht werden, wobei bei der Fusszeile wieder darauf zu achten ist, dass **Erste Seite anders** aktiviert ist. Sonst haben Sie bei mehrseitigen Briefen die Geschäftsangaben auf jeder Seite, was ja keinen Sinn ergibt.

Loch- und Falzmarken werden am linken Rand mit einem kleinen Strich angebracht. Sie erleichtern uns, wie der Name sagt, das Lochen und das Falzen von Schriftstücken. Ein A4-Bogen ist bekanntlich 29,7 cm hoch. Um diesen Bogen exakt für einen C 6/5-Briefbogen (langer Briefumschlag) falzen zu können, müssten Sie also bei 9,9 cm einen Strich setzen. Das ist genau 1/3 der Höhe. Besser setzen Sie die Marke jedoch auf 10,6 cm. Damit wird das Papier zwar nicht exakt gedrittelt, aber der Brief rutscht nicht im Umschlag herum, sondern sitzt fest.

Frau
Margrit Stadler Gut
Rechtsanwältin
Hofstrasse 18
4127 Birsfelden

Bei korrekter Adressposition und korrektem Falzen aufgrund der Falzmarke passt die Adresse perfekt in den Fensterbriefumschlag.

Erstellen Sie eine Dokumentvorlage für einen Geschäftsbrief mit Rechtsadressierung des Möbelzentrums Basel. Folgende Arbeitsschritte sind notwendig:

Aufgabe 34

▶ Schritt 1
Sie erstellen eine Vorlage, die auf der Vorlage **Leeres Dokument** aufbaut.

▶ Schritt 2
Sie geben die Randeinstellungen gemäss den Normvorschriften ein:

Seitenränder			
Oben:	5.2 cm	Unten:	3 cm
Links:	3 cm	Rechts:	2 cm
Bundsteg:	0 cm	Bundstegposition:	Links

Tipp: Das Adressfeld beginnt auf 5,2 cm vom oberen Blattrand. Bei einem zweiseitigen Brief ist der Rand von Seite 2 dann allerdings ebenfalls 5,2 cm. Dies müssen Sie dann allenfalls durch Einfügen eines **Abschnittumbruchs nächste Seite** korrigieren.
Word verfügt mit leistungsfähigen Feldfunktionen über elegante Möglichkeiten, solche Probleme zu lösen. Wer in der Praxis oft Vorlagen erstellt, sollte die Möglichkeiten von Feldfunktionen gut studieren.

▶ Schritt 3
Wählen Sie als Briefschrift Calibri, 11 Punkt, und definieren Sie die Schrift als Standardschrift, was nur für diese Vorlage gilt.

Wie die Vorlage nun weiter erstellt wird, zeigen wir Ihnen auf den nächsten beiden Seiten.

► **Schritt 4**

Richten Sie die Dokumentvorlage gemäss nachstehenden Angaben ein und speichern Sie die Vorlage unter dem Namen **Möbelzentrum.dotx**

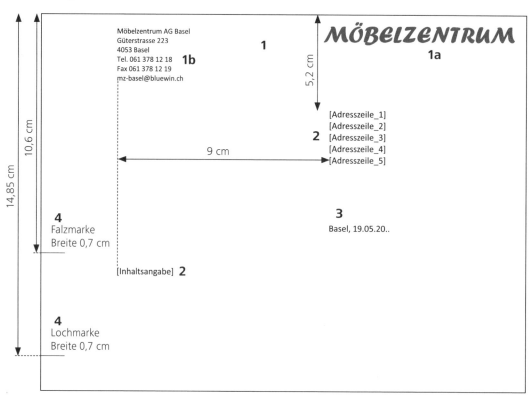

Register	**Einfügen**
Gruppe	**Kopf- und Fuss-zeile**
Befehl	Kopfzeile
Befehl	Kopfzeile bearbeiten
Register	**Kopf- und Fuss-zeilentools**
Befehl	Erste Seite anders

1 Kopfzeile

Fügen Sie die Kopfzeile für die erste Seite ein. Setzen Sie ein Häkchen bei **Erste Seite anders.**

☑ **Erste Seite anders**

☐ **Untersch. gerade ungerade Seiten**

☑ **Dokumenttext anzeigen**

Optionen

Register	**Einfügen**
Gruppe	**Text**
Befehl	Textfeld
Befehl	Textfeld erstellen

1a Schreiben Sie das Logo in ein Textfeld. Wählen Sie eine geeignete Schrift für das Logo.

1b Geben Sie die Geschäftsangaben in die Kopfzeile ein.

2 Die einzelnen Zeilen für die Empfängeradresse und die Inhaltsangabe sind durch das Feld **MacroButton** definiert. Beim Benutzen der Vorlage können die Felder angeklickt oder durch Drücken von F11 angesprungen werden. Der Inhalt wird automatisch gelöscht, und die korrekte Eingabe wird ermöglicht. Leere Zeilen sind gegebenenfalls zu löschen. Den Inhalt von Feldern können Sie mit der Tastenkombination **Alt+F9** auf dem Bildschirm anzeigen. Hinter der Adresszeile 1 befindet sich folgendes Feld: **{MacroButton Abbrechen [Adresszeile_1]}**

Register	**Einfügen**
Gruppe	Text
Befehl	Schnellbausteine
Befehl	Feld (Feld einfügen)
Auswahl	MacroButton

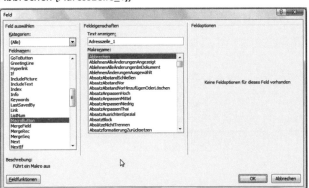

3 Das Datum wird mit der Feldfunktion **CreateDate** automatisch eingesetzt. Dabei ist das Datumsformat zu bestimmen.

Register	**Einfügen**
Gruppe	Text
Befehl	Schnellbausteine
Befehl	Feld (Feld einfügen)
Auswahl	CreateDate

4 Falz- und Lochmarke werden in der Kopfzeile eingetragen.

Definieren Sie die genaue Position von Falz- und Lochmarke. Dazu wird die Linie markiert (anklicken). Anschliessend wählen Sie **Zeichentools**.

Register	**Einfügen**
Gruppe	Illustrationen
Befehl	Formen
Auswahl	Linie

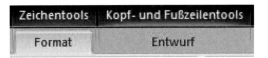

Register	**Zeichentools**
Gruppe	Anordnen
Befehl	Position
Befehl	Weitere Layoutoptionen

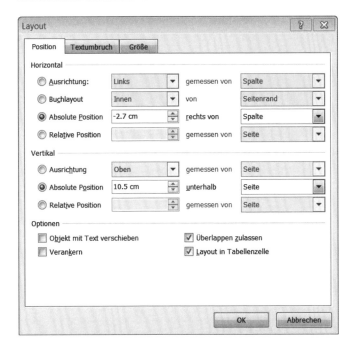

Aufgabe 35   Erstellen Sie aufgrund der Vorlage folgenden Brief.

Möbelzentrum AG Basel
Güterstrasse 223
4053 Basel
Tel. 061 378 12 18
Fax 061 378 12 19
mz-basel@bluewin.ch

MÖBELZENTRUM

Frau
Margrit Stadler Gut
Rechtsanwältin
Hofstrasse 18
4127 Birsfelden

Basel, 19.05.20..

Aktion Gartenmöbel

Sehr geehrte Frau Stadler Gut

Schon seit längerer Zeit haben Sie bei uns keine Ware mehr bezogen. Wir fragen uns deshalb, warum Sie nicht mehr bei uns bestellen. Waren Sie mit unserer letzten Lieferung nicht zufrieden? Bitte teilen Sie uns mit, wenn wir Sie irgendwie enttäuscht haben.

Zurzeit bereiten wir einen grossen Posten moderner Gartenmöbel zum Verkauf vor. Diesen können wir besonders günstig anbieten. Wir möchten vor allem unseren langjährigen Kundinnen und Kunden Gelegenheit geben, dieses aussergewöhnliche Angebot zu nutzen. Sie erhalten als Beilage einen Farbprospekt mit ausführlicher Beschreibung und Preisangaben.

Haben Sie schon unseren neuen Gesamtkatalog angesehen? Sie finden darin viele Artikel, die Ihnen bestimmt gefallen. Sie werden an den bestellten Wohnungseinrichtungen Ihre Freude haben.

Freundliche Grüsse

Möbelzentrum Basel

Kathrin Walser

Farbprospekt
Gesamtkatalog

Verzichten Sie in einfachen Brieftexten auf Hervorhebungen (Auszeichnungen). Sie erhöhen damit die Lesbarkeit. Merken Sie sich folgenden Grundsatz: «Je einfacher die Gestaltung, umso besser die Lesbarkeit.» Den Betreff sollten Sie jedoch fett drucken.

► **Regel 1**

Einfache Briefe in Textabschnitte gliedern

Gliedern Sie Ihre Brieftexte in Abschnitte. Eine sachlich gegliederte Struktur des Textes hilft dem Leser, den Inhalt rascher zu erfassen. Fügen Sie jeweils einen Absatz ein, wenn ein neuer Gedanke im Brief auftaucht. Oft wird der Fehler begangen, dass zu viele Absätze eingefügt werden. Auch damit bremsen Sie den Lesefluss, und das rasche Erfassen des Inhalts wird erschwert. Achten Sie bei jedem Brief, den Sie darstellen, auf Briefaufbau und -struktur.

Aufgabe 36

Gestalten Sie den folgenden Brieftext des Möbelzentrums Basel so, dass ein postfertiges Schriftstück entsteht. Verwenden Sie die Briefvorlage des Möbelzentrums.

Frau Margrit Peterhans Käppeliweg 31 4132 Muttenz 4051 Basel, 15. März 20.. Angebot Polstergruppe Sehr geehrte Frau Peterhans Letzte Woche durften wir Sie an der Ausstellung «Schöneres Wohnen» an unserem Stand beraten. Besten Dank für Ihren Besuch. Wegen der grossen Nachfrage konnten wir Ihnen keinen Katalog aushändigen. Jetzt ist er wieder druckfrisch vorrätig. So, wie Sie uns Ihre Wohnungseinrichtung und Ihre Wohnstube geschildert haben, empfehlen wir Ihnen besonders die Polstergruppe Modell «Zürich». Sie finden die Beschreibung und das Bild auf Seite 55 im Katalog. Wünschen Sie ein Stoffmuster? Herr Giersberger, intern 061 486 31 00, erteilt Ihnen gerne jede gewünschte Auskunft. Überzeugen Sie sich von unseren Leistungen. Sie werden bestimmt begeistert und zufrieden sein. Freundliche Grüsse Möbelzentrum Basel Kathrin Walser Katalog

Die folgenden Briefaufgaben repetieren die wichtigsten Formatierungsfunktionen. Dabei verzichten wir bei Geschäftsbriefen auf das Erstellen von Briefköpfen. Hingegen lohnt es sich, eine Vorlage zu erarbeiten, die Ihnen grundsätzlich ermöglicht, die Briefe rationell zu gestalten. Erstellen Sie zudem eine Vorlage für Privatbriefe mit Ihrem Absender.

Aufgabe 37

Entwerfen Sie zwei Briefvorlagen: eine für Geschäftsbriefe und eine Vorlage für Privatbriefe mit Ihrem Absender.

Aufgabe 38

Schreiben Sie den folgenden Brief und verwenden Sie Ihre Geschäftsbriefvorlage.

Herr Anton Fischer Gstaldenstr. 6 8810 Horgen 8025 Zürich, 11. April 20.. Pilatus-Küchen – alles aus einer Hand Sehr geehrter Herr Fischer Besten Dank für Ihr Interesse an unseren neuen Pilatus-Küchen. Was ist bei der Auswahl und beim Kauf einer neuen Küche zu beachten? Widmen Sie den beiliegenden Prospekten etwas Zeit, sie beantworten diese Frage ausführlich. Aber auch das müssen Sie wissen: Pilatus baut nicht nur perfekte Küchen, sondern auch die passenden Einbaugeräte dazu. Sie bekommen wirklich alles aus einer Hand, alles in bester Pilatus-Qualität! Deshalb sollten Sie unsere formschönen Küchen kennenlernen. Unser Vorschlag: Besuchen Sie unsere Ausstellungsräume an der Limmatstrasse in Zürich. Sie finden bei uns nicht nur interessante Vorschläge moderner Küchenplanung; unsere Experten zeigen Ihnen unverbindlich, wie Sie aus Ihrer Küche das Beste machen können. Viel Spass beim Aussuchen Ihrer Pilatus-Küche! Freundliche Grüsse PILATUS-KÜCHEN AG Irma Döbler 2 Prospekte

Aufgabe 39

Der folgende Brief ist ein privater Brief, eine Stellenbewerbung. Verwenden Sie dazu die Privatbriefvorlage, die Sie in Aufgabe 37 erstellt haben.

Frau Monika Dürr Zürich Tourismus Personal Postfach 8023 Zürich Brügg BE, 7. April 20.. Stellenbewerbung Sehr geehrte Frau Dürr Sie suchen über das Anschlagbrett der Höheren Fachschule für Tourismus eine Agentin im Fremdenverkehr. Die Umstrukturierung von Zürich Tourismus zeigt mir, dass Sie zielgerichtet arbeiten. Ihre zukunftsweisende Haltung stimmt mit meinen Vorstellungen von einem modernen Aufgabenbereich im Tourismusgewerbe überein. Meine berufliche Tätigkeit soll anspruchsvoll und abwechslungsreich sein. Deshalb bewerbe ich mich um diese Stelle. Im Sommer beende ich meine kaufmännische Lehre bei der Holiday Tours AG in Bern. Um meine Kenntnisse zu erweitern, werde ich ab Anfang Herbst die Höhere Fachschule für Tourismus in Zürich besuchen. Daher kommt nur eine Anstellung zu 80 Prozent in Frage. Was dürfen Sie von mir erwarten? Seit Lehrbeginn arbeite ich am Schalter und berate mit Freude unsere vielseitige Kundschaft. Dabei profitiere ich auch von meinen Sprachkenntnissen. Ich verfüge über eine gute Informatikausbildung. Mit meiner Zuverlässigkeit, meiner Einsatzbereitschaft und der raschen Auffassungsgabe werde ich Ihren Anforderungen bestimmt entsprechen. Ihre Einladung zu einem persönlichen Gespräch würde mich freuen. Ich danke für Ihre Aufmerksamkeit. Freundliche Grüsse Beiblatt Zeugniskopien

4.3   Techniken zur Gliederung von Brieftexten

Um Brieftexte zu strukturieren, verwendet man gelegentlich besondere Gestaltungsmittel wie Aufzählungszeichen, Untertitel, Einzüge oder tabellarische Aufstellungen.

▶ **Regel 2**

Briefe mit Aufzählungszeichen oder Nummerierungen

Aufzählungen können gut mit Aufzählungszeichen gegliedert werden. Dabei verwendet man in der Regel den Halbgeviertstrich (–). Das Divis (-) ist für die Aufzählung zu kurz. Andere Aufzählungszeichen kommen in Brieftexten weniger in Frage. Der Halbgeviertstrich wirkt schlichter als der Aufzählungspunkt und genügt völlig, um die Gliederung sichtbar zu machen. In Briefen sollten Sie mehrere Aufzählungsebenen vermeiden.

Der Abstand zwischen Aufzählungszeichen und Text richtet sich nach der Schriftgrösse. Wenn Sie den Brief in der Schrift Calibri, Schriftgrösse 11 Punkt, schreiben, genügen etwa 0,5 cm. Die Aufzählung bekommt dann etwa folgendes Aussehen:

- Lore feugiat. Ut autpat iureetuer sed dio corero coreetum zzriure velisis acillaor at, sim zzrit aliquat. Ut ad min ut lore facil iure magnim qui te conse velisisit vel ulputem velesecte vel ulla augait ing ent er sequamcon henissi.

- Lore dolor aciduip ustin henit amet, con verilit ad dolent ver senis acilismolor sum

- Loreet, con ulluptatio conum zzrit exeriure magnism dolore verosto eros nullutatuer si tatum ercipsuscil ullan velisi blan ullaoreet irit vero commodo oborpercil dipsummodip ex ex eum zzrit ing euisi.

Bei einer Aufzählung kommt auch die Nummerierung in Frage. Achten Sie darauf, dass der Abstand zwischen der Nummer und dem Text nicht zu gross ausfällt. Etwa 0,75 cm sind in einem Brief richtig.

1. Lore feugiat. Ut autpat iureetuer sed dio corero coreetum zzriure velisis acillaor at, sim zzrit aliquat. Ut ad min ut lore facil iure magnim qui te conse velisisit vel ulputem velesecte vel ulla augait ing ent er sequamcon henissi.

2. Lore dolor aciduip ustin henit amet, con verilit ad dolent ver senis acilismolor sum

3. Loreet, con ulluptatio conum zzrit exeriure magnism dolore verosto eros nullutatuer si tatum ercipsuscil ullan velisi blan ullaoreet irit vero commodo oborpercil dipsummodip ex ex eum zzrit ing euisi.

Schreiben Sie den folgenden Brief. Als Absender setzen Sie Ihre persönliche Adresse ein. Verwenden Sie wiederum die Briefvorlage für Privatbriefe.

Christian Häfelin
Alpstrasse 23
6020 Emmenbrücke

Telefon 041 373 18 22
Mobile 079 233 67 56
Mail chrhaefelin@bluewin.ch

Frau
Edith Bühlmann
Sonnweg 12
6024 Hildisrieden

Emmenbrücke, 7. April 20..

Schaden an meinem Fahrzeug LU 53165

Sehr geehrte Frau Bühlmann

Ihr Sohn Cyrill hat am 5. April vor der Lichtsignalanlage am Seetalplatz in Emmenbrücke mein Auto bei einer Auffahrkollision beschädigt. Als Fahrzeughalterin und Versicherungsnehmerin haben Sie mir gestern telefoniert, und ich habe Ihnen den Unfallhergang geschildert. Sie wollen den geringfügigen Schaden an meinem Fahrzeug bezahlen, ohne die Versicherung zu beanspruchen.

Wir haben Folgendes festgehalten:

– Aufgrund der Schätzung der Garage Schmid in Rain belaufen sich die Kosten für die Instandsetzung meines Fahrzeuges Audi A4 zwischen CHF 400.– und CHF 500.–.

– Ich bin bereit, den Schaden nicht beheben zu lassen. Für den Minderwert an meinem Fahrzeug überweisen Sie mir jedoch CHF 200.–.

– Mit der Überweisung erlöschen weitere Ansprüche an Sie oder an Ihre Versicherung.

Ich bitte Sie, mir den Betrag mit beiliegendem Einzahlungsschein auf mein Konto 128.508.53-12 bei der UBS Luzern zu überweisen. Besten Dank.

Freundliche Grüsse

Einzahlungsschein

Schreiben Sie den folgenden Brief und verwenden Sie die automatische Nummerierung. **Aufgabe 41**

Brieflogo

Heimgartner Informatik AG
Herr Peter Heimgartner
Dreilindenstrasse 20
6006 Luzern

Olten, 7. September 20..

i't magazin für informationstechnologie

Sehr geehrter Herr Heimgartner

Kürzlich erhielten Sie von uns das gewünschte Probeheft der Zeitschrift i't magazin für informationstechnologie.

Sicher konnten wir Ihnen einen kleinen Vorgeschmack geben, was Sie alle 14 Tage von i't erwarten dürfen. Drei Gründe sprechen dafür, i't für ein ganzes Jahr zu abonnieren:

1. i't berichtet praxisnah, kompetent und herstellerunabhängig über Trends und Facts rund um den
   Computer.

2. i't ist bei Lesern und Herstellern für gnadenlose Kritiken und unerbittliche Tests bekannt.

3. i't können wir Ihnen zu einem einmaligen Preis anbieten. Sie erhalten jährlich 26 Ausgaben von i't für
   nur CHF 117.–. Gegenüber dem Kauf am Kiosk sparen Sie sage und schreibe CHF 78.–.

Wenn Sie unser Probeheft bereits überzeugen konnte, wunderbar! Falls Sie noch ein bisschen mehr an
Informationen brauchen, um ganz sicher zu sein, dann probieren Sie es doch mit dem Schnupperabo –
drei Ausgaben zum Preis von CHF 12.–. Füllen Sie einfach die beiliegende Bestellkarte aus, und ab mit
der Post oder mit dem Fax! Oder noch schneller: Bestellen Sie über Internet www.it.ch/abo. Wir würden
uns freuen!

Viele Grüsse aus Olten

i't
magazin für informationstechnologie

Hans Spiller
Vertriebsleiter   Bestellkarte

Aufgabe 42

Schreiben Sie den folgenden Brief und verwenden Sie die automatische Gliederung «Liste mit mehreren Ebenen» (eher selten in einem Brief: Gliederung auf 2 Ebenen!).

Brieflogo

Frau
Romilda Furrer
Sprachlehrerin
Matthofring 12
6005 Luzern

6006 Luzern, 29.09.20..

«Neue Luzerner Zeitung» – eine wertvolle Lektüre

Guten Tag Frau Furrer

Möchten Sie die «Neue Luzerner Zeitung» 30 Tage kostenlos und unverbindlich prüfen? Gute Gründe sprechen dafür:

1. Das moderne redaktionelle Konzept.

2. Kritische Kommentare und Berichte von 12 Redaktoren und vielen namhaften Publizisten.

3. Kurze, prägnante Artikel, mit denen Sie jederzeit konzentriert informiert werden.

4. Der stark ausgebaute und verbesserte Regionalteil wird wie folgt gegliedert:

   a) Stadt Luzern und Umgebung. Dieser Teil wird von unsern Redaktoren ganz besonders gepflegt.

   b) Nidwalden, Obwalden, Uri und Zug. In allen Regionen arbeiten unsere Lokalredaktoren.

5. Wir gehen jeden Tag auf die Bedürfnisse unserer Leserinnen und Leser ein. Viele Pluspunkte werden Sie beim Lesen der Zeitung finden.

Wir meinen: Sie sollten die NLZ jetzt testen. Senden Sie die beiliegende Antwortkarte auf jeden Fall zurück. So erhalten Sie die NLZ als Probenummer **bis Ende Jahr** gratis. Wir wünschen Ihnen viele angenehme Stunden beim Studium der frischen und lebendigen «Neuen Luzerner Zeitung».

Freundliche Grüsse

Neue Luzerner Zeitung

ppa.

Heinz Zenger

Antwortkarte

> Das Beispiel zeigt eine Gliederung mit Ziffern und Buchstaben in zwei Gliederungsebenen (bei Briefen eher selten).
>
> Beachten Sie die korrekten Abstände nach den Ziffern und den Buchstaben.

Schreiben Sie den folgenden Brief und erwähnen Sie die Vorzüge (sie sind im Text kursiv gesetzt) in Form einer Aufzählung.

Frau Beate Schwerzmann Landschaustrasse 32 6006 Luzern Luzern, 29. August 20.. Erholung im Kurhaus Sonnmatt Sehr geehrte Frau Schwerzmann Besten Dank für Ihren Anruf von heute Mittag. Ob ferienhalber, erholungssuchend oder klinikbedürftig – bei uns sind Sie in guten Händen. Das Kurhaus Sonnmatt bietet Ausserordentliches: *eine ländliche, ruhige Atmosphäre inmitten von Wald und Wiesen, direkt über dem Vierwaldstättersee und trotzdem stadtnah; gute Luft, die Ruhe der Natur und ein einzigartiges Panorama! eine Umgebung, die Sie zu ausgiebigen Spaziergängen in der traumhaft schönen Parkanlage rund um das Kurhaus einlädt; ein gut eingespieltes Pflegeteam, unter der Leitung unseres Hausarztes Herrn Dr. med. Paul Limacher. Er steht Ihnen Tag und Nacht zur Seite.* Lassen Sie sich körperlich, kulinarisch – auch mit Diät – und kulturell verwöhnen! Unser Prospekt informiert Sie über unsere Leistungen und Bedingungen. Für weitere Auskünfte sind wir für Sie da. Haben wir Ihr Interesse geweckt? Dann reservieren Sie bitte frühzeitig, damit wir Ihre individuellen Wünsche erfüllen können. Freundliche Grüsse SONNMATT KURHAUS/PRIVATKLINIK Manuela Kübler, Direktorin Prospekt

Gestalten Sie den folgenden Brief postfertig. Schreiben Sie die Empfehlungen (Nummern 1–3) in Form einer Aufzählung (Nummerierung).

Herr Hans Meier Freiestrasse 45 3604 Thun Thun, 29. August 20.. Vorsicht vor E-Mails mit gefälschtem Absender der Thunerbank AG Sehr geehrter Herr Meier Unsere Kundinnen und Kunden wurden Zielobjekte einer E-Mail-Aktion mit betrügerischer Absicht. Dabei wurden in englischer Sprache verfasste E-Mails mit gefälschten Absenderadressen verschickt und die Empfänger aufgefordert, einen Link anzuklicken und dort ihre persönlichen Daten bekannt zu geben. Diese E-Mails stammen nicht von der THUNERBANK AG. Bitte beachten Sie, dass wir Sie niemals über E-Mail zur Bekanntgabe Ihres Passwortes oder Ihrer Sicherheitselemente (E-Banking-Nummer, Passwort und Sicherheitscode) auffordern. Falls Sie bereits ein solches Mail erhalten haben, empfehlen wir Ihnen Folgendes: 1. Klicken Sie nicht auf den Link im E-Mail und geben Sie Ihre Sicherheitselemente keinesfalls bekannt. 2. Sollten Sie Ihre Sicherheitselemente bereits bekannt gegeben haben, ändern Sie sofort Ihr Passwort und kontaktieren Sie uns (Hotline 0844 335 700 oder ebanking@thunerbank.ch). 3. Benutzen Sie für das Login nur die Internetadresse www.thunerbank.ch. Unser E-Banking-Angebot ist sicher. Wichtig ist allerdings, dass Sie als Benutzer mit den drei Sicherheitselementen sorgfältig umgehen – dann kann kein Schaden entstehen. Freundliche Grüsse THUNERBANK AG Rolf Zahnd

Aufgabe 45

Gestalten Sie den folgenden Brief postfertig. Schreiben Sie die Ziele (Nummerierung a–d) in Form einer Aufzählung (Nummerierung).

Herr Peter Lang Schlossblick 12 6210 Sursee 6030 Ebikon, 15. Mai 20.. Management Workshop Sehr geehrter Herr Lang Die Märkte werden immer verrückter und enger. Wir brauchen neue Ideen und praktische Starthilfen. Mit unserem neuen Ausbildungsseminar «Management-Workshop» ist es uns gelungen, folgende Ziele zu erreichen: a) Jeder Teilnehmer kann sich – trotz steigendem Druck – täglich professionell und unternehmerisch selbst motivieren. b) Er wird im Innersten aufgerüttelt und erkennt und begreift, dass und wie dramatisch eine neue Dimension des Verkaufens bereits begonnen hat. c) Jeder Teilnehmer mit Führungsverantwortung entwickelt eine klare Vorstellung von den Anforderungen an die künftige Führungsaufgabe. d) Er überwindet die klaren Widersprüche zwischen Leistungsorientierung und Beziehungsorientierung. Weitere Informationen sowie Kurszeiten und Kursorte können Sie dem Prospekt «Management-Workshop» entnehmen. Ich freue mich auf Ihre Antwort und nehme gerne Ihre Fragen auf. Freundliche Grüsse IKA-Learning GmbH Franziska Dobler Leiterin Ausbildung Prospekt «Management-Workshop»

▶ **Regel 3**

Briefe mit Betragskolonnen

Die Betragskolonne gehört an den Schreibrand rechts. Wichtig bei den Betragskolonnen ist der korrekte Umgang mit den Tabulatoren oder mit den Tabellenfunktionen. Sie müssen beide Arbeitstechniken beherrschen. Bei Betragskolonnen mit kleinen Beträgen, wo auch Rappen vorkommen (z. B. CHF 13.60), kann bei geraden Beträgen auch «00» (anstelle des Geviertstriches) geschrieben werden. Bei Betragskolonnen mit Beträgen von ganzen Zahlen sollen die Rappen nicht mit «00» angegeben werden, denn dies wirkt unübersichtlich. Hier wird der Gedankenstrich (Halbgeviert) angewendet (siehe Beispiel).

Beispiel:

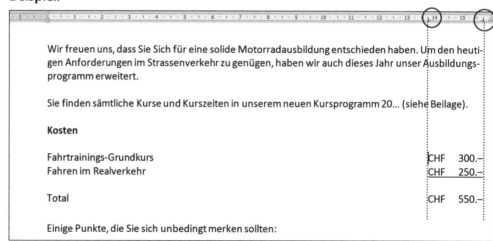

Schreiben Sie den folgenden Brief.

Herr
Stefan Kleeb
Schlossfeldstrasse 33
6218 Ettiswil

6130 Willisau, 14. März 20..

Fahrtrainings-Grundkurs

Sehr geehrter Herr Kleeb

Wir freuen uns, dass Sie sich für eine solide Motorradausbildung entschieden haben. Um den heutigen Anforderungen im Strassenverkehr zu genügen, haben wir auch dieses Jahr unser Ausbildungsprogramm erweitert.

Sie finden sämtliche Kurse und Kurszeiten in unserem neuen Kursprogramm 20... (siehe Beilage).

Kosten

Fahrtrainings-Grundkurs	CHF	300.–
Fahren im Realverkehr	CHF	250.–
Total	**CHF**	**550.–**

Einige Punkte, die Sie sich unbedingt merken sollten:

– Die Kurse werden bei jedem Wetter durchgeführt (Regenkombi unentbehrlich).
– Nehmen Sie, wenn möglich, Ihr eigenes Motorrad mit an den Kurs.
– Kurskosten werden am 2. Kurstag bar eingezogen.

Ich freue mich auf Ihre Anmeldung und nehme gerne Fragen auf.

Freundliche Grüsse

Fahrschule Vonwil

Erwin Vonwil

Kursprogramm 20..

Aufgabe 47   Schreiben Sie den folgenden Brief.

VONWIL
FAHRSCHULE

Herr
Stefan Kleeb
Schlossfeldstrasse 33
6218 Ettiswil

6130 Willisau, 14. März 20..

Fahrtrainings-Grundkurs

Sehr geehrter Herr Kleeb

Wir freuen uns, dass Sie sich für eine solide Motorradausbildung entschieden haben. Um den heutigen Anforderungen im Strassenverkehr zu genügen, haben wir auch dieses Jahr unser Ausbildungsprogramm erweitert.

Kosten

Fahrtrainings-Grundkurs	CHF	300.–
Fahren im Realverkehr	CHF	250.–
Zwischentotal	CHF	550.–
10 % Treuerabatt	CHF	55.–
Total	CHF	495.–

Einige Punkte, die Sie sich unbedingt merken sollten:

– Die Kurse werden bei jedem Wetter durchgeführt (Regenkombi unentbehrlich).
– Nehmen Sie, wenn möglich, Ihr eigenes Motorrad mit an den Kurs.
– Kurskosten werden am 2. Kurstag bar eingezogen.

Ich freue mich auf Ihre Anmeldung und nehme gerne Fragen auf.

Freundliche Grüsse

Fahrschule Vonwil

Erwin Vonwil

Kursprogramm 20..

Schreiben Sie den folgenden Brief. Lösen Sie den Briefkern mit der Tabulator-Funktion.

Restaurant Krone Herr Urban Grossmann Obere Rütigasse 33 6010 Kriens 3970 Salgesch, 14. Oktober 20.. Top-Angebote für die Gastronomie Sehr geehrter Herr Grossmann Besten Dank für Ihre Anfrage vom 12. Oktober 20… Auch dieses Jahr haben wir wieder eine Top-Gelegenheit vorbereitet. Die Ernte ist vorbei. Die Phase im Rebberg war schöner als angenommen, und wir freuen uns, diese einmalige Qualität zu verarbeiten. Bereits haben wir wieder ein Gastro-Set zusammengestellt, welches kaum zu übertreffen ist. Ganz speziell freuen wir uns auf den Johannisberg. Ein eleganter Weisswein mit einer muskulösen Fruchtigkeit und einem Hauch von Mandeln. Unser Set-Angebot: 60 Flaschen Johannisberg CHF 740.– 60 Flaschen Chardonnay AOC CHF 845.50 60 Flaschen Bacchus Pinot noir CHF 835.– 60 Flaschen Rhoneblut Eichenfass CHF 770.50 CHF 3'191.– abzüglich 10 % Einführungsrabatt CHF 319.10 Total inkl. MWST CHF 2'871.10   Wir freuen uns sehr, wenn auch Sie wieder von unserem Herbstangebot profitieren. Falls Sie andere Mengen bestellen möchten oder Fragen haben, so zögern Sie nicht. Unser Team berät Sie gerne unabhängig und kompetent. Freundliche Grüsse Sandoz Weine SA Urs Mathier, Leiter Administration 1 Broschüre

▶ Regel 4

Stichwortangaben und Bedingungen gehören an den Schreibrand links!

Nach den Stichwortangaben oder Bedingungen kommt **kein Doppelpunkt.**
Den Abstand zwischen den Stichwörtern (Mengenrabatt, Lieferung, Zahlung, Garantie) und dem dazugehörigen Text sollten Sie nicht zu eng und nicht zu weit wählen. Der Text muss optisch dem Stichwort zugeordnet werden.
Grundsatz: Abstand zwischen längster Stichwortangabe und dem Text: **0.5 bis 1.0 cm**
Zwischen den Stichwortangaben **kann eine Leerzeile** oder auch nur eine halbe stehen (wird mit Absatzfunktion Abstand «Vor» oder «Nach» erreicht).

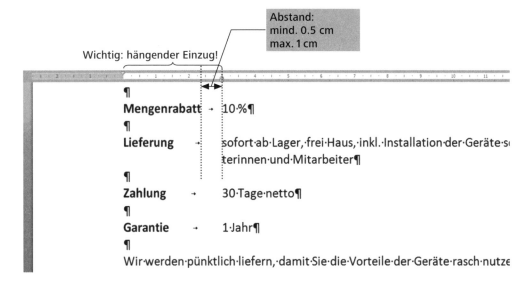

Aufgabe 49   Schreiben Sie den folgenden Brief.

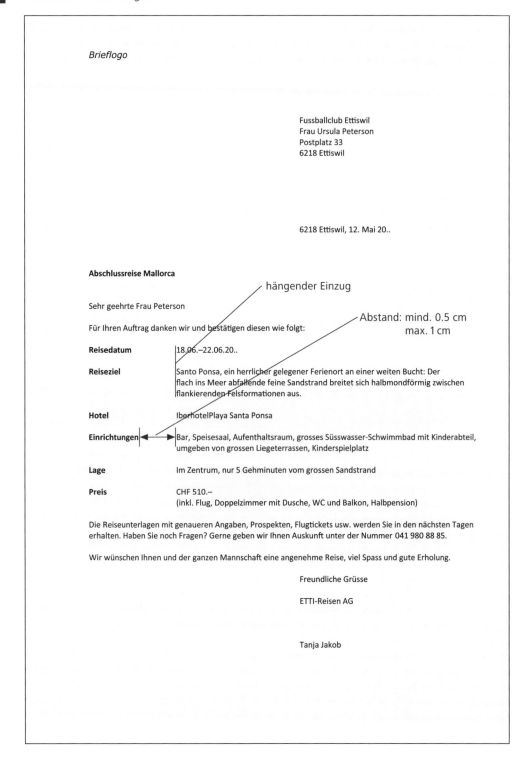

Brieflogo

Fussballclub Ettiswil
Frau Ursula Peterson
Postplatz 33
6218 Ettiswil

6218 Ettiswil, 12. Mai 20..

Abschlussreise Mallorca

hängender Einzug

Sehr geehrte Frau Peterson

Für Ihren Auftrag danken wir und bestätigen diesen wie folgt:

Abstand: mind. 0.5 cm
max. 1 cm

Reisedatum	18.06.–22.06.20..
Reiseziel	Santo Ponsa, ein herrlicher gelegener Ferienort an einer weiten Bucht: Der flach ins Meer abfallende feine Sandstrand breitet sich halbmondförmig zwischen flankierenden Felsformationen aus.
Hotel	IberhotelPlaya Santa Ponsa
Einrichtungen	Bar, Speisesaal, Aufenthaltsraum, grosses Süsswasser-Schwimmbad mit Kinderabteil, umgeben von grossen Liegeterrassen, Kinderspielplatz
Lage	Im Zentrum, nur 5 Gehminuten vom grossen Sandstrand
Preis	CHF 510.– (inkl. Flug, Doppelzimmer mit Dusche, WC und Balkon, Halbpension)

Die Reiseunterlagen mit genaueren Angaben, Prospekten, Flugtickets usw. werden Sie in den nächsten Tagen erhalten. Haben Sie noch Fragen? Gerne geben wir Ihnen Auskunft unter der Nummer 041 980 88 85.

Wir wünschen Ihnen und der ganzen Mannschaft eine angenehme Reise, viel Spass und gute Erholung.

Freundliche Grüsse

ETTI-Reisen AG

Tanja Jakob

Schreiben Sie den folgenden Brief.

Herr Erwin Wenger Dorfstrasse 9 4051 Basel Hallau, im Dezember 20.. Wein-Entdeckungen für Ihre Festtage Sehr geehrter Herr Wenger Genussvoll möchten wir mit Ihnen in die Winter- und Weihnachtszeit starten. Von Italien über Frankreich nach Portugal. Unsere Entdeckungen aus diesen begnadeten Weinbauländern werden Sie begeistern. Jeder dieser Weine steht für exklusive Momente. Kräftig, samtig-weich und gehaltvoll – so präsentieren sich die Neuzugänge. Sie empfehlen sich als ausgezeichnete Begleiter für Ihr Weihnachtsmenü sowie für entspannte Geniesserstunden zu zweit und im Kreis Ihrer Familie. Unser Festtags-Angebot enthält zwei Flaschen Prosecco La Tordera, Italien, zwei Flaschen Château Chauvin, Grand Cru Classé, Frankreich, und zwei Flaschen Syrah Reserva, VR Alentejo Herdade Dos Lagos, Portugal (Details siehe Flyer). Lieferung: 5 Tage nach Bestellungseingang Zahlung: 30 Tage netto Preis: CHF 360.– Sie erhalten jetzt über CHF 160.– Festtagsrabatt! Füllen Sie jetzt Ihren Weinkeller auf, damit Sie für die Festtage bestens vorbereitet sind. Freundliche Grüsse Müller Weine GmbH Urs Müller Flyer Wein-Entdeckungen für Ihre Festtage Bestelltalon

Schreiben Sie den folgenden Brief.

SUCO INFORMATIK AG Herr Rudolf Bucher Enterprise 22 6210 Sursee Luzern, 18. Juni 20.. PC-Abrechnung vom Verbandsturnfest Sehr geehrter Herr Bucher Für Ihre Grosszügigkeit beim Verbandsturnfest 20.. danken wir bestens. Wir waren sehr froh, dass Sie uns diese Computer für den Grossanlass zu wirklich vorteilhaften Konditionen zur Verfügung gestellt haben. Unsere Abrechnung sieht wie folgt aus: 25 HP Compaq dc7100 CHF 6'250.– 25 HP L1940 – 19" TFT-Monitor CHF 1'225.– 10 HP DeskJet 6540d Printer CHF 350.– 6 HP Color LaserJet 3600 CHF 270.– Installation und Vernetzung CHF 3'000.– Total CHF 11'095.– abzüglich Sponsoring-Beitrag CHF 6'000.– Spezialpreis CHF 5'095.– Retour: gem. Vertrag spätestens bis 30. Juni 20.. Zahlung: bis 30. Juni 20.. Die ganze Infrastruktur hat hervorragend funktioniert. Ihr Fachpersonal hat unseren Helferinnen und Helfern einen grossartigen Support geleistet, besten Dank. Wir freuen uns sehr, wenn Sie im August ebenfalls mit Ihren Mitarbeitern am Helferinnen- und Helferfest teilnehmen. Freundliche Grüsse VERBANDSTURNFEST Petra Müller Flyer Helferinnen- und Helferfest

▶ **Regel 5**

Darstellung des Brieftextes mit Titeln, Beschreibungen und Preis

Vor allem beim Gestalten von Angeboten und Auftragsbestätigungen ist die klassische Form mit Titeln und Beschreibungen zweckmässig. Durch ein lesergerechtes Anordnen der einzelnen Elemente erkennt man Warenbezeichnung, Preis und Bedingungen auf einen Blick.

Aufgabe 52   Schreiben Sie den folgenden Brief:

Brieflogo

Stäubli AG
Geräte- und Maschinenbau
Herr Kurt von Ballmoos
Moosstrasse 25
8038 Zürich

19. Februar 20..

Auftragsbestätigung

Sehr geehrter Herr von Ballmoos

Besten Dank für Ihren Auftrag vom 18. Februar. Sie werden Ihren Kauf nicht bereuen. Die Kopiergeräte TOP 10 arbeiten ausserordentlich zuverlässig.

Ihre Bestellung:

6 Kopiergeräte TOP 10

der umweltfreundliche Duplex-Kopierer aus der neuen Serie: 40 randlose | Einzug rechts
A4-Kopien je Minute; stufenloses Zoom von 50 bis 200 %; Papierzuführung
aus Grossraumkassette mit 1100 Blatt A4; Stapeleinzug, Papierformate
A5 bis A3; integrierte Duplex-Einheit für doppelseitiges Kopieren; geringer
Lärmpegel; wenig Staubemissionen; kein Ozonausstoss; kurze Aufwärm-
zeit; Umschaltung nach 5 Minuten Nichtgebrauch auf Energiesparmodus; | Tabulator links
umfassendes Recyclingkonzept für Tonerpatronen und Trommeln; geeignet   **Preis je Gerät** CHF 10 450.–
für Recyclingpapier   inkl. 8 % MWST

	Hängender Einzug
Mengenrabatt	10 %
Lieferung	sofort ab Lager, frei Haus, inkl. Installation der Geräte sowie Instruktion Ihrer Mitarbeiterinnen und Mitarbeiter
Zahlung	30 Tage netto
Garantie	1 Jahr

Wir werden pünktlich liefern, damit Sie die Vorteile der Geräte rasch nutzen können.

Bitte teilen Sie uns mit, welchen Termin Sie für die Instruktion Ihrer Mitarbeiterinnen und Mitarbeiter festlegen möchten.

Freundliche Grüsse

Kopomatic (Schweiz) AG

Ursula Kunz

Bei jeder Briefdarstellung haben Sie die gleiche Ausgangslage – ein leeres Blatt. Ihre Aufgabe ist es, dieses Blatt so mit Text zu füllen, dass der Leser sich rasch orientieren kann. Dies geschieht nicht in erster Linie durch Auszeichnungen (Hervorhebungen). Viel wichtiger ist eine durchdachte Raumaufteilung. Der Briefkern eines Angebots besteht oft aus der Warenbezeichnung, der Warenbeschreibung und dem Preis. Anschliessend folgen die Bedingungen (Lieferbedingungen, Zahlungsbedingungen, Garantiebedingungen usw.). Folgende räumliche Aufteilung ergibt bei diesen Inhalten eine lesergerechte Struktur:

Tipp: Den Abstand zwischen den Stichwörtern (Lieferung, Garantie) und dem dazugehörigen Text sollten Sie nicht zu eng und nicht zu weit wählen. Der Text muss optisch dem Stichwort zugeordnet werden können.

Für den Informatikunterricht benötigen Sie ein leistungsfähiges Präsentationsmedium.

Wir bieten Ihnen an:

Video-Presenter SAMSUNG SVT-5500ST 1	
– Linse, Zoom: F1.4~2.7, f = 3,9–62,4 mm (16-fach motorisches Zoom)	
– Kamerasystem: ¼" 470 000 Pixels IT CDD	
– Schnittstellen: USB, RS-232 **2**	**3**
– Eingänge: 1 × VGA, 2 × Video	CHF 450.–
20 % Schulrabatt	<u>CHF 90.–</u>
Preis inkl. 8 % MwSt.	**CHF 360.–**
Lieferung sofort ab Lager	
Garantie 6 Monate **4**	

---

1 **Warenbezeichnung.** Sie steht in der Regel auf einer besonderen Zeile, wird fett hervorgehoben und zur besseren Übersicht von der Beschreibung mit Weissraum abgesetzt (etwa 6 pt). Am Ende des Textes fällt das Satzzeichen weg. Anstelle einer Ware wird oft eine Dienstleistung angeboten, ohne dass die Darstellungsform ändern muss.

2 **Warenbeschreibung.** Stichwortartige Beschreibungen können gegliedert werden. Bei langen Beschreibungen ist es empfehlenswert, auf eine Gliederung zu verzichten (siehe Aufgabe 52). Sofern eine Betragskolonne vorhanden ist, bleibt der Raum oberhalb der Beträge frei. Übersichtlichkeit erreichen Sie vor allem dank einer durchdachten Raumaufteilung und überlegtem Umgang mit Weissraum.

3 **Preis.** Die Betragskolonne steht rechts aussen. Unterstreichen Sie die letzte Zahl vor dem Total. Den Totalbetrag formatieren Sie fett (das Unterstreichen eignet sich nicht, ausser Sie lösen es über die Rahmenfunktionen und Einfügen). Auf das doppelte Unterstreichen kann jedoch auch verzichtet werden!

4 **Bedingungen.** Sie stehen am linken Textrand. Der Text steht eingezogen. Zwischen der längsten Bedingung und dem Text fügen Sie etwas Weissraum ein. Zwischen den Bedingungen setzen Sie einen Abstand von etwa 6 pt.

Jetzt gilt es, die gelernten Formatierungstechniken gekonnt im Brief umzusetzen. Ihre Arbeitstechnik ist dann gut, wenn sich Schriftstücke rationell erstellen und problemlos umformatieren lassen. Nutzen Sie die Möglichkeiten des Textprogramms. Grundsätzlich können für die folgenden Darstellungen natürlich auch Tabellenfunktionen eingesetzt werden.

Aufgabe 53   Erstellen Sie den folgenden Briefkern:

Für den Informatikunterricht benötigen Sie ein leistungsfähiges Präsentationsmedium.

Wir bieten Ihnen an:

Video-Presenter SAMSUNG SVT-5500ST

- Linse, Zoom: F1.4~2.7, f = 3,9–62,4 mm (16-fach motorisches Zoom)
- Kamerasystem: ¼" 470 000 Pixels IT CDD
- Schnittstellen: USB, RS-232
- Eingänge: 1 × VGA, 2 × Video   CHF   450.–

20 % Schulrabatt   CHF   90.–

Preis inkl. 8% MwSt.   **CHF   360.–**

Lieferung   sofort ab Lager

Garantie   6 Monate

Aufgabe 54   Erstellen Sie folgenden Briefkern.

Ihre Anfrage freut uns sehr; vielen Dank für Ihr Vertrauen. Zur Deckung der Reiserisiken empfehlen wir Ihnen:

1. **Reisegepäckversicherung**

   Versicherungssumme CHF 2 000.– je Teilnehmer   CHF 25.60

2. **Haftpflicht allgemein und für Mietpferde**

   - Schäden an Pferden CHF 5 000.– je Pferd
   - Taggeld CHF 15.– je Pferd
   - CHF 1 000 000.– Haftpflicht je Teilnehmer und Unfallereignis CHF 32.00

Dauer   10 Tage

Vorbehalt   Die Deckung wird nur zugesichert, wenn die Teilnehmer nicht schon bei einer anderen Gesellschaft gegen diese Risiken versichert sind.

Als Beilagen erhalten Sie unsere «Allgemeinen Versicherungsbedingungen für Privathaftpflichtpolicen» und «Gepäckversicherungen».

Einen ähnlichen Briefaufbau wie das Angebot hat die Auftragsbestätigung. Den Stückpreis stellen Sie am besten als Vorkolonne mit kleinem Zwischenraum vor die Betragskolonne.

Aufgabe 55

Schreiben Sie folgenden Briefkern:

Wir danken für den freundlichen Empfang unseres Kundenberaters Herrn Oetiker. Sie sehen folgende Ausführung vor:

Wollteppich BELOS in Schlafzimmer und Vorraum

Dessin 124/45 beige, 34,85 m²	zu CHF 64.00	CHF	2230.40
abzüglich 10 % Rabatt (Restposten)		CHF	223.05
		CHF	2007.35

Verlegearbeit und -material

34,85 m²	zu CHF 15.00	CHF	522.75
27,80 m Fussleisten, Eichen, geschraubt	zu CHF 12.30	CHF	341.95
5,60 m Plastikpatentschienen bei Türen	zu CHF 9.25	CHF	51.80
		CHF	**2923.85**

Lieferfrist   2 Wochen

Zahlung   30 Tage, ohne Abzug

Sie haben gut gewählt. Der Wollteppich BELOS bewährt sich wegen seiner geringen Abnützung und ist leicht zu pflegen.

Stellen Sie den folgenden Briefkern übersichtlich dar.

Aufgabe 56

Sie suchen ein geräumiges Einfamilienhaus in Stadtnähe. Wir freuen uns, Ihnen zwei interessante Objekte anbieten zu können: 5-Zimmer-Einfamilienhaus in Adligenswil, Grundstücksfläche 720 m², an ruhiger Lage, frei stehend, Baujahr 1999, fünf Minuten von Bushaltestelle, Preis: CHF 1 300 000.–, 6-Zimmer-Einfamilienhaus in Ebikon mit allem Komfort, Baujahr 2000, Grundstücksfläche 830 m², Wohn-/Esszimmer mit Cheminée, zwei Badezimmer, sep. WC mit Dusche, Keller mit grossem Bastelraum, Doppelgarage, Preis: CHF 2 350 000.–. Besichtigung während der Geschäftszeiten von Montag bis Freitag. Unser Prokurist, Herr Beat Müller, wird Ihnen die Objekte gerne zeigen.

Stellen Sie folgenden Brief postfertig dar.

Aufgabe 57

Werbeagentur Kurt Dürr, Trendweg 18, 3033 Wohlen 3002 Bern, 31. Januar 20.. Jubiläumsangebot Sehr geehrte Damen und Herren Seit fünf Jahren bieten wir im Bereich EDV hochwertige Qualität zu günstigen Preisen an. Unser Grundsatz: Nur Artikel, die unsere Techniker geprüft und für gut befunden haben, nehmen wir ins Sortiment auf. Dieses Vorgehen hat sich bewährt. Wir werden Ihnen auch nach dem Kauf zur Seite stehen. Das Jubiläum feiern wir mit einem besonders attraktiven Angebot: Personalcomputer INS 3000, mit INTEL Viiv Core 2 Duo-Prozessor, 2,13 GHz Taktfrequenz, 2048 MB RAM, 640 GB Serial-ATA RAID 0 (7200 U/min), 16x-DVD+/-RW- und 16x-DVD-Laufwerk; GeForce 7900GS-Grafikkarte mit 256 MB, Tastatur, Maus und 22-Zoll-Breitbild-Flachbildschirm Belinea, nur CHF 1650.–. Garantie: 24 Monate auf PC, Laufwerke, Tastatur und Maus. Für den Belinea-Monitor beträgt die On-site-Garantie drei Jahre. Zahlung: innert 30 Tagen ohne Abzug. Optionen zu diesem Gerät finden Sie im beiliegenden Prospekt. Unser Kundendienstteam berät Sie gerne über weitere Ausbaumöglichkeiten: Telefon 031 820 71 15. Wir freuen uns schon jetzt auf Ihre Bestellung. Freundliche Grüsse HANTRONIC AG ppa. Rolf Wechsler 1 Prospekt

Aufgabe 58

Stellen Sie folgenden Brief postfertig dar.

Frau Ruth Thierstein, Rosenstrasse 13, 2540 Grenchen 4500 Solothurn, 5. März 20.. Bade-
zimmereinrichtung Sehr geehrte Frau Thierstein Vielen Dank für Ihren gestrigen Besuch in
unserer Ausstellung. Es freut uns, dass Ihnen unsere Badezimmerkollektion LIBERO gefällt und
wir Ihnen aus diesem Programm die folgenden Elemente anbieten dürfen: Spiegelschrank
Schneider flexline, Aluminiumprofil, Höhe 80 cm, Tiefe 15,5 cm, Breite 90 cm, CHF 1686.–.
Schubladenelement Variella Decor, mit Chromleiste, drei Schubladen, ein Kosmetikeinsatz,
20 × 48 × 55 cm, weiss, CHF 565.–. Total CHF 2251.–. Die Preise verstehen sich bei Abholung
der Möbel in unseren Lagerräumen an der Muttenstrasse 12 in Solothurn. Den Spiegelschrank
und das Schubladenelement haben wir an Lager. Für Hauslieferung berechnen wir einen
Zuschlag von CHF 150.–. Von der tadellosen Verarbeitung der Möbel konnten Sie sich bei uns
überzeugen. Gerne erwarten wir Ihren Auftrag. Freundliche Grüsse SANITÄRMATERIAL AG
Rudolf Schoch 1 Katalog

Darstellung des Brieftextes in Form einer Tabelle

Beim Angebot mehrerer Artikel oder verschiedener Dienstleistungen, vor allem auch bei ver-
gleichenden Aufstellungen, empfiehlt sich in der Regel ein tabellenartiger Aufbau.
Verzichten Sie bei Briefdarstellungen auf alle Linien, die nicht zwingend zu einer besseren
Übersicht und Struktur beitragen. Lassen Sie in der Regel das Gitternetz auf dem Ausdruck
unsichtbar. Gelegentlich und ausnahmsweise können feine Linien die Übersicht etwas verbessern. Bei tabellenartigem Aufbau verwenden Sie die Tabellenfunktionen.

Brieflogo

Frau
Petra Zeller
Tannenboden
6020 Emmenbrücke

Luzern, 25. März 20..

Klassenreise nach London

Sehr geehrte Frau Zeller

Ihre Diplomreise führt Sie und Ihre Klassenkameraden am 15. Juni für vier Tage nach London.
Sie haben gestern den Flug und den dortigen Aufenthalt gebucht – besten Dank. Sobald wir alle
Unterlagen bereithaben, werden wir Sie benachrichtigen.

Für die gewünschten Rundfahrten und Ausflüge schlagen wir Ihnen vor:

Tour Nr. 1	London	halber Tag vormittags	Montag bis Samstag	CHF 32.–
Tour Nr. 2	London	ganzer Tag	Montag bis Samstag	CHF 54.–
Tour Nr. 3	Themse-Fahrt	nachmittags	täglich	CHF 25.–
Tour Nr. 4	Hampton Court	vormittags (Sonntagnachmittag)	täglich	CHF 32.–
Tour Nr. 5	Windsor	nachmittags	täglich	CHF 34.–
Tour Nr. 6	Stratford	ganzer Tag	täglich	CHF 85.–

Tabelle mit Gitternetz

Bitte melden Sie uns spätestens zehn Tage vor der Abreise Ihre Wünsche. Wir werden für Sie bei
unserem Partner in London die nötigen Plätze reservieren. Sie erhalten auch rechtzeitig alle notwendigen Angaben zu diesen Ausflügen.

Wir wünschen Ihnen jetzt schon einen schönen Aufenthalt in der Weltstadt an der Themse.

Freundliche Grüsse

REISEBÜRO WINDSOR-TOURS

Iris Keller
Reiseberaterin

Aufgabe 60

Gestalten Sie den folgenden Text gemäss Vorlage. Verwenden Sie die Tabellenfunktionen. Feine Linien verbessern hier die Übersicht.

Aufgrund unserer langjährigen Erfahrung empfehlen wir Ihnen unser preisgünstiges Anbaustecksystem PROGRESS 500 ST. Diese Schränke lassen sich beliebig kombinieren. Der Aufbau ist einfach; er erfolgt minutenschnell im Stecksystem ohne Schrauben.

PROGRESS-Systemwand

Alle Teile dauerstabil aus Möbelstahl. Hochwertige Polyester-Pulverbeschichtung in blend- und reflexfreier Feinstruktur. Farbton lichtgrau RAL 7035

	Grundfeld	Anbaufeld	Türenanbausatz	Garderobenstange
960 mm breit	CHF 557.–	CHF 433.–	CHF 189.–	CHF 28.–
750 mm breit	CHF 546.–	CHF 428.–	CHF 185.–	CHF 28.–

Selbstverständlich handelt es sich hier nur um die Grundkombination. Der beiliegende Prospekt zeigt Ihnen, wie Sie dieses System weiter ausbauen können.

Aufgabe 61

Stellen Sie den folgenden Brief postfertig dar.

ADI Immobilien GmbH, Herr Franz Gabathuler, Rigistrasse 15, 6006 Luzern 6005 Luzern, 28. Februar 20.. Überbauung an der Seeburgstrasse 20–22 in Luzern Sehr geehrter Herr Gabathuler Nur fünf Minuten von der Bushaltestelle entfernt vermieten wir ab sofort folgende Wohnungen: 3-Zimmer-Wohnungen: 80,85 m², ab CHF 1480.–. 4½-Zimmer-Wohnungen: 100,93 m², ab CHF 1720.–. 5½-Zimmer-Wohnungen: 140,32 m², ab CHF 2280.–. Alle Mietzinse verstehen sich ohne Nebenkosten. Hier einige weitere Vorzüge dieser Appartements: Zu jeder Wohnung gehört eine Garage. Das Haus verfügt über einen modernen Lift. Sämtliche Zimmer und der Korridor sind mit Parkett ausgestattet. In Küche und WC sind pflegeleichte, dekorative Keramikplatten eingebaut. Jede Wohnung hat ihren eigenen Boiler. Interessieren Sie sich für diese Wohnungen? Rufen Sie uns an und verlangen Sie die Dokumentation. Freundliche Grüsse City Treuhand AG Emil Amrein Grundrissskizze

Illustrationen

5.1 Einführung

In diesem Kapitel besprechen wir Funktionen, die Sie für Layouts benötigen, die mit grafischen Elementen versehen sind. Zudem sollen Sie erfahren, welche Überlegungen bei der Arbeit mit grafischen Elementen wichtig sind. Word besitzt leistungsfähige Funktionen, mit denen Sie grafische Elemente in Ihr Dokument einbinden.

Als **Zeichnungsobjekte** gelten Formen, Diagramme, Flussdiagramme, Kurven, Linien und WordArt-Objekte. WordArt sind Textobjekte, die Sie mit gebrauchsfertigen Effekten erstellen und auf die Sie weitere Formatierungsoptionen anwenden können. Diese Objekte sind Teil des Word-Dokuments. Sie können sie bearbeiten und mit Farben, Mustern, Rahmenlinien und anderen Effekten ausstatten.

Als **Grafiken** bezeichnet man Elemente, die aus einer anderen Datei stammen und in Word eingelesen werden. Hierzu zählen Bitmaps, eingescannte Bilder, Fotografien sowie ClipArts. Fast alle gängigen Grafikformate lassen sich in ein Dokument einlesen. Grafiken und Fotos können Sie zuschneiden. Selbst Helligkeit und Kontrast der Grafik lassen sich anpassen.

5.2 Einfügen von Zeichnungsobjekten und grafischen Elementen

Register	**Einfügen**
Gruppe	Illustrationen

Einfügen von Illustrationen

Register	**Einfügen**
Gruppe	Text
Befehl	WordArt

Einfügen von WordArt-Objekten

Einfügetechnik
Das Einfügen von Bildern, Clip-Arts, SmartArts und Diagrammen geschieht immer durch Doppelklick in der Auswahl der entsprechenden Dialogbox.

Beachten Sie die Möglichkeit, Bilder verknüpft einzufügen. Damit bleibt die Word-Datei kleiner, allerdings fehlt das Bild dann, wenn das Programm die Verknüpfung nicht mehr findet, weil das Word-Dokument nicht mehr auf dem gleichen System oder Netzwerk verwendet wird.

Das Einfügen von Zeichnungsobjekten und grafischen Elementen starten Sie über das Register **Einfügen**. Hier wählen Sie die Gruppe **Illustrationen**. WordArt-Elemente befinden sich in der Gruppe **Text** im Register **Einfügen**.

Einfügen von Zeichnungsobjekten und grafischen Elementen

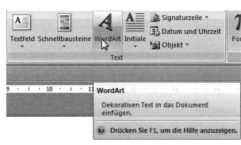

Einfügen von WordArt-Objekten

Aufbau der Objekte

▶ Grafik (Bild) einfügen

Wenn Sie ein Bild aus einer Datei einfügen möchten, suchen Sie das Bild in der Dateiablage. In der Dialogbox **Grafik einfügen** werden Ihnen die Bilder als Vorschau angezeigt, und Sie können Sie mit einem Doppelklick einfügen.

▶ ClipArts einfügen

In der ClipArt-Verwaltung finden Sie computerisierte Bilder aus verschiedenen Sammlungen, die Sie in Office-Programme einlesen können.

▶ Formen einfügen

Sie können aus einer grossen Auswahl von Linien, Standardformen, Pfeilen, Flussdiagrammsymbolen, Legenden, Sternen und Bannern auswählen.

▶ Screenshot

Klicken Sie auf «Bildschirmausschnitt», um ein Bild eines beliebigen Teils des Bildschirms einzufügen.

▶ SmartArt einfügen

Eine SmartArt-Grafik ist eine visuelle Darstellung Ihrer Informationen, die Sie aufgrund von Vorlagen schnell und einfach erstellen können. Sie können dabei zwischen vielen verschiedenen Layouts wählen und so Ihre Botschaft oder Ihre Ideen effektiv vermitteln.

▶ Diagramm einfügen

Sie können Daten, die in einer Excel-Tabelle verwaltet werden, grafisch darstellen. Es stehen Ihnen Dutzende von Diagrammarten und viele Formatierungsmöglichkeiten zur Verfügung.

Grafische Elemente auf mehreren Ebenen

Register	**Einfügen**
Register	**Zeichentools/Format**
Gruppe	Anordnen
Befehl	In den Vordergrund oder In den Hintergrund

Objekte anordnen

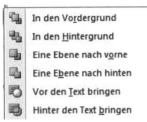

Objekte mit rechter Maustaste gruppieren

Grafische Elemente können sich überlappen. Markierte Elemente lassen sich in den Vordergrund oder in den Hintergrund stellen, und zwar über die Menübänder oder durch Anklicken mit der rechten Maustaste.

Unterschiedliche Reihenfolge grafischer Elemente

Formatierung von Objekten

Bei allen grafischen Objekten und Zeichnungen haben Sie grundsätzlich zwei Möglichkeiten, sie zu formatieren:

- Beim Anklicken der Grafik (einfacher Klick oder Doppelklick, je nach Situation) öffnen sich situationsbezogene Menübänder:

- Beim Klick mit der rechten Maustaste auf ein Objekt können Sie direkt in die Dialogbox zur Formatierung des Objektes verzweigen. Dies gilt bei SmartArts und Diagrammen sogar für einzelne Elemente der Objekte.

Skalieren von Objekten

Eingefügte Objekte lassen sich beliebig mit den Ziehpunkten (Anfassern) skalieren. Die Ziehpunkte werden angezeigt, wenn das Objekt markiert ist. Klicken Sie dazu mit der Maus auf das Bild. Die Cursors erscheinen, sobald Sie mit der Maus auf einen Ziehpunkt fahren.

Befehl	Bild markieren (anklicken)
Register	**Bildtools Format**
Gruppe	Anpassen

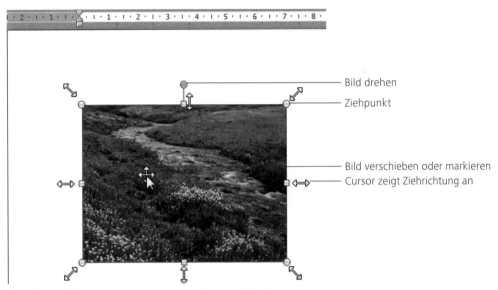

Eingefügtes Bild mit verschiedenen Bearbeitungsmöglichkeiten

Damit die Mitte des Bildes am selben Ort bleibt, halten Sie die Cursor-Taste gedrückt. Sollen die Proportionen des Bildes beibehalten werden, drücken Sie beim Ziehen die Shift-Taste. Gleichzeitiges Drücken der Ctrl- und der Shift-Taste ermöglicht es, die beiden genannten Funktionen miteinander auszulösen. Eine exakte Höhe und Breite können Sie in der Registerkarte **Bildtools Format,** Gruppe **Schriftgrad,** einstellen. SmartArt-Objekte können Sie genauso im Folienbereich skalieren, sie werden aber je nach Textumfang auch automatisch skaliert.

Aufgabe 62	
Register	**Einfügen**
Gruppe	Illustrationen
Befehl	Grafik

Bild einfügen

Register	**Bildtools Format**
Gruppe	Schriftgrad
Befehl	Startprogramm für ein Dialogfeld

Dialogbox Grösse öffnen

Probieren Sie die vielen Möglichkeiten der Bildgestaltung aus.

▶ Öffnen Sie ein neues Dokument.

▶ Fügen Sie ein Bild in das Dokument ein. Sie können beispielsweise ein Bild aus den Beispielbildern von Windows wählen.

▶ Achten Sie darauf, dass das Register **Bildtools Format** aktiv ist. Sonst klicken Sie zweimal auf das Bild.

▶ Stellen Sie die Höhe des Bildes so ein, dass sie 8 cm beträgt. Die Breite sollte sich automatisch anpassen, sofern Sie das entsprechende Häkchen gesetzt haben:

Das Ansichtverhältnis von Bildern bleibt immer gleich, wenn das **Ansichtsverhältnis** gesperrt ist.

▶ Lesen Sie die folgende Beschreibung der verschiedenen Funktionen und wenden Sie diese anhand Ihres Beispiels gleich an.

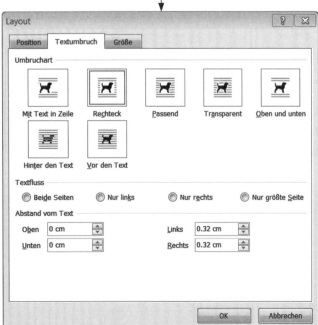

Zeilenumbruch

Die Einstellungen unter Zeilenumbruch bestimmen, wie sich der Text zum Bild verhält. Nach dem Einlesen eines Bildes ist immer **Mit Text in Zeile** aktiv. Damit wird ein Bild wie Text behandelt. Das Bild befindet sich also auf der gleichen Ebene wie der Text und kann nicht auf dem Blatt verschoben werden. Wenn Sie ein Bild in eine Zelle einer Tabelle oder in ein Textfeld einlesen, ist nur die Einstellung **Mit Text in Zeile** möglich.

Bei allen anderen Möglichkeiten wird das Bild vom Blatt gelöst und damit frei auf dem Blatt verschiebbar. Unter **Weitere Layoutoptionen…** können Sie Optionen zum Textfluss und zu Textabständen eingeben.

Ein sogenanntes «schwebendes Bild» braucht immer eine Verankerung an einer Absatzmarke. Mit welcher Absatzmarke das Bild verankert ist, ersehen Sie durch den Anker am linken Rand, wenn Sie die Formatierungssymbole einschalten. Sie können diesen Anker verschieben. Dies ist vor allem dann notwendig, wenn Sie eine Absatzmarke mit einem verankerten Bild löschen. Dann wird nämlich immer auch das verankerte Bild entfernt. Mit dem Verschieben des Bildes wechselt auch die Verankerung, was unter **Zeilenumbruch > Erweiterte Layoutfunktionen > Register Position** verhindert werden kann. In diesem Falle wird dem Anker ein Schloss hinzugefügt.

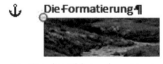

Anzeige der Bildverankerung an einer Absatzmarke

Verankertes Objekt (mit Schloss)

Bildformatvorlagen

Mit den Bildformatvorlagen, den Bildlayouts, den Grafikrahmen und den Bildeffekten stehen Ihnen Hunderte von Möglichkeiten zur Verfügung, ein Bild zu formatieren. Zusätzliche Möglichkeiten bestehen, wenn Sie mit der rechten Maustaste auf das Bild klicken. Probieren Sie die vielen Möglichkeiten einfach aus.

Bild zurücksetzen

Beim Formatieren hat das Bild durch die vorgenommenen Einstellungen vielleicht rasch nicht mehr die Gestaltung, die Sie eigentlich beabsichtigt haben. Hier hilft, dass Sie das Bild auf den ursprünglichen Zustand zurücksetzen können. Allenfalls müssen Sie die Grösse des Bildes dann wieder anpassen.

Bild zuschneiden

Wenn Sie **Bild zuschneiden** aktivieren, ändern sich die Formen der Ziehpunkte, und Sie können Teile des Bildes wegradieren. Wenn Sie das Bild endgültig nur noch in zugeschnittener Form wünschen, können Sie mit dem Befehl **Bild komprimieren** die abgeschnittenen Elemente endgültig entfernen.

Bild komprimieren

Bilder benötigen relativ viel Speicherplatz. Deshalb können Sie die Bilder einzeln oder alle Bilder miteinander komprimieren. Selbstverständlich verliert das Bild durch die Komprimierung an Qualität. Beachten Sie hier die Möglichkeiten der Komprimierungsoptionen.

▶ Geben Sie nun einen Blindtext ein mit dem Befehl **=rand(3,5)**

▶ Gestalten Sie Ihre Seite auf folgende Arten:

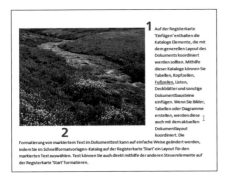
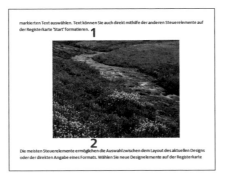
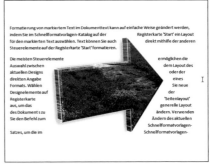
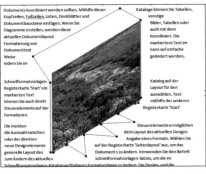

1 Abstand rechts bzw. oben 0,8 cm   **2** Abstand unten 0,8 cm

5.3 Mit ClipArts arbeiten

Der Aufgabenbereich ClipArt ermöglicht das Suchen nach Clips auf Ihrem Computer oder im Web. Wenn Ihnen eine ClipArt gefällt, können Sie einfach darauf klicken und sie in Ihr Dokument ziehen.

Tipp: ClipArts sind in Texten oft keine besonders gute Lösung, sie wirken häufig billig und anfängerhaft. Setzen Sie sie deshalb nur vorsichtig ein. In PowerPoint können ClipArts eher verwendet werden.

1 **Suchen nach:** Geben Sie einen Begriff ein, um nach einer entsprechenden ClipArt zu suchen.

2 **Ergebnisse:** Sie bestimmen, welche Mediadateitypen gefunden werden sollen. Vier Medientypen stehen zur Auswahl: ClipArts, Fotos, Filme, Sounds.

3 **Anzeigefenster der gefundenen ClipArts:** Mit einem Klick mit der rechten Maustaste auf eine Clip-Art können Sie die Eigenschaften der ClipArt öffnen und beispielsweise die Animation ansehen oder den Sound anhören, bevor Sie sich für das Einlesen der ClipArt entscheiden.

4 **Hilfestellungen zur Arbeit mit ClipArts**

Die Technik bei der Formatierung von ClipArts entspricht der Technik bei Bildern.

Aufgabe 63

▶ Suchen Sie ClipArts bei Microsoft Online mit dem Begriff «Segelboot».

▶ Erstellen Sie in Ihrer persönlichen Sammlung einen Ordner «Boote». Legen Sie zwei der gefundenen ClipArts in Ihre persönliche Sammlung.

5.4 Mit Formen arbeiten

Mit dem Werkzeug **Formen** können Sie in Word einfache Formen wie Linien, geometrische Formen, Pfeile, Flussdiagramme, Sterne, Banner und Beschriftungen einfügen. Dabei haben Sie die Möglichkeit, komplexe Zeichnungen zu erstellen.

Sie markieren eine Form, indem Sie auf die Form klicken. Wenn Sie mehrere Formen markieren wollen, müssen Sie die Ctrl- und die Alt-Taste drücken und die einzelnen Formen anklicken. Im Register **Start, Gruppe Bearbeiten** können Sie zum Markieren auch den Cursor-Pfeil **Markieren** aktivieren.

Sobald eine Form markiert ist, verschieben Sie sie an die neue Position. Die Ausrichtung kann auch mit den Tasten **Pfeil oben, Pfeil unten, Pfeil rechts** oder **Pfeil links** erfolgen. Die Grafik bewegt sich in kleinen Einzelschritten auf dem Bildschirm um einen Schritt im unsichtbaren Raster.

Wenn Sie mehrere Formen verschieben möchten, klicken Sie auf die erste Form, drücken Sie die Ctrl-Taste und halten Sie die Taste gedrückt, während Sie auf weitere Formen klicken. Das gleichzeitige Drücken der Shift-Taste verhindert, dass sich das Objekt horizontal oder vertikal verschiebt.

Einfügen einer Form
Bei den Formen verändert sich der Cursor in ein Kreuz, und Sie können die Form auf den Bildschirm zeichnen.

Zeichnen einer Form

5.5 Mit Zeichenbereichen arbeiten

In Word können sogenannte Zeichenbereiche definiert werden. Damit entsteht ein Rahmen, in dem mehrere Objekte ein gemeinsames grafisches Objekt bilden. Auf diese Art können Sie die einzelnen Zeichnungsobjekte oder das Objekt als Ganzes formatieren. Sofern Sie nur ein einzelnes Objekt, z. B. einen Pfeil oder eine Ellipse, im Dokument zeichnen möchten, brauchen Sie den Zeichenbereich nicht. Für komplexe Zeichnungen hat der Zeichenbereich aber wesentliche Vorteile. Verbindungslinien können Sie beispielsweise nur innerhalb eines Zeichenbereichs automatisch erstellen.

Formenelemente müssen in einem Dokument sauber ausgerichtet werden. Abstände sollten gleichmässig sein. Word verfügt über ein Hilfsmittel, um diese Einstellungen vorzunehmen. Dazu markieren Sie die auszurichtenden Elemente. Im Register **Zeichentools Format** oder **Textfeldtools Format** finden Sie in der Gruppe **Anordnen** den Befehl **Ausrichten.** Hier sind die Werkzeuge, um solche Einstellungen vorzunehmen.

Register	**Einfügen**
Gruppe	Illustrationen
Befehl	Formen
Befehl	Neuer Zeichen-bereich

Einfügen eines Zeichenbereichs

Markieren	Objekte, die aus-zurichten sind
Register	**Zeichentools Format oder Textfeldtools Format**
Gruppe	Anordnen
Befehl	Ausrichten

Ausrichten von Formen

Aufgabe 64

Fülleffekte (Farbwert)
In den Fülleffekten können benutzerdefinierte Farben eingegeben werden:

Gruppe	Formenarten
Befehl	Fülleffekt
Befehl	Weitere Füllfarben
Register	**Benutzer-definiert**

Eingabe von Füllfarben mit RGB- (Rot, Grün, Blau) oder HSL-Werten. RGB-Farbwerte können Sie auf folgender Webseite ermitteln:
http://kuler.adobe.com/

Texteingabe in Formen
Viele Formen sind auch Textfelder, in die Sie Text eingeben und in denen Sie Text formatieren können. Klicken Sie mit der rechten Maustaste auf die Form und wählen Sie **Text hinzufügen**.

Öffnen Sie ein neues Dokument und zeichnen Sie folgende Formen:

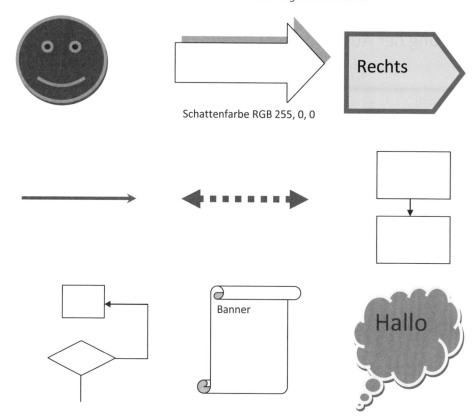

Schattenfarbe RGB 255, 0, 0

Aufgabe 65

Zeichenbereich formatieren
Sie können im Zeichenbereich verschiedene Einstellungen vornehmen. Klicken Sie dazu mit der rechten Maustaste auf den Rahmen des Zeichenbereichs.

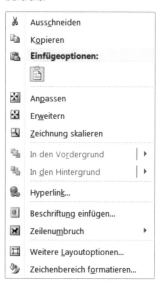

Formatieren des Zeichenbereichs

Öffnen Sie ein neues Dokument und zeichnen Sie die Organisationsansicht in einem Zeichenbereich:

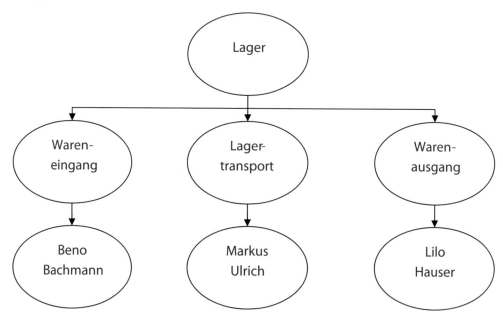

Erstellen Sie die folgende Übersicht mithilfe eines Zeichenbereichs. Wichtig ist, dass Sie einmal erstellte Objekte kopieren.

Gliederung der Ausbildung, betrieblicher Teil

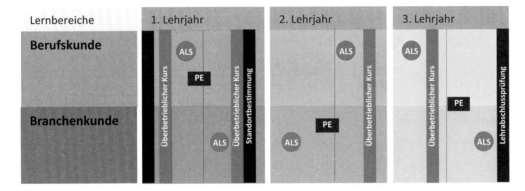

Erstellen Sie den folgenden Prozess mithilfe eines Zeichenbereichs.

Prozess zeichnen

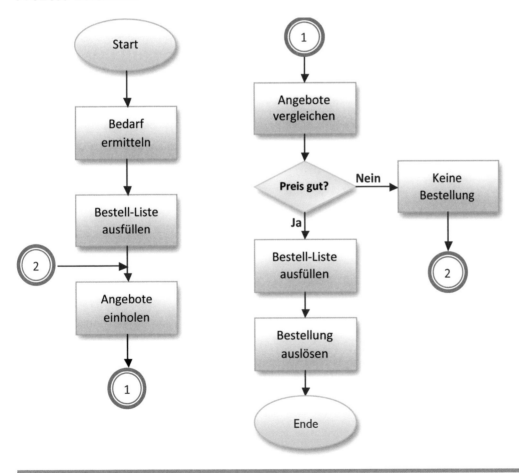

5.6   Mit SmartArt-Grafiken arbeiten

SmartArt beinhaltet Kataloge mit fertigen Diagramm- und Grafikformen, die in Office-Programme eingelesen und dann konfiguriert werden können. Dabei kann die Grösse der Grafiken automatisch angepasst werden. Die Ausrichtung der Elemente geschieht ebenfalls automatisch und kann rasch verändert werden.

Die Kataloge sind inhaltlich gruppiert, das Einfügen einer SmartArt-Grafik erfolgt über folgende Dialogbox:

Register	**Einfügen**
Gruppe	Illustrationen
Befehl	SmartArt

Aufruf der Dialogbox SmartArt-Grafik auswählen

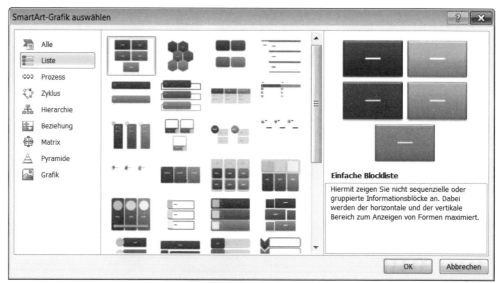

Dialogbox zum Auswählen von SmartArt-Grafiken

Wahl des SmartArt-Typus aufgrund der Funktionen

Funktion	Verwendeter Typ
Anzeigen von nicht sequenziellen Informationen	Liste
Schritte in einem Prozess oder auf einer Zeitachse anzeigen	Prozess
Kontinuierlichen Prozess anzeigen	Zyklus
Organigramm erstellen	Hierarchie
Entscheidungsstruktur anzeigen	Hierarchie
Verbindungen veranschaulichen	Beziehung
Anzeigen von Beziehungen von Teilen auf ein Ganzes	Matrix
Anzeigen proportionaler Beziehungen mit der grössten Komponente auf der Ober- oder Unterseite	Pyramide
Verwenden Sie Bilder, um Inhalte zu vermitteln oder hervorzuheben	Grafik

Bei der Wahl der geeigneten SmartArt müssen Sie ebenfalls die Textmenge berücksichtigen. Die Textmenge und die Anzahl der erforderlichen Formen bestimmen oftmals, welches Layout am besten aussieht.

Wenn Sie nicht genau das Layout finden, welches Sie suchen, können Sie Formen hinzufügen oder entfernen. Dabei wird die Anordnung der Formen automatisch aktualisiert.

Viele Formen verfügen über sogenannte Platzhalter. Platzhaltertext wird nicht ausgedruckt, Sie müssen ihn durch Ihren eigenen Inhalt ergänzen.

Eingeben von Text und Bearbeiten von SmartArt-Grafiken

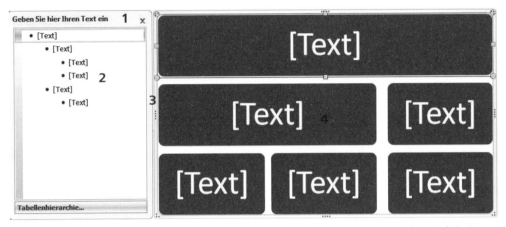

1 **Textbereich.** In diesem Bereich können Sie Ihren Text eingeben und bearbeiten. Dabei wird die Smart-Art-Grafik automatisch aktualisiert. Formen werden nach Bedarf hinzugefügt oder entfernt. In SmartArt-Grafiken, die eine festgelegte Anzahl an Formen enthalten, wird nur ein Teil des Texts im Textbereich in Ihrer SmartArt-Grafik anzeigt. Text, Bilder oder sonstiger nicht angezeigter Inhalt werden im Textbereich mit einem roten X angegeben.

2 Drücken Sie die Eingabetaste, um im Textbereich eine **Zeile von Aufzählungstext** zu erstellen. Sie können eine Zeile im Textbereich einrücken, indem Sie die entsprechende Zeile markieren und dann unter SmartArt-Tools auf der Registerkarte **Entwurf** in der Gruppe **Grafik erstellen** auf **Tiefer stufen** klicken. Klicken Sie für einen negativen Einzug einer Zeile auf **Höher stufen.** Sie können auch für einen Einzug die Tabuliertaste oder die Shift- plus die Tabuliertaste für einen negativen Einzug im Textbereich drücken.

3 Raster zum **Ein- und Ausschalten des Textbereiches.** Nur der Folienbereich bleibt sichtbar.

4 **Folienbereich**

In der Registerkarte **SmartArt-Tools > Entwurf** befinden sich zwei Kataloge, mit deren Hilfe Sie das Erscheinungsbild Ihrer SmartArt-Grafik rasch ändern können: **SmartArt-Formatvorlagen** und **Farben ändern.** Wenn Sie Ihren Cursor auf eine Miniaturansicht in einem dieser Kataloge setzen, sehen Sie, wie sich eine SmartArt-Formatvorlage oder Farbvariation auf Ihre SmartArt-Grafik auswirkt, ohne diese tatsächlich anzuwenden.

SmartArt-Formatvorlagen umfassen Fülleffekte, Kanten, Schatten, Linienarten, Farbverläufe und dreidimensionale Perspektiven (3-D) und werden auf die gesamte SmartArt-Grafik angewendet.

Der zweite Katalog, **Farbe ändern,** bietet eine Vielzahl an unterschiedlichen Farboptionen für eine SmartArt-Grafik, von denen jede eine oder mehrere Designfarben auf unterschiedliche Weise auf die Formen in Ihrer SmartArt-Grafik anwendet. (Farbdesign: eine Gruppe von Farben, die in einer Datei verwendet werden. Ein Farbdesign, ein Schriftartendesign und ein Effektdesign bilden ein Design.)

Aufgabe 68   Stellen Sie die Organisationsansicht aus Aufgabe 65 in einer SmartArt-Grafik dar.

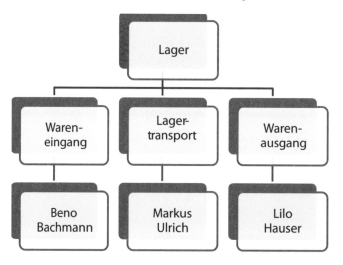

Aufgabe 69   Erstellen Sie die folgenden SmartArt-Grafiken.

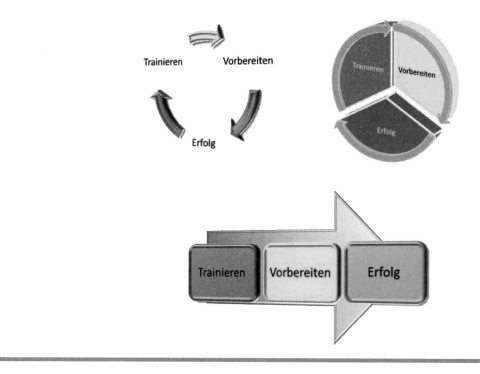

5.7   Mit Textfeldern arbeiten

Mit Textfeldern lassen sich Texte, Grafiken und Objekte frei auf der Seite platzieren. Textfelder sind Zeichnungsobjekte, in die sich Texte und grafische Elemente einfügen und dann frei auf dem Bildschirm platzieren lassen. Texte in einem Textfeld lassen sich wie gewohnt formatieren. Word verfügt über eine grosse Auswahl im Textfeldkatalog. Sie können aber auch selber ein Textfeld erstellen. Dies geschieht, wie bei den Formen, indem der Cursor zu einem Kreuz wird und Sie das Textfeld dann mit dem Kreuz zeichnen.

Register	**Einfügen**
Gruppe	**Text**
Befehl	Textfeld
Auswahl	Aus Katalog oder Textfeld erstellen

Einfügen eines Textfeldes

Register mit dem Menüband zur Formatierung von Textfeldern

Register	**Zeichentools/ Format**
Gruppe	**Text**
Befehl	Verknüpfung erstellen oder Verknüpfung aufheben

Textfelder verknüpfen

Auf der Registerkarte «Einfügen» enthalten die Kataloge Elemente, die mit dem generellen Layout des Dokuments koordiniert werden sollten. Mithilfe dieser Kataloge können Sie

Tabellen, Kopfzeilen, Fusszeilen, Listen, Deckblätter und sonstige Dokumentbausteine einfügen. Wenn Sie Bilder, Tabellen oder Diagramme erstellen, werden diese auch mit dem aktuellen

Dokumentlayout koordiniert.

Die Formatierung von markiertem Text im Dokumenttext kann auf einfache Weise geändert werden, indem Sie im

In Textfeldern können Sie den Text von einem Feld ins andere fliessen lassen.

5.8 Mit Diagrammen arbeiten

Word enthält viele Arten von Diagrammen, mit denen Sie Werte grafisch darstellen können. Wenn Sie Excel 2010 installiert haben, werden Diagramme automatisch mit den Werkzeugen aus Excel erstellt. Sie wählen aus der Dialogbox **Diagramm einfügen** die gewünschte Diagrammart. Mithilfe der Diagrammtools können Sie dann das Diagramm ändern und formatieren. Dabei werden Diagramme in Word eingebettet, die Daten aber in einem Excel-Tabellenblatt gespeichert, welches in die Word-Datei eingebunden ist.

Wenn Sie in Word im Kompatibilitätsmodus arbeiten oder Excel auf dem Computer nicht installiert ist, müssen Sie ein Diagramm statt mit Excel mithilfe von Microsoft Graph einfügen. Selbstverständlich können Sie ein Diagramm auch in Excel erstellen und dann die Grafik in Word einbetten oder mit Word verknüpfen.

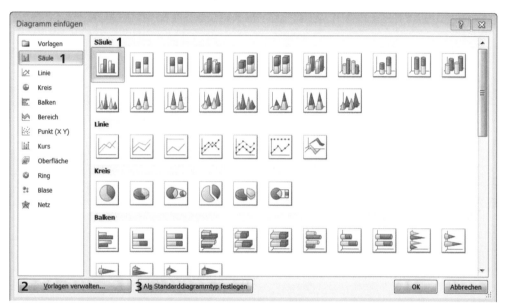

1 Diagramme sind nach Diagrammarten gruppiert. Im rechten Fenster befinden sich für jede Gruppe mehrere Vorlagen.

2 Wenn Sie ein Diagramm erstellt haben, können Sie dieses Diagramm als Vorlage für weitere Diagramme speichern. In der Dialogbox **Vorlagen verwalten** verzweigen Sie in den entsprechenden Ordner.

3 Sie bestimmen, welches Diagramm als Standard festgelegt wird.

Mit einem Doppelklick auf die entsprechende Vorlage wird ein Diagramm in Word erstellt. Gleichzeitig öffnet sich Excel, und der Bildschirm wird geteilt, sodass Sie auf der linken Seite das Diagramm sehen und auf der rechten Seite die Daten in einem Excel-Tabellenblatt.

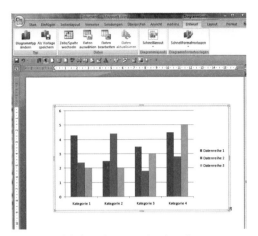

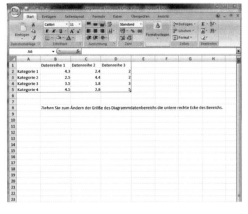

Das linke Bildschirmfenster zeigt das Diagramm, welches Sie mit Doppelklick eingefügt haben.

Das rechte Fenster zeigt die Daten in Excel mit den Standarddaten.

	A	B	C	D
1		**Maximum**	**Minimum**	**Durchschnitt**
2	2006	2300	1400	1850
3	2007	2800	1300	2050
4	2008	2500	1550	2025

Daten in Excel eintragen

Zum Ändern des Diagrammbereichs ziehen Sie das Feld in der rechten unteren Ecke der blauen Markierung.

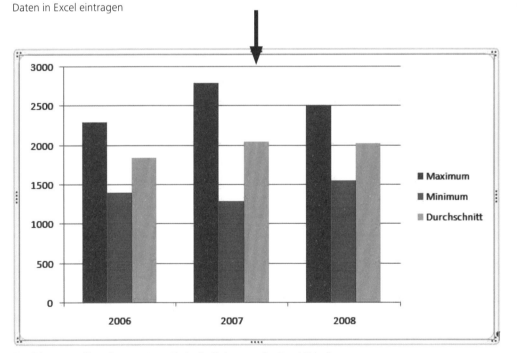

Das Diagramm übernimmt automatisch die Daten aus der Excel-Tabelle.

Mit den Diagrammtools können Sie nun das Diagramm formatieren, Elemente wie Diagrammtitel hinzufügen, bis die notwendige Aussagekraft des Diagramms gegeben ist und Ihnen das Diagramm gefällt. Zusätzlich haben Sie wieder die Möglichkeit, markierte Diagrammelemente mit einem Klick auf die rechte Maustaste in einer Dialogbox zu formatieren.

Im Modul **Tabellenkalulation** finden Sie viele Anwendungsbeispiele im Kapitel «Diagramme erstellen».

Werkzeuge zum Formatieren eines Diagramms

5.9   Arbeiten mit WordArt

Die Schrifteffekte mit WordArt sind umstritten: Von Fachleuten werden sie rundweg abgelehnt, von Anfängern jedoch gerne verwendet. Sie sind kaum mit anderen Schriften zu kombinieren und wirken immer etwas billig. Suchen Sie in der Regel nach anderen Ideen und verwenden Sie WordArt nur in Ausnahmefällen.

Register	**Einfügen**
Gruppe	Text
Befehl	WordArt

Ein WordArt-Objekt einfügen

Mit einem Klick auf WordArt öffnet sich ein Katalog von WordArt-Vorlagen.

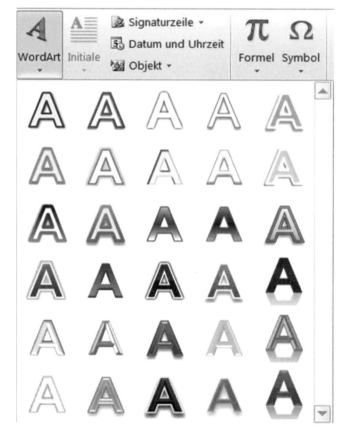

Einladung

Herzlichen

Glückwunsch

Tagesordnung

Wichtig!

Word-Art-Beispiele

Auswahl an WordArt-Vorlagen

Sie können WordArt verwenden, um spezielle Texteffekte zu Ihren Dokumenten hinzuzufügen. So können Sie beispielsweise eine Überschrift dehnen, den Text schräg setzen, ihn in eine vorgefertigte Form einpassen oder dem Text eine graduelle Füllung zuweisen.
Bei professioneller Gestaltung sollten Sie auf WordArt verzichten oder nur selten – dann jedoch sehr bewusst – einsetzen.

Schriftstücke aller Art

6.1   Gestaltung von Flugblättern

Gutes Design unterscheidet sich von schlechtem Design dadurch, dass zum richtigen Zeitpunkt die richtigen Entscheidungen getroffen werden.

Es ist reizvoll, sich bei einer Gestaltungsaufgabe sofort an den PC zu setzen, den Text einzu- tippen und am Gerät Gestaltungsmöglichkeiten zu suchen. Trotzdem: Der Weg ist falsch. Ihre Schriftstücke werden besser, wenn Sie sich erst einmal in die Denkarbeit stürzen. Suchen Sie zuerst im Kopf nach einer Gestaltungsidee. Wenn möglich, skizzieren Sie Ihre Idee auf einem Blatt Papier. Dann konzentrieren Sie sich auf die Umsetzung dieser einen Idee. Wenn Sie eine überzeugende gestalterische Lösung gefunden haben, setzen Sie sich an den Bildschirm.

Zum Schluss prüfen Sie aufgrund der nachstehenden Überlegungen Ihre Arbeit. Die acht Regeln sollen Richtschnur sein. Sie gelten auch für die Bewertung Ihrer gestalterischen Arbei- ten. In der Gestaltung sind Regeln aber nie absolut. Gestalten ist etwas Kreatives. Da kann man mit gutem Grunde auch schon mal eine Regel verletzen, und vielleicht wird gerade deshalb die Gestaltung wunderbar. Aber das soll die Ausnahme bleiben. Über eine gewählte Gestaltung eines Textes können die Ansichten durchaus unterschiedlich ausfallen. Gewisse typografische Grundregeln aber sollten Sie beachten, sie sind allgemeingültig. Die grosse Kunst beim Gestalten von Flugblättern liegt in der Beschränkung. Am Anfang möchte man zu viele Elemente mit einbeziehen. Lassen Sie den Raum wirken, überladen Sie das Blatt nicht.

Die acht Gestaltungsregeln

Regel 1

Idee

Faustregeln
Bleiben Sie bei einer Idee und versuchen Sie nicht, verschie- dene Ideen im gleichen Schrift- stück umzusetzen. Die Idee ist wichtiger als die perfekte Gestaltung!

Überlegungen
- Welche Idee steckt hinter meiner Gestaltung?
- Ist eine einzige Idee umgesetzt?

Regel 2

Schriftwahl

Faustregeln
Stellen Sie sich einen fein gedeckten Tisch vor. Aber alle Plätze haben unterschiedliches Geschirr, unterschiedliches Besteck und unterschiedliche Gläser – ein schreckliches Durcheinander. Genauso ver- hält es sich mit der Schriftwahl. Vermeiden Sie mehrere Schrif- ten. Das erzeugt Unruhe. Das- selbe gilt für unterschiedliche Schriftgrössen. Wählen Sie im Zweifelsfalle die kleinere Schrift. Grosse Schriften wir- ken grob und machen unruhig. Verzichten Sie so weit als mög- lich auf Versalien, Kapitälchen, Schatten und Verzerrungen.

Überlegungen
- Haben Sie die Schrift bewusst ausgelesen?
- Passt die Schrift zum Schrift- stück?
- Ist die Schrift gut lesbar?
- Haben Sie im Grundtext schwarze Schrift auf weissem Grund gewählt?
- Haben Sie Versalien, Kapitäl- chen, Schatten und Verzer- rungen verwendet? Könnte man darauf verzichten?

Regel 3

Struktur

Faustregeln

Ein logischer, klarer Aufbau ist wichtig. Wichtiges muss sofort erfassbar sein. Was zusammengehört, halten Sie auf dem Blatt zusammen. Was getrennt sein soll, trennen Sie durch Weissraum. Alle Titel sind hierarchisch geordnet, immer in der gleichen Grösse. Abstände sind gleichmässig.

Überlegungen

- Ist ein logischer Aufbau erkennbar?
- Steht Zusammengehörendes auch wirklich beisammen?
- Ist das Schriftstück klar gegliedert (Weissraum)?
- Sind gleichartige Titel immer gleich gross?
- Sind die Abstände gleichmässig?

Regel 4

Weissraum schaffen

Faustregeln

Ein feines Mittagessen in einem exklusiven Restaurant und ein übervoller Teller, das passt nicht zusammen. Genauso verhält es sich, wenn Sie ein Schriftstück gestalten. Unter Weissraum versteht man unbedruckte Flächen auf einem Papier (Leerraum). Setzen Sie Textblöcke nahe zusammen, sodass ein Kontrast zwischen weisser und bedruckter Fläche entsteht. Wählen Sie den Abstand zwischen Absätzen nicht zu gross. Ein gut gesetzter Weissraum verbessert die Lesbarkeit und steigert die Konzentration des Lesers.

Überlegungen

- Ist auf dem Schriftstück Weissraum vorhanden?
- Entsteht ein guter Kontrast zwischen weisser und bedruckter Fläche, oder wirkt die Gestaltung «fleckig»?
- Sind Textabstände bei zusammenhängendem Text nicht zu gross?

Regel 5

Optische Achsen bilden

Faustregeln

Optische Achsen sind beispielsweise Satzkanten und Ränder von Bildern. Texte und Bilder gehen immer eine Verbindung ein. Achten Sie darauf, dass Sie nicht zu viele optische Achsen einbauen. Flächen und Linien richten Sie ebenfalls nach optischen Achsen aus. Gitternetze von Tabellen dürfen nicht über die linke oder rechte Satzkante hinausragen.

Überlegungen

- Sind optische Achsen vorhanden und nachvollziehbar?
- Stehen Bilder, Linien, Raster usw. korrekt ausgerichtet?

Regel 6

Gleiches gleich gestalten

Faustregeln

Eine Logik entsteht dann, wenn Sie gleiche Elemente auch gleich gestalten. Dazu gehören auch Abstände, Einzüge oder Spaltenabstände.

Überlegungen

- Sind gleiche Elemente gleich gestaltet?

Tipp: Definieren Sie in Word Abstände (Abstand vor, Abstand nach), statt mehrmals **Enter** zu drücken. Die Umformatierung geht leichter, und Sie können so ungleichmässige Abstände vermeiden.

Regel 7

Weniger ist mehr

Tipp: Bei der Gestaltung von Flugblättern sollten Sie in Word mit Textfeldern arbeiten. Das erleichtert die Arbeit wesentlich und ermöglicht erst, die Ideen sinnvoll umzusetzen.

Faustregeln

Verzichten Sie auf alles, was nicht wirklich nötig ist. Dies gilt für Schriften (Regel 2), aber auch für Linien, Bilder, Kästchen mit Linienumrandung, Farbverläufe, ClipArts und andere Schmuckelemente. Linien können in einer Drucksache sehr wichtig sein und zur Gliederung von Textelementen oder zur Visualisierung sinnvoll eingesetzt werden. Dann haben sie ihre Berechtigung, sonst überlegen Sie, ob man sie nicht auch weglassen könnte. Verzichten Sie auf Linien um ein Kästchen herum, wenn das Kästchen eine Füllung aufweist.

Überlegungen

- Ist alles, was auf dem Blatt steht, auch notwendig?
- Haben alle Elemente wie Linien, Bilder usw. eine Funktion, oder erreiche ich ohne diese Elemente eine bessere Übersicht?

Regel 8

Flattersatz statt Blocksatz, linksbündig statt zentriert

Faustregeln

Blocksatz verwendet man nur bei längeren Lesetexten, z. B. in Büchern. Meist ist der Flattersatz die beste Textausrichtung. Verzichten Sie in der Regel auf das Zentrieren von Text. Sie erhalten dadurch lediglich eine zusätzliche Achse, welche das Gesamtbild des Dokuments oft stört.

Überlegungen

- Ist der Text im Flattersatz gesetzt, oder gibt es einen Grund, Blocksatz zu verwenden?
- Habe ich keine Texte eingemittet (Mittelachsensatz)? Gibt es tatsächlich einen Grund für das Zentrieren des Textes?

Verbessern Sie das Flugblatt; beachten Sie die acht Regeln, verwirklichen Sie aber Ihre eigene Idee.

Aufgabe 70

Vorher
Finden Sie die vielen Verstösse gegen die acht Regeln?

Schenken macht Freude
mit Weihnachtsköstlichkeiten der Buongiorno Confiseure

Weihnachtsstimmung vermitteln, danke sagen, Freude schenken

Das gelingt besonders gut mit Weihnachtsköstlichkeiten der Confiserie BUON-GIORNO Lugano/Locarno. Unsere Produkte werden nach überlieferten Original-rezepten mit besten Zutaten, ohne Konservierungsmittel und mit viel Liebe zum Handwerk hergestellt. Sie sind das ideale Geschenk für Freunde, Mitarbei-ter, Kunden – oder für sich selbst!

Nach feiner Butter duftet der lange haltbare
BUONGIORNO CHRISTSTOLLEN
in der traditionell-festlichen Weihnachtsengel-Verpackung

Luftig und mit dem zarten Duft feinster Zutaten ist unser
WEIHNACHTSPANETTONE
ein typischer Festtagsgruss aus dem Süden

Vollfruchtig mit Aprikosen, Kirschen, Feigen und ausgewählten Nüssen ist der
PANETTONE NATALE
die echte Tessiner Spezialität

Herzlich
Ihre Confiserie Buongiorno
Lugano/Locarno
Peter Kaufmann, Direktor

Confiserie Buongiorno, Piazza Grande 15, 6900 Lugano, Telefon 093 657 05 85, Fax 093 657 35 43 buongiorno@gmx.net

Nachher
In diesem Beispiel wurden die
acht Regeln beachtet.

**Schenken macht Freude
mit Weihnachtsköstlichkeiten der
Buongiorno Confiseure**

✳ Weihnachtsstimmung vermitteln
✳ Danke sagen
✳ Freude schenken

Das gelingt besonders gut mit
Weihnachtsköstlichkeiten der Confiserie
Buongiorno Lugano/Locarno.

Unsere Produkte werden nach überlieferten Originalrezepten mit besten
Zutaten, ohne Konservierungsmittel
und mit viel Liebe zum Handwerk
hergestellt. Sie sind das ideale Geschenk für Freunde, Mitarbeiter,
Kunden – oder für sich selbst!

Nach feiner Butter duftet der lang haltbare
BUONGIORNO-CHRISTSTOLLEN
in der traditionell-festlichen Weihnachtsengel-
verpackung.

Luftig und mit dem zarten Duft feinster Zutaten ist
unser
WEIHNACHTSPANETTONE
ein typischer Festtagsgruss aus dem Süden.

Vollfruchtig mit Aprikosen, Kirschen, Feigen und
ausgewählten Nüssen ist der
PANETTONE NATALE
die echte Tessiner Spezialität.

Herzlich
Ihre
Confiserie Buongiorno
Lugano/Locarno
Peter Kaufmann, Direktor

Confiserie Buongiorno
Piazza Grande 15
6900 Lugano
Telefon 093 657 05 85
Fax 093 657 35 43
info@buongiorno.ch

Verbessern Sie das Flugblatt; beachten Sie die acht Regeln, verwirklichen Sie aber Ihre eigene Idee.

Aufgabe 71

Vorher
Finden Sie die vielen Verstösse gegen die acht Regeln?

reisen für geniesser

**Herbstaktion
aus unserem Sommerkatalog
19.10.–30.11..
Glacier-Express ab CHF 246.–**

**Glacier-Express
St. Moritz–Zermatt (3 Tage)
405.–**

**Glacier-Express
Chur–Zermatt (2 Tage)
258.–**

**Glacier-Express
Brig–St. Moritz (2 Tage)
246.–**

**Abendunterhaltung
Übernachtung im 4-Stern-Hotel
alles inbegriffen
Fachkundige Beratung und Buchung
bei Ihrem Bahnhof**

Nachher
In diesem Beispiel wurden die
acht Regeln beachtet.

Das Hotel Hauser in St. Moritz legt einem Werbebrief ein Flugblatt mit nachstehendem Text bei. Gestalten Sie dieses Blatt und beachten Sie die acht Darstellungsregeln. **Aufgabe 72**

Hausers Skiwochen
SKI APRIL
Für alle Skifans: Schneesichere Pisten auch im April!
Unser Ski-April-Pauschalangebot:
2 Übernachtungen im Hauser
inklusive

- Frühstücksbuffet
- Hallenbad- und Saunabenützung im Hotel Steffani nebenan
- 2-Tage-Skipass für über 40 Anlagen im gesamten Oberengadin, gültig vom
  13.04.20.. bis 04.05.20..

Zum Pauschalpreis von CHF 290.–

Zusätzliche Übernachtung CHF 145.– (inkl. Skipass)
5 Tage CHF 724.– (inkl. Skipass)
Die Preise verstehen sich je Person im Standarddoppelzimmer
Kein Einzelzimmerzuschlag
Zuschlag für Superiordoppelzimmer CHF 25.– pro Person und Tag

Hotel Hauser
Familie Hauser   7500 St. Moritz, Tel. 082 833 44 02, Fax 082 833 10 29

Wählen Sie zwei der folgenden Anlässe und laden Sie mit einem Flugblatt ein: **Aufgabe 73**

- Ihre Klassenkameraden zu einem Sommernachtsfest
- Ihre Kunden zu einem Firmenjubiläum
- Ihre Kunden zu einer Ausstellung
- Ihre Arbeitskolleginnen und -kollegen zu einem Abschiedsfest (z. B. Lehrabschluss)
- die Öffentlichkeit zu einem Tag der offenen Tür

Teilen Sie Ihren Kunden auf einem Flugblatt mit, dass das Geschäft, in dem Sie arbeiten, während der Betriebsferien geschlossen bleibt. **Aufgabe 74**

6.2 Protokolle

Ein Protokoll ist einen Sitzungsbericht oder eine schriftliche Zusammenfassung einer Verhandlung. Protokollieren bedeutet demnach: den Verhandlungsverlauf einer Sitzung mehr oder weniger genau zusammengefasst wiederzugeben. Für weniger formelle Angelegenheiten werden heute oft Aktennotizen verfasst. Als Grundlage für definitive Niederschriften bzw. die Schlussfassung von Aktennotizen und Protokollen dienen in der Regel Notizen.

Aufgabe 75

Öffnen Sie das Dokument Aufgabe 75 und gestalten Sie das folgende Protokoll. Verwenden Sie dazu korrekte und sinnvoll gewählte Arbeitstechniken.

Berufsbildungszentrum
Weiterbildung

PROTOKOLL
zur 1. Lehrgangssitzung der Diplomhandelsschule, Willisau

Datum	Montag, 2. Februar 20.., 17.45–18.30 Uhr
Ort	BBZW Willisau, Seminarraum E06.1
Teilnehmende	Bühlmann Petra, Germann Angelika, Hartmann Urs, Thalmann Iris, Zimmermann Roberta, Fries Stefan (Protokoll)
Entschuldigt	Imgrüth Rosa, Heeb Christiana

Traktanden	Wer/Termin
1. Begrüssung, Ziel der Team-Sitzung	Fries Stefan
Stefan begrüsst die Teilnehmenden zur Teamsitzung und entschuldigt sich für die kurzfristige Ansetzung dieser Sitzung. Früher war diese Sitzung standardmässig in der Wintersportwoche. Da dieses Jahr keine Wintersportwoche stattfand, musste ein zusätzlicher Termin gefunden werden.	
Ziele der Sitzung sind:	
– Besprechung der Noten (Zwischenberichte bzw. Gespräche)	
– Informationen und Ausblick auf das zweite Semester.	
2. Informationen	Fries Stefan
a) Lehrgangsleiter	
Stefan Fries gibt die Lehrgangsleitung auf Ende Schuljahr 20.. ab. «Es war für mich keine einfache Entscheidung, da mir diese Aufgabe sehr viel Spass macht. Mit der zusätzlichen ICT-Belastung (evtl. Umstellung im Sommer auf SLUZ usw.) ist die Belastung vor allem Anfang Schuljahr zu gross.»	
b) Leiter Weiterbildung	Hartmann Urs
Urs Hartmann informiert, dass die Schulleitung die Nachfolge der Lehrgangsleitung an der letzten Schulleitungssitzung besprochen hat. Er wird demnächst über das weitere Vorgehen informieren.	
c) LP Lehrgang	
keine Wortmeldungen	
3. Notenbesprechung	alle
Die Notenlisten sind integrierender Bestandteil des Protokolls. Die Listen wurden vor zwei Tagen an sämtliche Lehrpersonen per Mail zugestellt. Stefan Fries führt mit folgenden Personen (Lernenden) Gespräche:	
– Bartsch Susanne	– Mathis Simon
– Feldbauer Julius	– Schwingruber Ida

Berufsbildungszentrum
Weiterbildung

PROTOKOLL
Lehrgangssitzung DIHA, Willisau
02.02.20.. | Seite 2

Traktanden	Wer/Termin
4. Ausblick 2. Semester	Hartmann Urs/ alle
– Diplomprüfung VPT: Urs Hartmann hat die Prüfungen bereits organisiert. Er leitet die definitive Liste an Stefan Fries weiter (E-Mail).	
– Exkursion BWL: In den vergangenen Jahren habe wir in der Diplomhandelsschule jeweils eine Exkursion mit anschliessendem gemeinsamem Nachtessen organisiert. Diese Veranstaltung wurde von den Lernenden immer sehr geschätzt. Stefan klärt mögliche Varianten mit Rosa ab. Informationen folgen schriftlich.	Fries Stefan/ Imgrüth Rosa
5. Handelsschule Hohenrain, Sursee und Willisau	alle
– Die Zusammenarbeit der drei Standorte wird im nächsten Schuljahr noch intensiver gepflegt. Die Fachverantwortlichen sind für diese Zusammenarbeit verantwortlich. Details werden an der nächsten Sitzung im April besprochen.	
6. Verschiedenes	alle
Stefan Fries orientiert über die aktuellen Stoffverteilungspläne. Zum Teil wurde mit verschiedenen Lehrmitteln gearbeitet (Grund: Evaluation). Ziel ist es, an sämtlichen Standorten dieselben Stoffverteilungspläne und dieselben Lehrmittel einzusetzen. Ebenfalls soll an allen Standorten dieselbe Diplomprüfung abgelegt werden.	
Schluss der Sitzung: 18.30 Uhr	

Diplomhandelsschule

Stefan Fries
Lehrgangsleiter

Geht an
– alle Teilnehmenden

Kopie an
Standort-Sekretariate

Willisau, 3. Februar 20.. Frs

6.3   Lange Texte

Mehrseitige Schriftstücke im Büro sind unter anderem Berichte, Aktennotizen, Protokolle, Gutachten, Manuskripte, Hauszeitungen und Ähnliches. Aber auch Diplom-, Semester-, Seminar- oder Doktorarbeiten gehören zu diesen Schriftstücken und verlangen besondere Sorgfalt bei der Gestaltung. Word bietet viele nützliche Werkzeuge für solche Schriftstücke, beispielsweise für das Erstellen von Fussnoten, Abbildungs- und Stichwortverzeichnissen. Wenn Sie solche Texte verfassen, gelten selbstverständlich auch die acht Regeln, wie Sie sie am Anfang des Kapitels 6.1, Gestaltung von Flugblättern, finden. Auch Briefe können mehrseitig sein, die Darstellungsform aber richtet sich bei Briefen nach den Ausführungen im Kapitel 4, Briefgestaltung.

Eine saubere inhaltliche Gliederung ist bei langen Schriftstücken besonders wichtig und für das Erfassen des Inhalts entscheidend. Gestalten Sie auch hier alles Gleichwertige gleich. Das gilt vor allem für Schriftarten, Schriftgrössen und Abstände. Schreiben Sie also Titel, die der gleichen Hierarchiestufe angehören, oder Fliesstext immer in der gleichen Schriftart und in der gleichen Schriftgrösse. Wenn der Grundtext in Ihrem Schriftstück 10 Punkt beträgt, so soll die nächste Stufe etwa 12 oder 13 Punkt gross sein.

In der Listenbibliothek bestimmen Sie die automatische Nummerierung von Titeln und Untertiteln.

Das Bearbeiten langer Texte hat seine Tücken. Sie vergeuden viel Zeit, wenn Sie die Aufgabe falsch anpacken. Wenn Sie zweckmässig arbeiten, müssen Sie nicht nach jeder Umstellung wieder Seitenumbrüche und ganze Absätze neu formatieren. Ohne den Einsatz von Formatvorlagen werden Sie die genannten Ziele nicht erreichen. Einerseits helfen sie, rationell zu arbeiten, und anderseits unterstützen sie die Gleichheit der Textelemente. Formatvorlagen zahlen sich aber auch bei späteren Änderungen aus. Stellen Sie sich vor, Sie müssten bei einem 50-seitigen Text die Schriftart von Haupt- und Untertiteln ändern. Das geht mit Formatvorlagen ganz einfach. Definieren Sie auch die Abstände von den Titeln und Untertiteln zum Text, aber auch Einrückungs- und Tabulatorabstände immer in Formatvorlagen. Und ganz besonders wichtig: Verzichten Sie so weit als möglich auf feste Seitenumbruche. Viel leichter geht das, wenn Sie in den Absatzformaten die notwendigen Eingaben machen. Sofern Ihre Texte nummeriert werden, geht das mit Formatvorlagen wiederum automatisch, und die Nummerierung passt sich selbstständig an.

1 Text ———————————— Überschrift 1 mit automatischer Nummerierung

asdlkjf löasjdf öasldf ...

1.1 Text ——————————— Überschrift 2 mit automatischer Nummerierung

asdkjf öasdjf asdölfk sadljfsadf ölasdf

Register	Start
Gruppe	Absatz
Eintrag	Listenbibliothek
oder	Neue Listen-formatvorlage definieren

Wenn Sie oft gleichartige oder ähnliche Texte gestalten, helfen Ihnen natürlich auch hier die Dokumentvorlagen. Oft erstellt man bei mehrseitigen Schriftstücken ein Inhaltsverzeichnis. Auch dies geht dank Formatvorlagen weitgehend automatisch. Es ist gut, wenn Sie die Arbeit planen, bevor Sie damit beginnen, denn es ist immer besser, gleich am Anfang sauber zu arbeiten, als später grosse Layoutänderungen vorzunehmen.

Länger, als 50 Seiten sollte ein Word-Dokument in der Regel nicht sein. Bei langen Texten kommen Computer rasch an ihre Grenzen, vor allem wenn Sie viele grafische Elemente wie Fotos oder Diagramme im Text einbauen. Die Aufteilung auf verschiedene Dokumente ist dann sinnvoll. Am Schluss können Sie die Dokumente immer noch zusammenführen.

Beispiele für mehrseitige Schriftstücke

Wir erläutern anhand der folgenden Beispiele das Erstellen von mehrseitigen Schriftstücken.

▶ 1. Beispiel: Info-Broschüre

Das folgende Bild zeigt eine Info-Broschüre des Berufsbildungszentrums Weiterbildung des Kantons Luzern. In der Druckvorschau sehen Sie das ganze Dokument. Es umfasst insgesamt fünf Seiten, nämlich ein Deckblatt, ein Inhaltsverzeichnis und drei Textseiten.

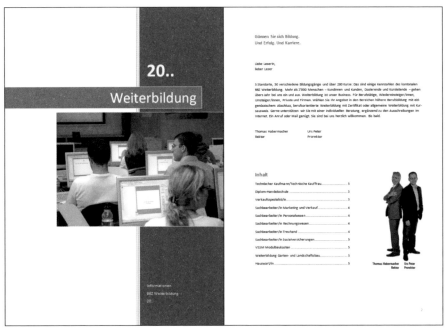

Beachten Sie:

- Das Titelblatt (Deckblatt) ist einspaltig und stammt aus einer Deckblattvorlage von Word. Die Titelseite enthält keine Seitenzahl.
- Das Inhaltsverzeichnis steht auf Seite 2, auf der auch die Seitennummerierung beginnt.

Aufgabe 76

Öffnen Sie das Dokument Aufgabe 76 und gestalten Sie die Broschüre gemäss den Anweisungen der nächsten Seiten.
Ändern Sie zuerst die folgenden Einstellungen:

Seitenlayout

Seitenränder	Oben: 2,5 cm	Unten: 2,0 cm
	Links: 3,0 cm	Rechts: 2,0 cm

Orientierung	Hochformat
Layout	Kopf- und Fusszeilen: Abstand vom Seitenrand je 1,25 cm

Formatvorlagen

Standard	Wählen Sie die Schriftart Calibri.
Überschrift 1	Wählen Sie ebenfalls die Schriftart Calibri.

Seite 1: Deckblatt

Register	**Einfügen**
Gruppe	Seiten
Befehl	Deckblatt
Befehl	Integriert

Word verfügt über einen Katalog von **Deckblattvorlagen.** Fügen Sie nun das Deckblatt «Bewegung» gemäss Vorlage ein. Deckblätter lassen sich anpassen. Sie können auch eigene Deckblätter entwerfen und dem Katalog hinzufügen oder Deckblätter entfernen. In dieser Aufgabe passen wir nun das Deckblatt unseren Bedürfnissen an:

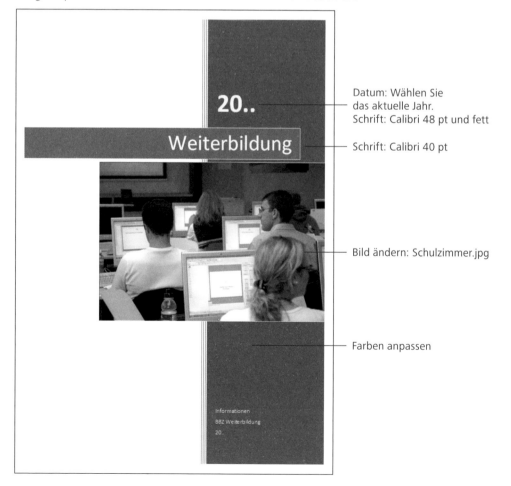

Datum: Wählen Sie das aktuelle Jahr.
Schrift: Calibri 48 pt und fett

Schrift: Calibri 40 pt

Bild ändern: Schulzimmer.jpg

Farben anpassen

Seite 2: Inhaltsverzeichnis

Die Seite 2 ist für das Inhaltsverzeichnis reserviert. Die Eintragungen ins Inhaltsverzeichnis erfolgen aufgrund von Formatvorlagen. Den Formatvorlagen werden sogenannte Gliederungsebenen (Ebenen 1 bis 9) zugeordnet. Die Vorlagen Überschrift 1 bis Überschrift 9 erhalten automatisch die Ebenen 1 bis 9. Den meisten Standardvorlagen und auch eigenen Vorlagen kann eine Ebene zugeordnet werden. Bei gewissen Vorlagen ist dies nicht möglich. Die unterste Ebene (Fliesstext) erhält die Bezeichnung Textkörper. Sie wird nicht ins Inhaltsverzeichnis aufgenommen.

Fügen Sie vor der Überschrift «Technischer Kaufmann/Technische Kauffrau» einen manuellen Seitenumbruch ein. Erfassen Sie eine Fusszeile mit den aktuellen Seitenzahlen. Formatieren Sie die Seitenzahlen gemäss Vorlage. Je nach Vorlage müssen Sie evtl. den Rechtstabulator für die Seitenzahlen der Vorlage entsprechend anpassen, damit die Grafik «Schulführung.jpg» daneben platziert werden kann.

Nun fügen Sie auf der zweiten Seite das Inhaltsverzeichnis ein.

Wählen Sie bei der Grafik den Zeilenumbruch vor dem Text.

Register	Verweise
Gruppe	Inhaltsverzeichnis
Befehl	Inhaltsverzeichnis einfügen

Grafik einfügen:
Schulführung.jpg

Passen Sie nun die restlichen 3 Seiten entsprechend der Vorlage an.

▶ 2. Beispiel: Jahresbericht

Das folgende Bild zeigt einen Jahresbericht der BIO-SUISSE. Das ganze Dokument umfasst insgesamt sieben Seiten, nämlich ein Deckblatt, ein Leerblatt (Seite 2), ein Inhaltsverzeichnis und vier Textseiten.

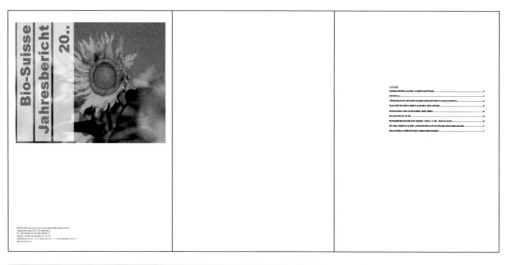

Das zweite Beispiel ist etwas komplexer. Beachten Sie Folgendes:

- Das Titelblatt (Deckblatt) ist einspaltig und stammt aus einer Deckblattvorlage von Word. Links unten befindet sich das Impressum, welches sich auf der letzten Seite wiederholt.
- Das Inhaltsverzeichnis steht auf Seite 3. Die Seite 2 ist eine Leerseite (Fachausdruck Vakatseite). Auf solchen Seiten werden weder Kopf- noch Fusszeilen noch Seitennummern gedruckt. Die Seite wird jedoch bei der Seitennummerierung mitgezählt. Die Vakatseite ist notwendig, damit das Inhaltsverzeichnis auf einer rechten (ungeraden) Seite steht.
- Die Seite 4 hat eine andere Gestaltung als die folgenden Seiten, weil hier in einer Marginalspalte (Randspalte) das Editorial (Vorwort, Leitartikel) der Präsidentin steht. Arbeiten Sie deshalb hier mit Abschnittswechseln.
- Die Seiten 5–7 sind gleichartig, d.h. zweispaltig gestaltet.
- Das Schriftstück ist für einen zweiseitigen Druck gestaltet. Kopf- und Fusszeilen sind auf geraden und ungeraden Seiten unterschiedlich.

Öffnen Sie das Dokument Aufgabe 77 und gestalten Sie den Jahresbericht der BIO-SUISSE gemäss den Anweisungen (siehe nächste Seiten).

Aufgabe 77

Ändern Sie zuerst die folgenden Einstellungen im Register Seitenlayout:

Seite einrichten

Seitenränder

Layout

Formatvorlagen

Ändern Sie die beiden Formatvorlagen wie folgt:

Standard   Wählen Sie die Schriftart Calibri 9 pt, Ausrichtung: Blocksatz
            Abstand vor und nach 0 pt, Zeilenabstand: Mehrfach 1.1
Überschrift 1   Wählen Sie die Schriftart Calibri 15 pt, Ausrichtung: Links
            Abstand vor: 0 pt und nach: 3 pt, Zeilenabstand: Einfach

Erstellen Sie zwei neue Formatvorlagen:

Impressum   Basierend auf Standard
            Schriftart Calibri 7 pt, Ausrichtung: Links
Übertitel   Basierend auf Standard
            Schriftart Calibri 12 pt, Ausrichtung: Links
            Abstand vor: 0 pt und nach: 3 pt, Zeilenabstand: Einfach

Weisen Sie nun dem rot markierten Text die Formatvorlage Übertitel zu.
Nun haben Sie wichtige Vorbereitungsarbeiten getroffen. Jetzt gehen Sie Seite für Seite noch die Details durch.

Seite 1: Deckblatt

Word verfügt über einen Katalog aus Deckblattvorlagen im Register Einfügen. Das untenstehende Deckblatt stammt aus diesem Katalog und heisst «Herausgestellt». Deckblätter lassen sich anpassen. Sie können auch eigene Deckblätter entwerfen und dem Katalog hinzufügen oder Deckblätter entfernen.

Register	**Einfügen**
Gruppe	Seiten
Befehl	Deckblatt
Befehl	Integriert

Schrift: Arial Black 50 pt

Entfernen Sie die beiden Textfelder für das Exposee und die Firmenangaben.

Fügen Sie hier ein neues Textfeld mit dem folgenden Text ein und weisen Sie dem Text die Formatvorlage «Impressum» zu:
BIO SUISSE Vereinigung Schweizer Biolandbau-Organisationen
Margarethenstrasse 87, CH-4053 Basel
Tel. 061 385 96 10, Fax 061 385 96 11
Abdruck mit Quellenangabe erwünscht
bio@biosuisse.ch, www.biosuisse.ch, www.planetebiosuisse.ch
Biomarkt Schweiz

Seite 2 und Seite 3: Vakatseite und Inhaltsverzeichnis

Fügen Sie zuerst einen manuellen Seitenumbruch ein für die Leerseite (Vakatseite). Vor dem Übertitel «Bio-Markt Schweiz» richten Sie einen manuellen Abschnittsumbruch/Nächste Seite ein. Das ist wichtig, weil die Seitenränder von hier an unterschiedlich sind und ab der Seite 4 mit Kopf- und Fusszeilen gearbeitet wird.

▶ Abschnittsformatierungen

Register	**Seitenlayout**
Gruppe	Seite einrichten
Befehl	Umbrüche
Auswahl	Abschnitts- umbrüche

Einfügen einer Abschnittsformatierung

Einen Abschnittsumbruch fügen Sie immer dann ein, wenn das Seitenformat auf der nächsten Seite ändern soll. Dies betrifft alle Elemente des **Seitenformats,** also die Ränder, die Kopfzeilen, die Seitennummerierungen, die Anzahl Spalten usw.

Abschnittsformatierungen benötigen Sie auch, um gewisse Layouts auf der gleichen Seite zu verändern. Beispielsweise können Sie auf der gleichen Seite Text einspaltig und zweispaltig setzen. Dazu fügen Sie einen **Abschnittswechsel fortlaufend** ein.

Die Seite 3 ist für das Inhaltsverzeichnis reserviert. Die Eintragungen ins Inhaltsverzeichnis erfolgen aufgrund von Formatvorlagen. Den Formatvorlagen werden sogenannte Gliederungsebenen (Ebenen 1 bis 9) zugeordnet. Die Vorlagen Überschrift 1 bis Überschrift 9 erhalten automatisch die Ebenen 1 bis 9. Den meisten Standardvorlagen und auch eigenen Vorlagen kann eine Ebene zugeordnet werden. Bei gewissen Vorlagen ist dies nicht möglich. Die unterste Ebene (Fliesstext) erhält die Bezeichnung Textkörper. Sie wird nicht ins Inhaltsverzeichnis aufgenommen.

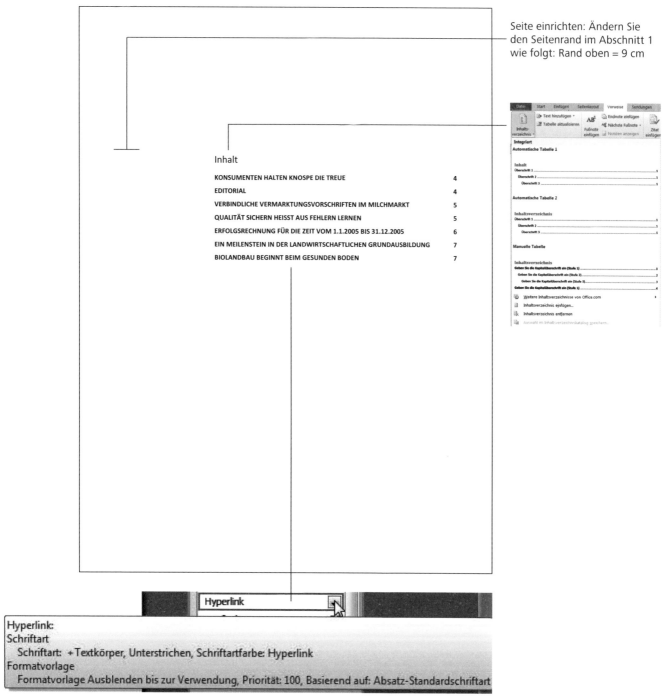

Seite einrichten: Ändern Sie den Seitenrand im Abschnitt 1 wie folgt: Rand oben = 9 cm

Inhalt

Hyperlink

Hyperlink:
Schriftart
  Schriftart: +Textkörper, Unterstrichen, Schriftartfarbe: Hyperlink
Formatvorlage
  Formatvorlage Ausblenden bis zur Verwendung, Priorität: 100, Basierend auf: Absatz-Standardschriftart

Formatvorlage Hyperlink, eine Formatvorlage, welche in Word bereits definiert ist, aber verändert werden kann. Word kennt für Inhaltsverzeichnisse auch die Vorlagen Verzeichnis 1 bis Verzeichnis 9. Inhaltsverzeichnisse sind meist mit Hyperlinks versehen, sodass bei elektronischen Dokumenten (z. B. Word, PDF) direkt auf die entsprechende Seite verzweigt werden kann.

Register	**Verweise**
Gruppe	**Inhalts-verzeichnis**
Befehl	Inhaltsverzeichnis einfügen

Einfügen eines Inhaltsverzeichnisses

▶ Einfügen eines Inhaltsverzeichnisses

Beim Einfügen eines Inhaltsverzeichnisses können Sie aus einem Vorlagenkatalog wählen oder in eine Dialogbox **Einfügen Inhaltsverzeichnis** wechseln. Hier finden Sie unter **Optionen** verschiedene gestalterische Möglichkeiten für Ihr Inhaltsverzeichnis.

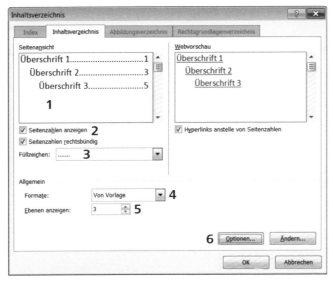

1 Anzeige des Layouts des Inhaltsverzeichnisses in einem Dokument. Die Anzeige verändert sich aufgrund der Formatwahl und der Wahl der Anzahl Ebenen (4 und 5).

2 Einstellung für die Darstellung der Seitenzahlen.

3 Sie können aus drei verschiedenen Füllzeichen auswählen oder auf Füllzeichen verzichten, was oft die beste Wahl ist.

4 Für die Gestaltung des Inhaltsverzeichnisses stehen verschiedene Vorlagen zur Verfügung. Das Inhalts-verzeichnis kann auch nach der Erstellung manuell umformatiert werden.

5 Sie bestimmen, wie viele Ebenen, die Sie in Formatvorlagen definiert haben, ins Inhaltsverzeichnis aufge-nommen werden sollen.

6 In den Optionen können Sie eintragen, aus welchen Formatvorlagen das Inhaltsverzeichnis erstellt wer-den soll. Setzen Sie das entsprechende Häkchen, wenn Sie Verzeichniseintragsfelder definiert haben, also Text ohne entsprechende Formatvorlagen ins Inhaltsverzeichnis aufnehmen wollen.

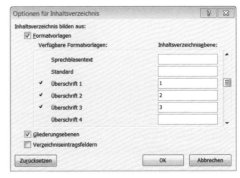

Seite 4: Textseite

Bevor Sie auf dieser Seite mit dem Formatieren starten, fügen Sie am Ende des Editorials bzw. vor dem Übertitel «Produktmanagement» einen Abschnittswechsel (Abschnittsumbruch)/ Nächste Seite ein, weil das Layout ab der Seite 5 ändert (zwei gleich breite Spalten). Nur so kann auf der nächsten Seite das Seitenformat angepasst werden.

Register	**Seitenlayout**
Gruppe	Seite einrichten
Befehl	Umbrüche
Befehl	Abschnitts-umbrüche/Nächste Seite

Auf der Seite 4 wählen Sie das Layout Spalten/Rechts.

Register	**Seitenlayout**
Gruppe	Seite einrichten
Befehl	Spalten
Befehl	Weitere Spalten…

BIO-SUISSE JAHRESBERICHT 2005

Biomarkt Schweiz
KONSUMENTEN HALTEN KNOSPE DIE TREUE

Der Umsatz mit Bioprodukten konnte 2005 fast gehalten werden. Im vergangenen Jahr wurden in der Schweiz für 1,183 Mia. Franken Bioprodukte verkauft, 0,5 % weniger als 2004. Das ist ein sehr gutes Resultat. Denn im Jahre 2005 standen in der Öffentlichkeit Diskussionen um Billigpreise im Vordergrund. Der Kauf von Bioprodukten ist nicht einfach ein Trend. Er gehört zur lieb gewordenen Gewohnheit von Herrn und Frau Schweizer.

Konsumentinnen und Konsumenten halten der Knospe die Treue. Eine von Bio Suisse in Auftrag gegebene Umfrage des Marktforschungsinstitutes IHA ergab, dass 13 % aller Befragten regelmässig Bioprodukte kaufen. Knapp 39 % gaben an, ab und zu Bioprodukte zu kaufen. Die Knospe bleibt hinter Naturaplan das bekannteste Bio-Label der Schweiz, und das mit einem Bekanntheitsgrad von 65 %. Warum greifen die Kunden bei Knospe-Produkten gerne zu? Die häufigsten Nennungen in der Umfrage: gesunde Lebensmittel (45 % der Befragten), garantierte Qualität – wirklich Bio (43 %) und natürliche Produktion ohne Chemie (40 %). Ein schöner Vertrauensbeweis.

EDITORIAL

In schwierigeren Zeiten wirft man schneller den Bettel hin. Stagnierender Absatz bei gewissen Produkten, strenge Richtlinien und teure Kontrollen sind Gründe, weshalb Biobetriebe der Knospe den Rücken kehren und zu «Bundes-Bio» wechseln. Dies ist für Bio Suisse eine neue, bis jetzt nicht gekannte Entwicklung. In ihrer 25-jährigen Geschichte ging es immer nur aufwärts: Die Anzahl Betriebe nahm stetig zu, die Umsatzzahlen ebenfalls. Es herrschten Freude und Aufbruchsstimmung.

Unser Label, die Knospe, ist unsere Stärke. Sie steht für eine geeinte Biobewegung. Je mehr alle Biobäuerinnen und Biobauern zusammenhalten, umso grösser ist unser Gewicht. In der politischen Arbeit und ganz besonders gegenüber Konsumentinnen und Konsumenten. Diese haben Vertrauen in die Knospe. Sie verlassen sich auf unser Label und wissen, dass Bio drin ist, wo Bio draufsteht. Um dieses hohe Niveau zu halten, braucht es Richtlinien und Kontrollen. Es braucht aber auch einen aktiven Verband. Deshalb bietet Bio Suisse den Knospe- Betrieben wertvolle Leistungen: Marktkoordination, Marketing, politische Arbeit und Medienarbeit sind einige Stichworte. Und: Knospe-Betriebe bestimmen ihre Richtlinien an den Delegiertenversammlungen selber. Es ist an uns allen, mit Geduld und Kraft die vielen Herausforderungen anzunehmen. Gehen wir diesen Weg weiterhin gemeinsam – im Zeichen der Knospe!

Regina Fuhrer
Biobäuerin und Präsidentin Bio Suisse

Was assoziieren Konsumentinnen und Konsumenten mit der Knospe? (Mehrfachnennungen möglich)

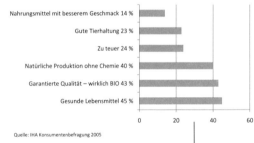

Nahrungsmittel mit besserem Geschmack 14 %
Gute Tierhaltung 23 %
Zu teuer 24 %
Natürliche Produktion ohne Chemie 40 %
Garantierte Qualität – wirklich BIO 43 %
Gesunde Lebensmittel 45 %

Quelle: IHA Konsumentenbefragung 2005

4

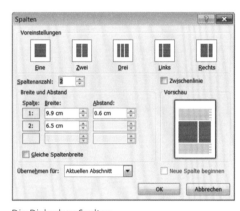

Die Dialogbox Spalten

Das Editorial könnte man auch mit einem Textfeld erstellen. Die Breite eines solchen Textfeldes kann unterschiedlich ausfallen und einer zweckmässigen Seiteneinteilung angepasst werden. Einfacher ist jedoch die Gestaltung mit Spalten.

Grafik einfügen: Bild_Regina_Fuhrer.bmp

Grafik mit dem Grafikwerkzeug von Word erstellt.

Seite 5: Textseite

Der Text ist zweispaltig gesetzt. Am Ende der ersten Spalte erfolgt ein Spaltenumbruch **(Ctrl+Shift+Enter)**, damit der zweite Artikel in der zweiten Spalte beginnt.

Am Ende der zweiten Spalte erfolgt ein normaler Seitenumbruch, damit die nächste Seite das gleiche Seitenformat aufweist **(Ctrl+Enter)**.

Register	**Seitenlayout**
Gruppe	Seite einrichten
Befehl	Spalten
Befehl	Weitere Spalten…

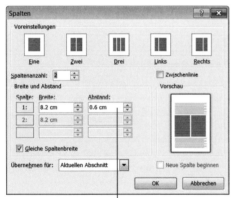

Die Dialogbox Spalten

BIO-SUISSE JAHRESBERICHT 2005

Produktmanagement
VERBINDLICHE VERMARKTUNGS-
VORSCHRIFTEN IM MILCHMARKT

In Zeiten mit reichlicher Versorgung der Märkte verändert sich die Arbeit der Marktkoordination. Es steht nicht mehr die Beschaffung des Rohstoffes im Vordergrund, sondern die branchenweite Zusammenarbeit. Die Herausforderung für die Produktmanager besteht darin, jene Ansätze herauszuschälen, die allen Marktpartnern Vorteile bringen – um diese danach von einer gemeinsamen Lösung zu überzeugen.

Durch die von Bio Suisse in die Wege geleiteten Reorganisationen verschiedener Märkte werden getroffene Lösungen verbindlicher und verlässlicher. Die wichtigste Diskussion drehte sich um den Milchmarkt und hat zu einer Statutenrevision geführt, in deren Zuge der Zweckartikel ergänzt wurde. Dieser hält nun fest, dass Bio Suisse im Bereich der Vermarktung verbindliche Auflagen machen kann. Auf der Basis dieser klar definierten Kompetenz wurde die so genannte Pflichtmitgliedschaft eingeführt: Wer Milch in Verkehr bringt, muss sich einer anerkannten Biomilchorganisation anschliessen. Die Marktentscheide bleiben dabei Sache der Biomilchorganisationen.

Auch im Getreidebereich wurde die sich anbahnende Entsolidarisierung zwischen Inlandproduktion und Import mit einer verbindlicheren Regelung gestoppt: Das Verhältnis der beiden Provenienzen wird neu festgelegt – nicht von Bio Suisse, sondern von den Marktpartnern selbst. Eine sehr ähnliche Handhabung wurde auch im Bereich des Fier-Imports getroffen, wo die Branche gemeinsam und verbindlich für alle die Eckwerte des Marktes beschliesst.

«Verlässlichkeit schafft Vertrauen» gilt für das gesamte Produktmanagement. Denn Vertrauen schafft die Grundlage für Kooperationen und Synergien, die gemeinsam genutzt werden können. Das bringt allen nur Vorteile – vom Feld bis auf den Teller – und bürgt für Qualität, Vielfalt und Verfügbarkeit der Produkte sowie einen fairen Preis.

Qualitätssicherung
QUALITÄT SICHERN HEISST
AUS FEHLERN LERNEN

Die Abteilung Qualitätssicherung hat auch 2005 viele Beanstandungen bearbeitet. Die Palette war breit. Sie reichte vom Vorwurf, dass Biogemüse wegen des Einsatzes von Mist gesundheitsschädlich sei, bis zu Reklamationen zu den E-Nummern in Knospe-Produkten. Einzelne Beschwerden betrafen die Arbeit von Bio Suisse: Für die einen waren die Kontrollen zu teuer, für andere zu wenig streng.

Der grösste Fall betraf die Topfkräuter. Die Untersuchung des Westschweizer Fernsehens mit fünf Rückstandsfunden in sechs Töpfen hat auch das Krisenmanagement von Bio Suisse auf die Probe gestellt. Dieses hat gut funktioniert. Nach der Akutbehandlung des Falles ging die Arbeit hinter den Kulissen weiter. Vom Substrat über die Schläuche für das Bewässerungswasser bis hin zur Stecketikette im Endprodukt wurde die ganze Kette auf mögliche Eintragswege von Rückständen überprüft. Bio Suisse hat dazu neben FiBL-Experten auch Vertreter der Branche einbezogen (Topfkräuterproduzenten, Substrathersteller, Grossverteiler, Zulieferanten). In der Folge hat Bio Suisse mit dem FiBL ein Projekt gestartet, um die Qualität bei der Substratherstellung zu überprüfen und die Lieferungen intensiver auf Rückstände zu analysieren. Weitere Vorgaben sollen Kontaminationen auf dem Weg vom Produzenten bis in die Verkaufsläden ausschliessen.

Spitzenreiter bei den Beanstandungen zu Knospe-Betrieben blieb die Tierhaltung. In sieben Meldungen wurde die korrekte Haltung auf Betrieben angezweifelt. Konsumentinnen und Spaziergänger sind in dieser Frage sehr sensibel. Die Kontrollstellen führten bei solchen Meldungen in der Regel eine unangemeldete Kontrolle durch. Beanstandungen sind für Bio Suisse ein gutes Instrument, um die Qualität der eigenen Arbeit zu prüfen. Wir sind allen Fällen sorgfältig nachgegangen und konnten in einigen Punkten Verbesserungen einführen.

5

──── Der Spaltenabstand ist auf 0,6 cm festgelegt. ────

Seite 6: Textseite

Die Texte der Bilanz und der Erfolgsrechnung können Sie in je eine Tabelle mit zwei Spalten umwandeln. Markieren Sie die Texte und wählen Sie den Befehl **Text in Tabelle umwandeln**. Die Formatvorlagen ändern auf dieser Seite nicht. Bilanz und Erfolgsrechnung werden in die Spalte 2 eingetragen, folglich ist am Ende der linken Spalte wieder ein Spaltenwechsel einzutragen.

Die Schrift der Tabelle für die Bilanz und die Erfolgsrechnung beträgt 8 Punkt. Für die Gestaltung der Tabelle wurde die Tabellenvorlage Mittlere Schattierung 1 – Akzent 3 gewählt. Die Tabelle ist zweispaltig. Die Beträge sind rechts und die Texte links ausgerichtet. Am Ende der Tabelle erfolgt ein normaler Seitenumbruch.

Register	**Einfügen**
Gruppe	**Tabellen**
Befehl	**Tabelle**
Befehl	**Text in Tabelle umwandeln…**

BIO-SUISSE JAHRESBERICHT 2005

Bio-Suisse-Bilanz und -Erfolgsrechnung 2005
EINNAHMEN UND LEISTUNGEN GESTIEGEN

Die Rechnung 2005 schliesst mit Kosten von 5 % über Budget ab; die Erträge liegen 4,5 % über den Erwartungen. Die Rechnung schliesst mit einem Einnahmenüberschuss von CHF 45 951.– ab, gut CHF 30 000.– weniger als geplant. Der Gewinn wird dem Eigenkapital zugeführt: Der Anteil Eigenmittel an der Bilanzsumme beträgt neu 35 %. Der Vorstand strebt mittelfristig einen Eigenfinanzierungsgrad von 40 % an.

Gut ein Viertel von beinahe acht Millionen Franken Gesamtumsatz steuern die Produzenten durch Jahresbeiträge und Marketingbeiträge über den SMP bei. Die SMP-Gelder werden direkt für Biomilchwerbung eingesetzt. Die Hälfte der Mittel stammt aus Lizenzeinnahmen, ein Achtel aus Absatzförderungsmitteln des Bundes. Zugenommen haben die Einnahmen aus Verweisen von fehlbaren Produzenten und Lizenznehmern.

Erstmals werden die 100 Delegierten für die zwei ordentlichen Versammlungen pro Jahr durch Bio Suisse entschädigt. Im Jahr 2005 wurde nach drei Jahren intensiver Arbeit die Bio-Suisse-Strukturreform abgeschlossen. Einfache Strukturen mit kurzen Entscheidungswegen sind das Resultat. Die für eine Amtszeit von vier Jahren gewählte Delegiertenversammlung verfügt über zusätzliche Kompetenzen. Der neunköpfige Vorstand steuert und vernetzt die gewählten Kommissionen und die Geschäftsstelle. Die Aufwendungen für den Vorstand sind 2005 gestiegen, jedoch lagen die Kosten der Fachkommissionen unter Budget. Einen weiterhin grossen Aufwand gab es im Milchmarkt zu verzeichnen. Bio Suisse unterstützte die Milchmarktrunde finanziell.

Die hohe Qualität und somit die Glaubwürdigkeit der Knospe hat ihren Preis. Für die Bewältigung der Aufgaben im Bereich Qualitätssicherung und Labelvergabe mussten auf der Geschäftsstelle zusätzliche Arbeitskräfte eingestellt und für die Bearbeitung der Futtermittelgesuche zusätzliche Gelder bereitgestellt werden. Ziel ist die hundertprozentige Biofütterung.

2005 wurde ein neuer Werbespot produziert, der während dreier Jahre ausgestrahlt werden soll. Bereits in zweiter Saison wurde mit dem Projekt planète bio suisse Jugendlichen der Biolandbau näher gebracht. Überdies zeigt sich Bio Suisse seit Mai 2005 in einem komplett neuen Erscheinungsbild. Überarbeitet wurde auch der Internetauftritt www.bio-suisse.ch. Zusätzliche Mittel hat die politische Arbeit gefordert: Der Aufwand wurde von den Schweizer Stimmberechtigten durch die Annahme der Gentechfrei-Initiative am 27. November 2005 reichlich honoriert.

BILANZ PER 31.12.2005

Aktiven	Total CHF
Umlaufvermögen	
Flüssige Mittel	3 253 808.98
Debitoren	197 873.74
Warenlager	80 000.00
Transitorische Aktiven	989 302.73
Total Umlaufvermögen	4 520 985.45
Anlagevermögen	1.00
Beteiligungen	142 000.00
Mobilien	
Finanzanlagen	45 363.50
Total Anlagevermögen	187 364.50
Total Aktiven	4 708 349.95
Passiven	
Fremdkapital	
Kurzfristiges Fremdkapital	872 718.55
Fonds (kurzfristiges Fremdkapital)	1 141 906.76
Rückstellungen und fremde Gelder	542 139.25
Transitorische Passiven	509 765.41
Total Fremdkapital	3 066 529.97
Eigenkapital	1 595 868.52
Total Passiven	4 662 398.49
Gewinn	45 951.46

ERFOLGSRECHNUNG FÜR DIE ZEIT VOM 1.1.2005 BIS 31.12.2005

Aufwand	Total CHF
Marketing	1 852 453.11
Warenaufwand	371 307.75
Personalaufwand	2 920 390.50
Externe Kosten	806 172.09
Finanzaufwand	3 820.04
Abschreibungen	88 279.10
Betriebsaufwand	856 174.25
Fremdleistungen	854 078.01
Neutrale Rechnung	104 631.08
Total Aufwand	7 857 305.93
Ertrag	
Jahresbeiträge Produzenten inkl. SMP	2 104 287.05
Lizenzgebühren	4 166 406.18
Bundesgelder Absatzförderung	1 017 168.00
Materialverkauf	147 311.98
Dritte, Spenden, Honorare, Verweise	336 208.04
Auslandanerkennungen	73 240.40
Zinsertrag, Kursdifferenzen	17 321.58
Neutrale Rechnung (Wertschriftenerfolg und ao. Ertrag)	41 314.16
Total Ertrag	7 903 257.39
Gewinn	45 951.46

6

Seite 7: Textseite

Die letzte Seite bringt wenig Neues. Das Impressum wird wiederholt (Textfeld einfügen bzw. kopieren). In Spalte 2 wird ein Bild eingefügt. Der Text soll rechts vom Bild gesetzt sein. Deshalb ist als Textumbruch die Einstellung «Passend» zu wählen.

BIO-SUISSE JAHRESBERICHT 2005

Bioschule

EIN MEILENSTEIN
IN DER LANDWIRTSCHAFTLICHEN
GRUNDAUSBILDUNG

Nach viel Vorarbeit und einem Jahr intensiver Ausbildung schloss im August 2005 die erste Klasse den Bio - Suisse - Pilotlehrgang zur spezialisierten Ausbildung im Biolandbau ab. 16 angehende Biobäuerinnen und Biobauern konnten ihre Zeugnisse und Diplome entgegennehmen. Erstmals wurde damit eine fundierte Ausbildung im Biolandbau bereits in der Grundausbildung angeboten. Das erfolgreiche Pilotprojekt wird fortgesetzt.

Der Pilotlehrgang ist Bestandteil der dreijährigen Ausbildung zum Landwirt mit Spezialrichtung Biolandbau. Im Gegensatz zum Besuch einer Landwirtschaftsschule wird hier der schulische Unterricht im dritten Lehrjahr reduziert und ergänzt mit praktischer Arbeit auf Biolehrbetrieben. Zielpublikum sind junge Menschen, die den ersten Teil der Ausbildung mit der Lehrabschlussprüfung als «Landwirt mit Spezialrichtung Biolandbau» abgeschlossen haben. Diese Gruppe wird ergänzt mit Teilnehmern der biologisch-dynamischen Ausbildung, welche in ihrem zweiten Lehrjahr an diesem Kurs teilnehmen.

Der biologisch bewirtschaftete Betrieb orientiert sich grundsätzlich an den Bedürfnissen von Böden, Pflanzen, Tieren und Menschen. So wird z.B. beim Thema Wiederkäuerfütterung die Gestaltung der Rationen stärker von der Frage der «Wiederkäuergerechtigkeit» der Komponenten bestimmt als von deren Preis. Oder es werden Grenzen gesetzt, etwa beim Einsatz von Pflanzenschutzmitteln oder von Zuchttechniken (z.B. Embryotransfer). Gut ausgebildete Biobäuerinnen und Biobauern kennen diese Zusammenhänge. So investiert Bio Suisse mit der Bioausbildung in die künftige Generation. Weitere Informationen dazu unter www.bioschule.ch

Fragen und Feedback an
BIO SUISSE Vereinigung Schweizer Biolandbau-Organisationen
Margarethenstrasse 87, CH-4053 Basel
Tel. 061 385 96 10, Fax 061 385 96 11
Abdruck mit Quellenangabe erwünscht
bio@bio-suisse.ch, www.bio-suisse.ch, www.planetebiosuisse.ch

Markenkommission Anbau (MKA)

BIOLANDBAU BEGINNT
BEIM GESUNDEN BODEN

Die MKA hat in Zusammenarbeit mit den Bio-Suisse-Fachkommissionen und den Mitgliederorganisationen die Regelungen zu Bodenschutz und Fruchtfolge in einer neuen Weisung zusammengefasst. Erosion und Auswaschung werden auf Biobetrieben durch möglichst viel Begrünung minimiert. In der Fruchtfolge wurden Eckpunkte gesetzt, die Hauptverantwortung zur sinnvollen Fruchtfolgegestaltung liegt aber nach wie vor beim Betriebsleiter. Die MKA ist überzeugt, dass dem Schutz unseres Bodens in Zukunft vermehrt Beachtung geschenkt werden muss. Die gegenwärtige Entwicklung in der Agrarpolitik weist leider in eine andere Richtung. Wird der Druck auf die Bauern verstärkt, geben diese den Druck oft an den Boden weiter.

Eine Hauptrolle in der Tierzucht spielt die Fütterung. Die Bio-Suisse-Delegiertenversammlung hat den konventionellen Anteil in der Futterration entsprechend der Zieldefinition in den Richtlinien auf den 1.1.2006 halbiert. Dies geschah im Gleichschritt mit der Bioverordnung des Bundes. Die standortgerechte Ernährung der Raufutterverzehrer bildet die Leitlinie in der biologischen Fütterung. Die MKA ist bestrebt, das Vorgehen in diesem Bereich in einem für die Praxis umsetzbaren Rahmen zu gestalten. Für den Biobetrieb braucht es Raufutterverzehrer, die aus Grundfutter ihre Leistung für Milch und Fleisch erbringen können. Geeignete Rassen und Tiere sind vorhanden. Diese müssen aber von den Biobetrieben gezielt gefördert werden.

Ein brennendes Thema stellt die zunehmende Regelungsdichte dar. Die MKA ist daran, Wege zur Verbesserung der aktuellen Situation zu suchen. Auch wenn der administrative Aufwand auf Stufe Biolandbau gesenkt wird, ist nicht sicher, ob die Produzentinnen und Produzenten am Schluss etwas davon merken. Denn auch ausserhalb der Bio-Suisse-Richtlinien sind ständig neue Regelungen zu erfüllen. Ein Mittel dagegen ist eine verbesserte Koordination, um so Doppelspurigkeiten zu vermeiden. Von den Produzenten ist mehr Selbstverantwortung gefragt. Das ist aber nur möglich, wenn diese auch wahrgenommen wird. Denn Richtlinienverstösse einzelner Betriebe führen unweigerlich zum Ruf nach mehr Kontrollen.

7

Weitere Elemente mehrseitiger Schriftstücke

▶ Einen Index einfügen

Neben dem Inhaltsverzeichnis können Sie in Word auch einen Index einfügen. In einem Index sind die im Dokument behandelten Begriffe und Themen sowie die dazugehörigen Seitenzahlen aufgelistet. Zum Erstellen eines Indexes legen Sie die Indexeinträge durch Bereitstellen des Namens des Haupteintrags und des Querverweises im Dokument fest und erstellen dann den Index. Ein Indexeintrag kann für einzelne Wörter, Wortgruppen oder Symbole oder für Themen, die sich über mehrere Seiten erstrecken, erstellt werden. Zudem kann ein Indexeintrag Verweise enthalten wie beispielsweise «Festplatte, siehe Harddisk».
Die Technik für das Einfügen von Indexeinträgen finden Sie in der Hilfe von Word.

▶ Einfügen von Fuss- und Endnoten

Fussnoten sind eine Layoutform, die vor allem in wissenschaftlichen Arbeiten verwendet wird. Es sind Anmerkungen am Seitenende. Hinter ein Wort oder einen Satzteil stellt man eine hochgestellte Zahl, die sogenannte Anmerkungsziffer. Die Zahl verweist auf eine Stelle am Seitenende, an welcher der Anmerkungstext steht. Bei einem Verweis auf Stellen am Ende eines Kapitels oder des gesamten Werkes spricht man von Endnoten.
Fussnoten werden mit einem sogenannten Fussnotenstrich vom übrigen Text abgesetzt.

---

[1] Regeln für das Computerschreiben von Max Sager und Georges Thiriet

Beispiel einer Fussnote mit Fussnotenstrich

Auswahl von Fuss- und Endnoten in der Registerkarte Verweise. Mit Klick auf den Pfeil kann in die Dialogbox Fuss- und Endnoten verzweigt werden, wo weitere Einstellungen vorgenommen werden können. Einträge können auch von Fussnoten in Endnoten umgewandelt werden und umgekehrt.

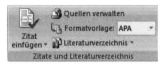

Die Gruppe Zitate und Literaturverzeichnis in der Registerkarte Verweise. Mit Klick auf den Befehl **Quellen verwalten** verzweigen Sie in die Dialogbox Quellenmanager, ein leistungsfähiges Werkzeug, um Ihre Literaturangaben zu verwalten.

▶ Zitate und Literaturverzeichnis

Ein Literaturverzeichnis ist eine am Ende eines Dokuments aufgeführte Liste, in der alle Quellen enthalten sind, die beim Erstellen des Dokuments herangezogen oder zitiert wurden. Sie können in Word 2010 automatisch anhand der Quellenangaben für das Dokument ein Literaturverzeichnis erstellen.

Wenn Sie eine neue Quelle erstellen, werden die Quellenangaben auf dem Computer gespeichert, damit Sie jede erstellte Quelle finden und verwenden können.

Die Regel «Kein Satzzeichen nach der Anrede und gross weiterfahren» hat sich in der

deutschsprachigen Schweiz durchgesetzt (Sager/Thiriet, 2006).

Eintrag eines Zitats im Text

Literaturverzeichnis

Sager/Thiriet. (2006). *Regeln für das Computerschreiben.* Verlag SKV.

Eintrag der Textstelle im Literaturverzeichnis

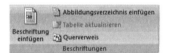

Die Gruppe Beschriftungen in der Registerkarte **Verweise**

▶ Beschriftungen

Bilder, andere grafische Elemente und Tabellen können Sie mit einer Beschriftung versehen und aufgrund dieser Einträge ein Abbildungsverzeichnis in Ihren Text einfügen. Das Vorgehen und die Möglichkeiten entsprechen weitgehend der Erstellung eines Inhaltsverzeichnisses. Mit der Technik, Inhaltsverzeichnisse einzufügen, sind Sie vertraut, weshalb wir hier auf eine ausführliche Beschreibung beim Erstellen von Abbildungsverzeichnissen verzichten.

Abbildung 1: Bild aus dem Jahresbericht 2005

Beispiel einer eingefügten Beschriftung

Abbildungsverzeichnis

Abbildung 1: Bild aus dem Jahresbericht 2005 1

Aufgrund der Bildbeschriftung kann Word automatisch ein Abbildungsverzeichnis erstellen.

Seriendruck

7

7.1 Einführung

Mit Word haben Sie die Möglichkeit, Serienbriefe, Adressetiketten, Umschläge, E-Mail-Seriendrucke oder Verzeichnisse (Listen) zu erstellen. Die Registerkarte, mit deren Auswahl jeder Seriendruck beginnt, heisst **Sendungen.**

Menüband des Registers Sendungen

SQL (Structured Query Language – Strukturierte Abfragesprache) ist eine Programmiersprache zur Definition, Abfrage und Manipulation von Daten für relationale Datenbanken.

Ein Seriendruck basiert immer auf folgendem Schema:

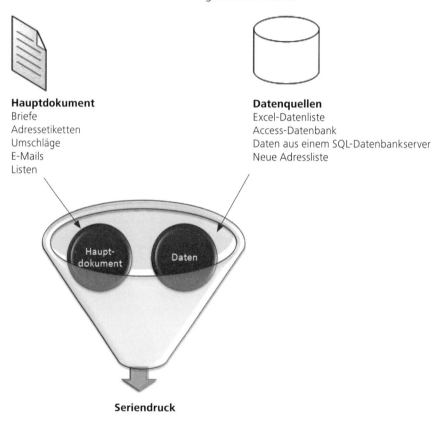

Hauptdokument
Briefe
Adressetiketten
Umschläge
E-Mails
Listen

Datenquellen
Excel-Datenliste
Access-Datenbank
Daten aus einem SQL-Datenbankserver
Neue Adressliste

Seriendruck

Hauptdokument

Als Hauptdokument bezeichnet man in einer Seriendruckoperation in Word dasjenige Dokument, das den Text und die Grafiken enthält, die in allen Ausdrucken des Seriendruckdokuments identisch sind.

Der Brief auf Seite 192, der als **Hauptdokument** dient, besteht aus folgenden Elementen:

- **Textkörper** – Text, der in jedem Brief unverändert erscheint;
- **Seriendruckfelder (Platzhalter)** – veränderliche Angaben, die aus der Datenquelle (einer Datenbank oder Datenliste) eingelesen werden (z. B. die Adresse).

Datenquelle

In der Datenquelle werden die Daten gespeichert, die in den Serienbrief eingelesen werden. Die Begriffe **Datensatz** und **Datenfelder** bedeuten Folgendes:

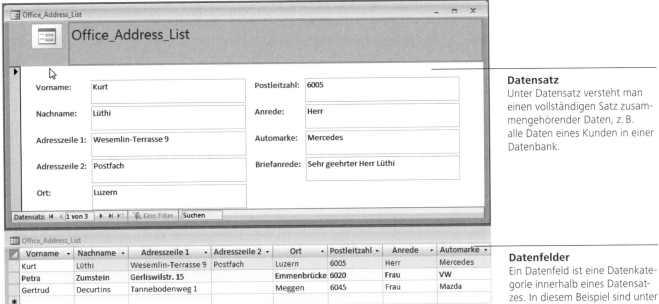

Datensatz
Unter Datensatz versteht man einen vollständigen Satz zusammengehörender Daten, z. B. alle Daten eines Kunden in einer Datenbank.

Datenfelder
Ein Datenfeld ist eine Datenkategorie innerhalb eines Datensatzes. In diesem Beispiel sind unter anderem Vorname, Nachname, Ort Datenfelder.

Tipps zum Aufbau einer Datenquelle

- Richten Sie so viele Datenfelder ein, dass auch die umfangreichsten Datensätze aufgenommen werden können.

- Für einige Kunden in einer Adressenliste sind z. T. mehr Daten verfügbar als für andere, wie z. B. ein Firmenname, eine Abteilungsbezeichnung und evtl. mehrere Zeilen für die Adresse. Da in einer Datenquelle alle Datensätze die gleiche Anzahl an Datenfeldern aufweisen müssen, lassen Sie bei Datensätzen, in denen eine bestimmte Datenkategorie (Datenfeld) fehlt, das entsprechende Feld leer.

- Daten, nach denen Sie sortieren oder evtl. auch selektieren möchten, wie z. B. Ort, Land, Postleitzahl, Nachname des Adressaten oder evtl. Mitgliederstatus (Aktivmitglied, Passivmitglied usw.), müssen sich in einem separaten Datenfeld befinden.

- Richten Sie die Daten so ein, dass Sie diese für unterschiedliche Zwecke verwenden können.

- Wenn Sie z. B. eine Datenquelle zum Drucken von Serienbriefen erstellen, richten Sie die Adressdaten so ein, dass diese zum Drucken von Adressetiketten oder Briefumschlägen verwendet werden können. Wenn Sie Anrede, Vorname und Nachname in separate Felder eingeben, können Sie dasselbe Feld verwenden, um den Nachnamen sowohl in der Adresse (Herr Martin Muster) als auch in der Anrede (Sehr geehrter Herr Muster) zu drucken.

7.2 Serienbrief mit dem Assistenten erstellen

Einfache Serienbriefe lassen sich mithilfe des Assistenten rasch und einfach erstellen Vom Ausgangsdokument bis zum Ausdruck – alle Aufgaben werden in 6 Schritten teilweise automatisch abgearbeitet.

Wir zeigen Ihnen nun anhand der Aufgabe 78 Schritt für Schritt, wie Sie mit Word einen einfachen Seriendruck mit folgendem Brief erstellen:

Beispiel eines Hauptdokuments

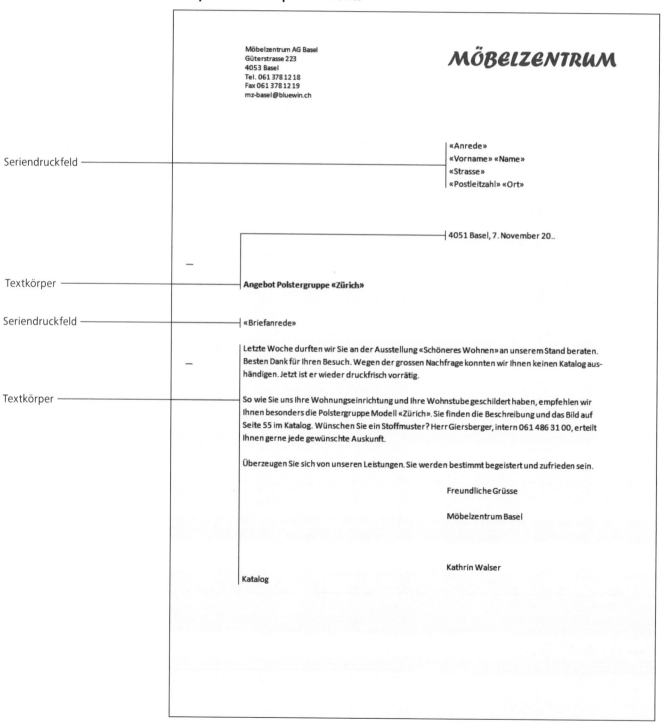

Öffnen Sie den Brief «Aufgabe 78.docx». Löschen Sie die Empfängeradresse und die Briefanrede. Diese sollen individuell erscheinen.

Starten Sie den Seriendruck-Assistenten

Öffnen Sie im Register **Sendungen** die Gruppe **Seriendruck starten** und wählen Sie den Befehl **Seriendruck-Assistent mit Schritt-für-Schritt-Anweisungen.**

Register	Sendungen
Gruppe	Seriendruck starten
Befehl	Seriendruck-Assistent mit Schritt-für-Schritt-Anweisungen

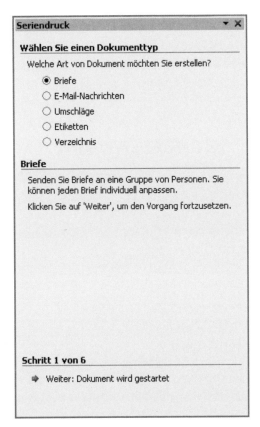

Schritt 1 von 6

Im Arbeitsbereich Seriendruck am rechten Rand sehen Sie nun den ersten Schritt des Assistenten. Hier müssen Sie den Dokumenttyp bestimmen. Sie haben die Möglichkeiten Briefe, E-Mail-Nachrichten, Umschläge, Etiketten oder Verzeichnis. Wählen Sie die Option **Briefe** und klicken Sie auf **Weiter: Dokument wird gestartet.**

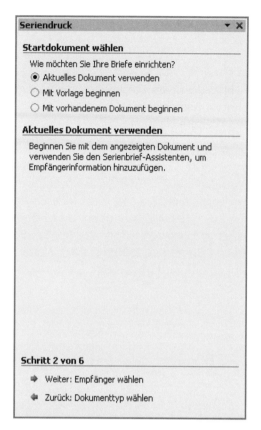

Schritt 2 von 6

Mit welchem Dokument möchten Sie einen Serienbrief erstellen? Wir haben das entsprechende Dokument bereits geöffnet. Deshalb wählen wir hier **Aktuelles Dokument verwenden**. Klicken Sie anschliessend auf **Weiter: Empfänger wählen**.

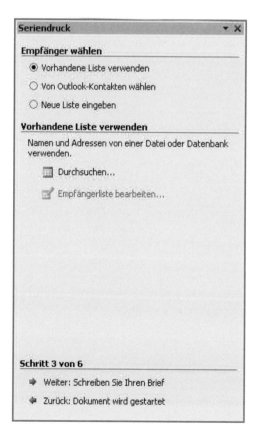

Schritt 3 von 6

Hier haben Sie die Wahl, eine bereits vorhandene Liste zu verwenden oder eine neue Datenliste zu erstellen. In der Praxis ist eine Datenbank normalerweise vorhanden. Wir haben bereits bestehende Kundendaten angelegt. Auf der CD zum Lehrmittel befindet sich die Excel-Datei Kunden.xlsx mit 45 Datensätzen. Wählen Sie deshalb **Vorhandene Liste verwenden** und klicken Sie auf **Durchsuchen...** Wählen Sie die Datei Kunden.xlsx, bestätigen Sie die Abfragen jeweils mit OK und klicken Sie anschliessend auf **Weiter: Schreiben Sie Ihren Brief**.

Schritt 4 von 6

Nun können Sie den Brief fertig gestalten und die entsprechenden Seriendruckfelder (Datenfelder) einfügen. Der Adressblock stimmt oft nicht mit unseren Darstellungsgrundsätzen überein. Deshalb empfiehlt sich hier die Option **Weitere Elemente…**

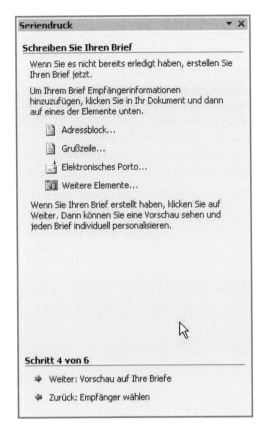

Wenn Sie Ihren Brief fertig erstellt haben, klicken Sie auf **Weiter: Vorschau auf Ihre Briefe.**

Schritt 5 von 6

In Ihrem Dokument sehen Sie jetzt den Inhalt der einzelnen Felder. Sie können durch die einzelnen Dokumente blättern oder die Empfänger (Datenliste) bearbeiten.

Einen Fehler in der Empfängeradresse oder einem anderen Seriendruckfeld korrigieren Sie, indem Sie auf **Empfängerliste bearbeiten…** klicken und danach den Fehler im Datensatz entsprechend korrigieren. Damit stellen Sie sicher, dass der Fehler auch in der Datenliste behoben worden ist.

Klicken Sie nun auf **Weiter: Seriendruck beenden.**

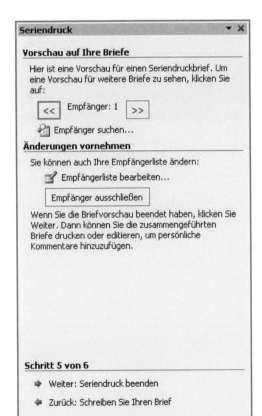

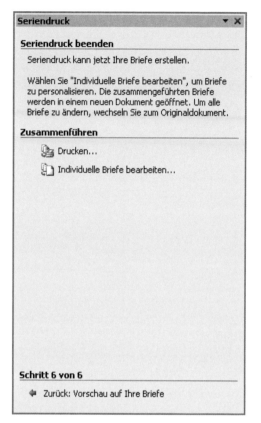

Schritt 6 von 6

Sie können unter **Drucken…** die Dokumente ausdrucken oder mit der Funktion **Individuelle Briefe bearbeiten…** ein neues elektronisches Dokument mit den 45 Briefen erstellen.

Bevor Sie die Briefe auf Papier drucken, lohnt es sich, ein elektronisches Dokument zu erstellen. Klicken Sie auf **Individuelle Briefe bearbeiten…**, entsteht eine neue Datei namens «Seriendruck1». Sie können so alle Briefe begutachten und den Text auch einzeln bearbeiten. Anschliessend drucken Sie die Briefe wie gewohnt aus.

▶ Die Datenquelle

Im dritten Schritt des Assistenten müssen Sie sich für eine Datenquelle entscheiden. In unserem Beispiel haben wir eine bereits vorhandene Datenquelle gewählt. Egal, ob wir den Seriendruck im Privatbereich evtl. für einen Verein oder im Betrieb mit Kundendaten anwenden – im Normalfall besteht bereits eine Datenquelle. Weiter wäre es auch möglich, hier direkt auf die Outlook-Kontakte zuzugreifen.

Falls Sie noch keine Datenquelle zur Verfügung haben, müssen Sie zuerst eine anlegen oder unter Schritt 3 «Neue Liste eingeben» wählen. Beim Erstellen einer neuen Datenbank ist es wichtig, dass Sie sich Gedanken über Einsatz, Selektion usw. machen (siehe auch **Tipps zum Aufbau einer Datenquelle** unter 7.1).

Meistens ist es einfacher bzw. empfehlenswert, die Datenbank nicht direkt im Seriendruck zu erstellen. Falls Sie im Schritt 3 des Assistenten trotzdem **Neue Liste eingeben** wählen und dann **Erstellen** anklicken, gehen Sie wie folgt vor:

Datenfelder anpassen

Sie erhalten eine Dialogbox zur Eingabe der Datensätze. 13 Datenfelder (Titel, Vorname, Nachname usw.) sind bereits vorgegeben. Klicken Sie auf **Spalten anpassen,** um die Namen der Datenfelder selber zu bestimmen.

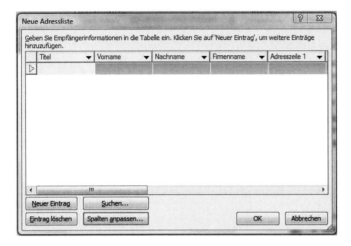

Bearbeiten Sie mithilfe der Funktionen **Löschen, Umbenennen** und **Nach oben** die Datenfelder, sodass folgende Felder in der Maske vorhanden sind:

Klicken Sie anschliessend auf **OK.**

Speichern der Adressliste

Speichern Sie die Datei – es wird die Datenquelle gespeichert! – unter dem Dateinamen «Kunden».

Beim Speichern einer Adressliste entsteht eine Datei mit der Erweiterung .mdb. Die Erweiterung steht für microsoft database und wird auch für access database files verwendet. Eine in Word erstellte Adressliste kann daher auch mit Access weiterbearbeitet werden.

Eingabe der Datensätze

Nach dem Speichern erscheint in der nebenstehenden Dialogbox Ihre Empfängerliste. Markieren Sie die Datenquelle «Kunden.mdb» und klicken Sie auf **Bearbeiten**.

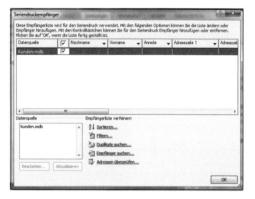

Geben Sie in die Datenmaske die folgenden drei Datensätze ein und klicken Sie anschliessend auf **OK**:

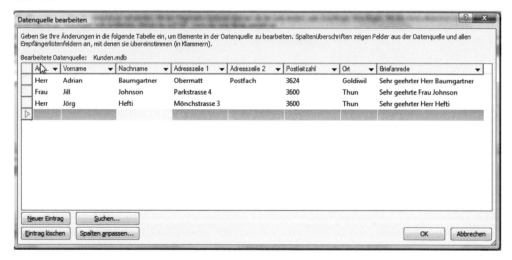

Aktualisieren Sie die Empfängerliste und speichern Sie diese Datensätze mit Klick auf **Ja**:

Ab jetzt geht es bei Schritt 4 weiter (siehe Seite 195)!

7.3 Seriendruck manuell erstellen

Die Unterstützung durch den Assistenten erleichtert bei einfachen Serienbriefen die Arbeit; trotzdem sollten Sie die Technik des Seriendrucks verstehen, denn nur so können Sie das Dokument ganz nach Ihren Wünschen gestalten, variable Texte einfügen und Fehler korrigieren. Aus diesem Grunde zeigen wir Ihnen auf den folgenden Seiten, wie Sie Seriendruckaufgaben mithilfe der Befehle im Register Sendungen manuell lösen können.

Es ist sinnvoll, wenn Sie sich auch bei der manuellen Erstellung eines Serienbriefes mehr oder weniger an den Ablauf dieser sechs Schritte halten.

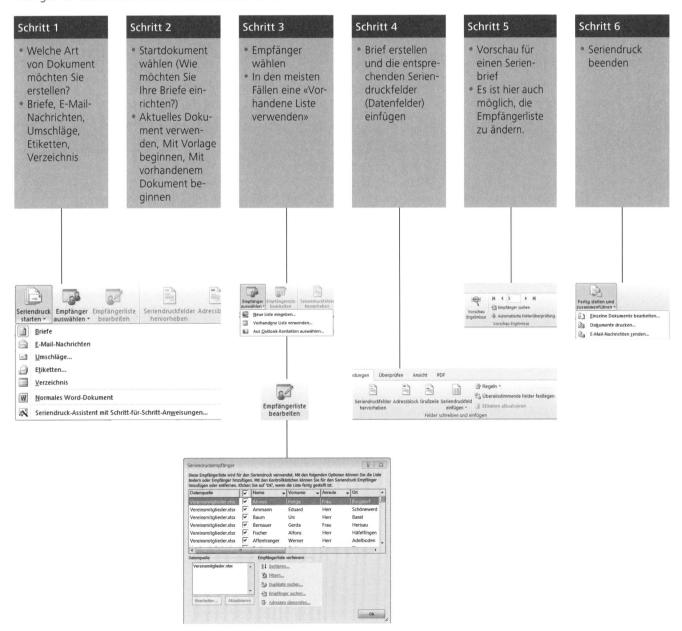

Schritt 1	Schritt 2	Schritt 3	Schritt 4	Schritt 5	Schritt 6
• Welche Art von Dokument möchten Sie erstellen? • Briefe, E-Mail-Nachrichten, Umschläge, Etiketten, Verzeichnis	• Startdokument wählen (Wie möchten Sie Ihre Briefe einrichten?) • Aktuelles Dokument verwenden, Mit Vorlage beginnen, Mit vorhandenem Dokument beginnen	• Empfänger wählen • In den meisten Fällen eine «Vorhandene Liste verwenden»	• Brief erstellen und die entsprechenden Seriendruckfelder (Datenfelder) einfügen	• Vorschau für einen Serienbrief • Es ist hier auch möglich, die Empfängerliste zu ändern.	• Seriendruck beenden

Wir lösen nochmals eine Aufgabe Schritt für Schritt, diesmal jedoch ohne den Assistenten:

Aufgabe 79

Öffnen Sie den Brief «Aufgabe 79.docx». Löschen Sie die Empfängeradresse und die Briefanrede, diese sollen individuell erscheinen.

Briefbeispiel

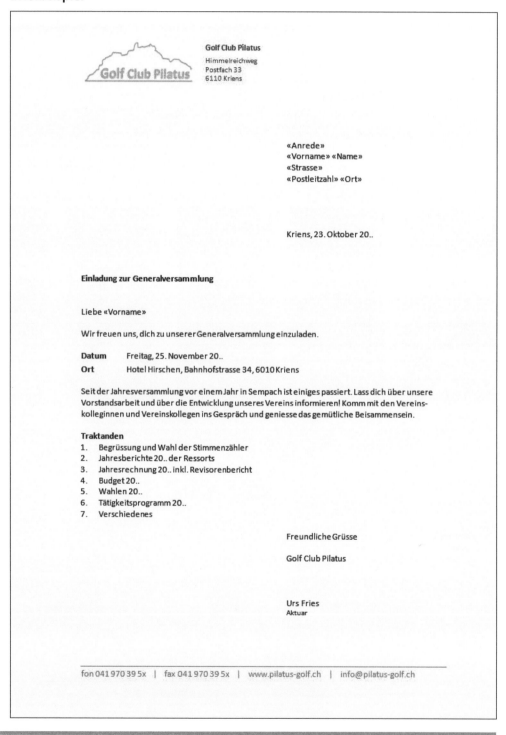

Schritt 1 und Schritt 2

Öffnen Sie im Register **Sendungen** die Gruppe **Seriendruck starten** und wählen Sie den Befehl **Seriendruck starten** und danach die Option **Briefe**.

Register	**Sendungen**
Gruppe	**Seriendruck starten**
Befehl	Seriendruck starten Brief

Schritt 3: Datenverbindungen

Stellen Sie sich vor, dass in einem Unternehmen alle Kundendaten in einer Datenbank auf einem Server gespeichert sind. Viele Mitarbeiter arbeiten mit diesen Daten, können sie abrufen, eventuell sogar mutieren und die Daten für Seriendokumente verwenden. In solchen komplexen Umgebungen ist die Verbindung eines Hauptdokuments mit Daten nicht ganz einfach und wird in der Praxis oft durch Informatikverantwortliche realisiert. Das Hauptdokument kann dann von den Mitarbeitern genutzt werden. Bei Problemen wendet man sich deshalb in der Regel an Informatikverantwortliche.

Einfache Aufgaben wie die Verbindung mit einer Excel-Datenliste können Sie gut selbst bewerkstelligen. Zur Verbindung von Seriendruck und Datenliste oder Datenbank steht in Word ein Assistent zur Verfügung. Wenn Sie einen Serienbrief erstellen, müssen Sie wissen, woher die Daten kommen. Um die Verbindung zu starten, wählen Sie **Empfänger auswählen.** Sie erhalten drei Auswahlmöglichkeiten:

Eine vorhandene Liste verwenden

Auf der CD zum Lehrmittel befindet sich die Excel-Datei **Vereinsmitglieder.xlsx** mit 105 Datensätzen einer einfachen Datenliste eines schweizerischen Segelvereins. Die Datenliste hat folgenden Aufbau:

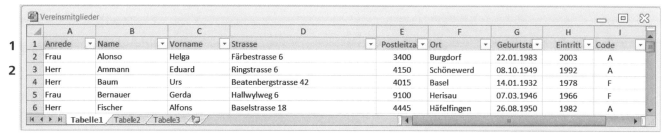

1 Jede Datenliste, jede Datenbank benötigt Datenfelder. In jedem Datenfeld wird eine bestimmte Eigenschaft der Datenliste gespeichert. In unserer Beispieldatenbank sind die Bezeichnungen der Datenfelder auf der ersten Tabellenzelle festgehalten: Anrede, Name, Vorname, Strasse, Postleitzahl, Ort, Geburtsdatum, Eintritt, Code. Im Datenfeld Code wird mit einem einzelnen Buchstaben festgehalten, ob das Mitglied ein Passivmitglied (P), ein Freimitglied (F) oder ein Aktivmitglied (A) ist.

2 Eintrag der Datensätze in die Datenliste. Jede Tabellenzeile beinhaltet also einen Datensatz. Nicht jeder Datensatz muss Angaben in allen Feldern beinhalten, ein Feld kann also auch leer bleiben.

Verbindung des Hauptdokuments mit der Datenliste

Am einfachsten bewerkstelligen Sie die Datenverbindung, indem Sie die XLSX-Datei im entsprechenden Ordner markieren und damit die Verbindung aktivieren.

- Wählen Sie in der Registerkarte **Sendungen** in der Gruppe **Empfänger auswählen** den Befehl **Vorhandene Liste verwenden.**

- Öffnen Sie den Ordner, in welchem die Datei **Vereinsmitglieder.xlsx** liegt. Mit einem Doppelklick wird die Datei aktiviert.

- Wählen Sie das Tabellenblatt aus, in welchem Ihre Daten gespeichert sind. Damit sind Hauptdokument und Daten.xlsx miteinander verbunden.

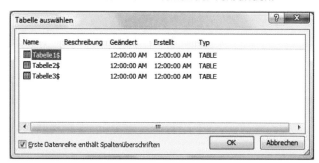

Auswahl des Tabellenblattes, in welchem die Datenliste abgelegt ist.

• Sie können nun die Empfängerliste direkt in Word sortieren und filtern. Mit dem Setzen von Häkchen können Sie einzelne Empfänger aktivieren bzw. deaktivieren. Diese Eintragungen haben aber keinen Einfluss auf die Daten in der Datenliste von Excel.

Empfängerliste bearbeiten

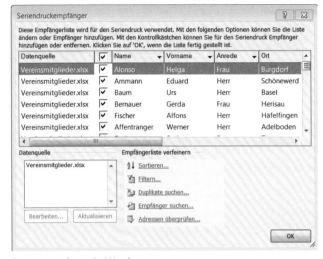

Datenverwaltung in Word

Aufruf der Dialogbox
Seriendruckempfänger

Register	**Sendungen**
Gruppe	Seriendruck starten
Befehl	Empfängerliste bearbeiten

Liste ändern oder Empfänger hinzufügen

Datensätze filtern

Angenommen, Sie möchten nur den Mitgliedern, welche in Aarau oder Olten wohnen, einen Serienbrief senden, so müssen Sie den entsprechenden Filter definieren. Klicken Sie in der Dialogbox **Seriendruckempfänger** auf den Befehl **Filtern** und tragen Sie Ihre Wünsche in die Dialogbox ein.

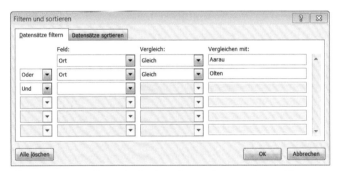

Filtern von Datensätzen. Im Register **Datensätze sortieren** können bis zu drei Sortierkriterien eingegeben werden.

Tipp: Beim Filtern von Datensätzen geschehen oft Überlegungsfehler bei den logischen Bedingungen **und** bzw. **oder**. Wenn Sie also wie im nebenstehenden Beispiel Mitglieder aus Olten und Aarau ansprechen wollen, so müssen Sie dies nicht mit einer **Und-Verknüpfung**, sondern mit einer **Oder-Verknüpfung** organisieren. Niemand wohnt gleichzeitig in Olten und in Aarau, sondern entweder in **Olten oder in Aarau.**

Vergessen Sie nicht, einen Filter nach Gebrauch wieder zu entfernen, sonst wundern Sie sich später, weshalb nicht alle Datensätze erscheinen.

Schritt 4

Nun müssen Sie den Brief fertig gestalten und die entsprechenden Seriendruckfelder (Daten-felder) einfügen.

Im Golf Club Pilatus sind die Mitglieder alle per «Du». Die Anrede ist deshalb bei Herren z.B. «Lieber Peter» und bei Frauen z.B. «Liebe Andrea». Dies kann man in unserem Beispiel rela-tiv einfach mit der Regel «Wenn... dann... sonst...» lösen.

Schritt 5 und Schritt 6

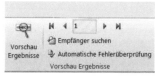

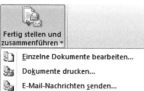

Wenn Sie Ihren Brief fertig erstellt haben, können Sie auf die **Vorschau Ergebnisse** klicken und durch die einzelnen Dokumente blättern.

Prüfen Sie die Dokumente vor dem Ausdruck gut. Über den Befehl **Einzelne Dokumente bearbeiten**... erstellen Sie einen elektronischen Ausdruck. Es entsteht eine neue Datei mit dem Namen «Seriendruck1».

Als Finanzchefin/Finanzchef des Golf Clubs Pilatus sind Sie auch für die Jahresbeiträge verant-wortlich. Sie schreiben diesen Brief ausnahmsweise in der Sie-Form. Öffnen Sie den Brief «Auf-gabe 80.docx».

Aufgabe 80

Briefbeispiel

Der folgende Serienbrief enthält die Felder «Anrede», «Vorname», «Name», «Strasse», «Postleit-zahl», «Ort», die Briefanrede (Grusszeile) sowie variable Textstellen. Diese ändern sich je nach-dem, ob die angeschriebene Person Aktiv-, Passiv- oder Freimitglied ist. Diese Textstellen sind also an eine Bedingung geknüpft.

Briefanrede (Grusszeile)

Register	Sendungen
Gruppe	Felder schreiben und einfügen
Befehl	Grusszeile einfügen

Zum Einfügen der Briefanrede (in Word Grusszeile genannt) steht Ihnen ein Assistent zur Verfügung.

Einfügen der Briefanrede mit dem Assistenten Grusszeile

Der Assistent wandelt die Angaben automatisch in eine Feldfunktion mit den entsprechenden Befehlen um.

▶ Weitere variable Texte einfügen (Befehl Regeln)

Die wichtigsten Möglichkeiten, um variable Texte in Seriendokumente einzufügen, finden Sie unter dem Befehl **Regeln**.

Register	Sendungen
Gruppe	Felder schreiben und einfügen
Befehl	Dropdownmenü Regeln

Tipp: Textmarken dienen dazu, bestimmte Textstellen schneller zu erreichen, z.B. mit dem Befehl **Gehe zu**. Mit Textmarken können Sie auch **Querverweise** zu Textstellen einfügen. Auch in Serienbriefen benötigen Sie gelegentlich Textmarken, beispielsweise, wenn Sie das Bedingungsfeld **Frage (ask)** verwenden. Eine weitere Verwendung finden Textmarken in Formularen.

Um eine Textmarke einzufügen, öffnen Sie das Register **Einfügen** und wählen aus der Gruppe **Hyperlinks** den Befehl **Textmarke**. In der Dialogbox können Sie der Textmarke dann einen Namen zuordnen.

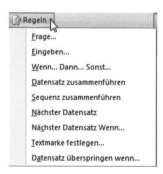

Frage (ask): Es wird in einer Dialogbox eine Eingabeaufforderung angezeigt, in die Sie individuelle Angaben eintragen können. Die Eingabeaufforderung kann jedes Mal angezeigt werden, wenn ein neuer Datensatz mit dem Hauptdokument verbunden wird. Bei einem ASK-Feld wird der Name einer Textmarke anstelle der Eingabe verwendet. Damit Word die Eingabe druckt, muss also eine Textmarke erstellt werden.

Eingeben (fillin): Ein FILLIN-Feld entspricht weitgehend einem ASK-Feld. Der Text wird allerdings an der Stelle gedruckt, an der das FILLIN-Feld im Dokument steht, und ist nicht von einer Textmarke abhängig.

Wenn... Dann... Sonst...(if): IF-Felder führen abhängig von den angegebenen Bedingungen einen von zwei Vorschlägen aus, wobei einer davon auch leer sein kann. Beispielsweise kann in unserem Briefbeispiel der Jahresbeitrag für Aktiv-, Passiv- und Freimitglieder mit einem IF-Feld in den Brief eingefügt werden. Wenn Passivmitglied, dann CHF 180.– , sonst CHF 260.–.

(Datensatz zusammenführen (MergeRec): Das Feld MergeRec dient dazu, in jedem Seriendruckdokument die Nummer des jeweiligen Datensatzes zu drucken. Beispielsweise könnten Sie mit dieser Feldfunktion automatisch eine Rechnungsnummer generieren, indem Sie die vom MergeRec-Feld zurückgegebene Nummer mit dem Printdatum verbinden:

Beispiel Rechnungsnummer:
{ = {PRINTDATE \@ "ddMMyyHHmm"} + {MERGEREC}}

Sequenz zusammenführen (MergeSeq): Ermittelt die Anzahl Datensätze, die mit dem Hauptdokument verbunden wurden. Die Nummer kann sich von der durch das MergeRec-Feld eingefügten Nummer unterscheiden.

Nächster Datensatz (next): Dient dazu, den nächsten Datensatz mit dem aktuellen Serienbriefdokument zu verbinden, anstatt ein neues Dokument zu erstellen. Der Befehl ist beispielsweise bei Adressetiketten notwendig, weil sonst auf einem Etikettenbogen immer die gleiche Adresse gedruckt würde.

Nächster Datensatz Wenn … (NextIf): Vergleicht zwei Ausdrücke. Liefert der Vergleich das Ergebnis «wahr», verbindet Word den nächsten Datensatz mit dem aktuellen Seriendokument. Liefert der Vergleich «falsch», verbindet Word den nächsten Datensatz mit einem neuen Seriendokument.

Textmarke festlegen … (set): Ein SET-Feld weist einer Textmarke einen Wert (Text oder Zahl) zu. Dazu muss im Hauptdokument ein Textmarkenfeld eingefügt werden. Der Wert wird in allen Dokumenten wiederholt, bis ein neuer Wert eingegeben wird.

Datensatz überspringen wenn … (SkipIf): Das SkipIf-Feld vergleicht zwei Ausdrücke. Wenn der Vergleich wahr ist, überspringt das SkipIf-Feld das aktuelle Seriendokument und geht zum nächsten Datensatz in der Datenquelle. Wenn der Vergleich falsch ist, setzt Word die Erstellung des aktuellen Seriendokuments fort.

Wenn…Dann…Sonst…-Funktion

Die Datenliste Mitglieder.xlsx hat unter Code drei Mitgliedergruppen eingetragen, nämlich Aktiv-, Passiv- und Freimitglieder. Sie bezahlen einen unterschiedlichen Jahresbeitrag. Um nun im Brief den Jahresbeitrag einzutragen, benötigen Sie eine **Wenn…Dann…Sonst…-Funktion.** Damit der Befehlsaufbau auf einfache Art möglich ist, kann der Befehl in einer Dialogbox eingegeben werden. Allerdings beschränkt sich diese Dialogbox auf zwei Bedingungen. Mehrfachbedingungen lassen sich auch verschachteln. In unserem Beispiel ist es aber der einfachere Weg, wenn Sie drei Einfachbedingungen definieren:

- Wenn Passivmitglied, dann folgt der Satz: «Wir bitten Sie, uns den Betrag von CHF 800.– bis Ende Mai zu überweisen.»
- Wenn Aktivmitglied, dann folgt der Satz: «Wir bitten Sie, uns den Betrag von CHF 1500.– bis Ende Mai zu überweisen.»
- Wenn Freimitglied, dann folgt der Satz: «Als Freimitglied bezahlen Sie keinen Mitgliederbeitrag.»

Tipp: Häufige Verwendung findet die Wenn…Dann…Sonst… -Regel, weshalb wir anhand des Briefes auf S. 205 näher darauf eingehen.

► Festlegen des Mitgliederbeitrages

In Word geben Sie dazu in die Dialogbox **Bedingungsfeld einfügen: WENN** die entsprechenden Texte ein. Stellen Sie dazu den Cursor an die Stelle, an die der bedingte Text eingefügt werden soll. Das folgende Beispiel zeigt Eingaben für Passivmitglieder. Das gleiche Vorgehen wählen Sie für Aktiv- und Freimitglieder. Wichtig ist, auf die Leerschläge zu achten, sonst haben variable Texte an einzelnen Stellen zwei anstatt nur einen Leerschlag.

Vergleich:

Gleich
Gleich
Ungleich
Kleiner als
Größer als
Kleiner oder gleich
Größer oder gleich
ist leer
ist nicht leer

Diese Vergleichsoperatoren stehen zur Verfügung.

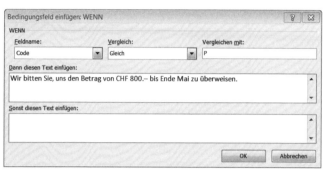

Bedingungstext für Passivmitglieder einfügen

Diese Eingabe wird nun in den entsprechenden Programmiercode umgewandelt und als Feldfunktion im Serienbrief eingetragen. Der ganze Code, um die Mitgliederbeiträge zu ermitteln, sieht in Word so aus:

·{·IF·{·MERGEFIELD·Code·}·=·"P"·"Wir·bitten·Sie,·uns·den·Betrag·von·CHF·800.—·bis·Ende·Mai·zu·überweisen."·""·}{·IF·{·MERGEFIELD·Code·}·=·"A"·"Wir·bitten·Sie,·uns·den·Betrag·von·CHF·1'500.—·bis·Ende·Mai·zu·überweisen."·""·}{·IF·{·MERGEFIELD·Code·}·=·"F"·"Als·Freimitglied·bezahlen·Sie·keinen·Mitgliederbeitrag."·""·}¶

Die beiden "" am Ende jeder Bedingung bedeuten, dass kein **Sonst-Text** definiert ist, sie könnten aber auch weggelassen werden.

► Beilage des Einzahlungsscheins

Eine weitere Bedingung im Text betrifft die Beilage. Bei Aktiv- und Passivmitgliedern liegt ein Einzahlungsschein bei, während bei Freimitgliedern die Beilage wegfällt. Der Code lautet folgendermassen und kann ebenfalls in der Dialogbox **Bedingungsfeld einfügen: WENN** erstellt werden:

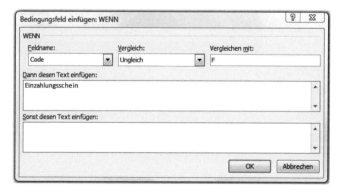

Vorschau des Seriendruckes

Es lohnt sich, nach dem Erstellen eines Seriendruckes nicht gleich mit dem Ausdruck zu beginnen. In der Gruppe **Fertigstellen und Zusammenführen** klicken Sie auf den Befehl **Einzelne Dokumente bearbeiten.**

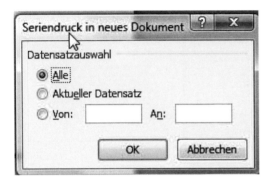

Register	Sendungen
Gruppe	Fertigstellen und Zusammen- führen
Befehl	Einzelne Dokumente bearbeiten

Einen elektronischen Ausdruck erstellen

In der Dialogbox können Sie nun wählen, welche Datensätze gedruckt werden sollen. Es entsteht ein elektronischer Ausdruck, der den Dateinamen «Serienbrief» erhält. Beim jedem neuen elektronischen Ausdruck wird die Zahl im Dateinamen jeweils um eins erhöht.

Sofern das Dokument einwandfrei und fehlerlos ist, können Sie die Datei direkt ausdrucken, oder Sie wählen **Fertigstellen und Zusammenführen > Dokument drucken.**

Dokumente auf Fehler prüfen

Bei komplexen Seriendokumenten mit vielen Programmiereinträgen, Variablen und Befehlen kommt es oft vor, dass sich Fehler in der Syntax einschleichen. Deshalb haben Sie die Möglichkeit, Seriendrucke auf Fehler zu überprüfen. In der Dialogbox haben Sie drei Möglichkeiten, die Bildschirmausgabe der gefundenen Fehler zu bestimmen.

Register	Sendungen
Gruppe	Vorschau Ergebnisse
Befehl	Automatische Fehlerprüfung

Seriendrucke auf Fehler überprüfen

Meldung einer fehlerhaften Syntax

Dialogbox zum Starten der Fehlerprüfung

Wenn Fehler vorhanden sind, korrigieren Sie den Fehler im Hauptdokument, danach überprüfen Sie das Dokument erneut.

Adressblock

Register	**Sendungen**
Gruppe	Felder schreiben und einfügen
Befehl	Adressblock

Einen Adressblock einfügen

Im Brief auf S. 205 wurden die Adressfelder einzeln im Hauptdokument bestimmt. Word bietet die Möglichkeit, diese Felder in ein einzelnes Feld **Adressblock** zu integrieren.

Einen Adressblock einfügen. Auf der linken Seite der Box wählen Sie
das Format, rechts erkennen Sie die Vorschau aufgrund des gewählten Datensatzes.

«Adresse»¶

¶

¶

Eintrag des Adressblockes im Hauptdokument

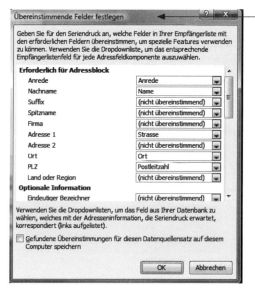

Dialogbox, in die eingetragen wird, welche Felder
in den Adressblock aufgenommen werden

Microsoft bestimmt feste Feldnamen für den Adressblock. Sie finden sie auf der linken Seite der Box. Weil in unserer Datenliste das Feld Adresse1 nicht vorkommt, müssen Sie bestimmen, welches Feld aus der Datenliste anstelle von Adresse1 übernommen werden soll. In unserem Beispiel heisst das Feld **Strasse.** Anstatt PLZ steht in unserer Datenbank **Postleitzahl.**

Die Adresse erscheint im Seriendokument entsprechend der oben gezeigten Vorschau.

Erstellen Sie in Excel eine kleine Datenliste mit fünf Geschäftsadressen. Zudem soll ein Daten- feld vorhanden sein, in welchem eingetragen ist, seit wann der Briefempfänger bei uns Kunde ist. Langjährige Kunden erhalten zehn Prozent Rabatt. Achten Sie also darauf, dass langjähri- ge Kunden, aber auch Kunden, die erst seit Kurzem bei uns einkaufen, in der Datenliste vorkommen. Adresse1 und Adresse2 sind Datenfelder für Strasse, Postleitzahl usw. Der weit gefasste Feldname ist oft dynamischer als eng gefasste Feldnamen. Erstellen Sie den folgen- den Werbebrief, verbinden Sie die Felder mit der Datenliste und drucken Sie die fünf Briefe elektronisch.

Aufgabe 81

Brieflogo

«Firma»
«Adresse1»
«Adresse2»
«Postleitzahl» «Ort»

Rotkreuz, 30. August 20..

Jahreskatalog 20..

Sehr geehrte Damen und Herren

Viele unserer Kunden haben ihn sehnlichst erwartet. Nun ist er da – unser Jahreskatalog 20.. Sie werden von den vielen Neuheiten und Sonderangeboten begeistert sein. Als Vor- geschmack erhalten Sie einen kleinen Sonderausdruck.

Sie können den Jahreskatalog .. sofort bestellen. Verwenden Sie das beiliegende Faxformular, oder füllen Sie das Bestellformular auf unserer Homepage http://www.olympusversand.ch aus. Spätestens am 10. September 20.. halten Sie den neuen Katalog bereits in Ihren Händen.

Sie sind seit vielen Jahren bei uns Kunde. Ihre Treue schätzen wir sehr. Als Dank dafür erhalten Sie bis zum 10. Oktober auf allen Bestellungen 10 % Rabatt.

Freundliche Grüsse

OLYMPUS-VERSAND

Beate Pfister

Faxformular
Auszug aus dem neuen Katalog

7.4 Etikettendruck

Register	**Sendungen**
Gruppe	**Erstellen**
Befehl	Beschriftungen

Etikettendruck für Einzeletiketten starten

Sie haben in Word die Möglichkeit, einzelne Etiketten, einen ganzen Etikettenbogen mit der gleichen Adresse oder Etiketten als Seriendruck zu erstellen.

Einzelne Etiketten drucken

Sie erhalten folgende Dialogbox auf dem Bildschirm:

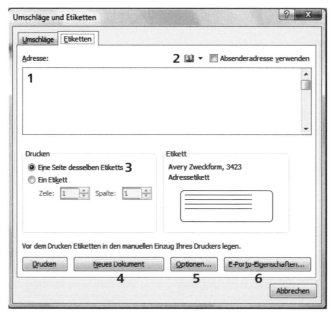

1 Eingabe der Adresse

2 Adressen aus Outlook einlesen

3 Sie bestimmen, ob eine einzelne Adresse gedruckt wird oder ein ganzer Bogen mit der gleichen Adresse.

4 Der Bogen wird in einer neuen elektronischen Datei mit dem Namen Adressetiketten1 erstellt.

5 In den Optionen können Sie aus verschiedenen im Handel verbreiteten Etiketten auswählen (siehe dazu Etiketten als Seriendruck) oder die genauen Masse eines Druckbogens festlegen.

6 E-Porto-Eigenschaften werden in der Schweiz nicht unterstützt.

Etiketten als Seriendruck

Nach dem Start erhalten Sie folgende Dialogbox auf dem Bildschirm:

Auswahl des verwendeten Etikettenbogens

Register	**Sendungen**
Gruppe	**Seriendruck starten**
Befehl	Etiketten

Etiketten als Seriendruck starten

1 Bestimmen Sie die Art des Druckers.

2 Bestimmen Sie den Druckerschacht, aus welchem die Etikettenbogen eingezogen werden sollen.

3 Sie können aus verschiedenen Herstellern von Druckbogen auswählen.

4 Häufig verwendete Etiketten des Herstellers befinden sich hier zur Auswahl.

5 Sollten die Etikettenbogen, welche Sie verwenden, nicht aufgeführt sein, müssen Sie die Masse eingeben.

Einrichten eines neuen Etikettenbogens

Sie müssen die Masse des Etikettenbogens ganz genau bestimmen, damit der Druck einwandfrei erfolgt. Erstellen Sie also unbedingt einen elektronischen Ausdruck, bevor Sie die Etikettenbogen bedrucken.

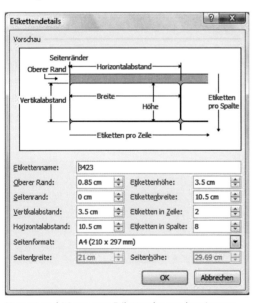

Namen und Masse von Etikettenbogen bestimmen

Geben Sie einen aussagekräftigen Etikettennamen ein. Sie müssen die Einstellungen nur einmal vornehmen und können bei weiteren Verwendungen gleichartiger Etikettenbogen in der Dialogbox **Datensätze einrichten** dann jeweils die entsprechenden Bogen auswählen, indem Sie auf den Etikettennamen klicken.

Der Etikettenbogen wird in einem Dokument als Tabelle gespeichert. Fügen Sie in die erste Adressetikette die gewünschten Adressfelder als Seriendruckfelder ein, genau wie beim Serienbrief. Allerdings müssen Sie anschliessend noch Ihre Eintragungen in die anderen Felder kopieren, indem Sie den Befehl **Etiketten aktualisieren** anklicken. Vor jedem neuen Datensatz wird dabei die Funktion **Nächster Datensatz** eingetragen, damit kein Seitenwechsel erfolgt.

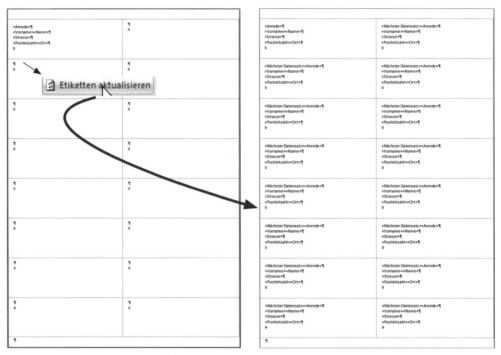

Angaben aus der ersten Etikette auf die restlichen Etiketten des Bogens übertragen. Diesen Vorgang müssen Sie wiederholen, wenn Sie die erste Etikette nachträglich verändern.

Wenn Sie den Etikettenbogen kreiert haben, lohnt es sich, den Bogen zu speichern. Sie müssen dann das ganze Prozedere beim nächsten Versand nicht mehr wiederholen. Die Weiterverarbeitung bis zum Druck erfolgt genau gleich wie beim Serienbrief.

7.5 Druck von Briefumschlägen

Bei den Briefumschlägen haben Sie drei Druckmöglichkeiten. Sie können einen einzelnen Briefumschlag, einen Briefumschlag zu einem Dokument oder einen Seriendruck erzeugen. Das Drucken einzelner Briefumschläge erfolgt über diese Dialogbox.

Register	**Sendungen**
Gruppe	Erstellen
Befehl	Umschläge

Einzelne Briefumschläge drucken

1 Sie können die Empfängeradresse aus Outlook importieren.

2 Sie tippen die Empfängeradresse ein.

3 In der Schweiz nicht unterstützt.

4 Geben Sie die Absenderadresse ein oder importieren Sie die Adresse aus Outlook. Sie können die Absenderangaben auch weglassen.

5 Wählen Sie **Drucken,** wenn ein einzelner Briefumschlag gedruckt werden soll. Beachten Sie aber, dass vorher unbedingt die Optionen (Einzug, Position) definiert werden müssen.

6 Wählen Sie **Zum Dokument hinzufügen,** wenn der Umschlag zu einem Dokument als separate Seite hinzugefügt werden soll. Beachten Sie auch hier unbedingt die Optionen.

7 Optionen für Umschlag und Druck (siehe nachfolgende Screenshots).

Die Zufuhrmethode ist abhängig von Ihrem Drucker. Überlegen Sie genau, wie der Umschlag in den Drucker eingeführt werden muss. Häufig findet man auch entsprechende Angaben auf dem Drucker selbst. Wenn Sie zum ersten Mal Briefumschläge drucken, so verwenden Sie für die Probe am besten ein Blatt Papier, auf dem Sie die Oberseite mit einem Schreibzeug markieren.

Umschlag- und Druckoptionen bestimmen

Register	**Sendungen**
Gruppe	Seriendruck starten
Befehl	Umschläge

Einzelne Briefumschläge drucken

Das Register **Umschlagoptionen** ist beim Seriendruck etwas anders als bei einzelnen Umschlägen. Sie bestimmen die Schriftart und die Abstände in der Dialogbox. Die Druckoptionen sind genau gleich wie bei den Einzelbriefumschlägen.

1 Umschlagformat

2 Bestimmen Sie hier die Schriftart der Empfängeradresse und der Absenderadresse.

3 Platzieren Sie hier Empfänger- und Absenderadresse. Beachten Sie die Vorschau. Die genaue Ausrichtung können Sie später auch noch in den Textfeldern des Briefumschlages korrigieren.

Für die Absender- und Empfängerangaben werden Textfelder in den Briefumschlag eingefügt. Dies geschieht genau gleich wie bei einem Serienbrief.

«Anrede»¶
«Vorname»«Name»¶
«Strasse»¶
«Postleitzahl»·«Ort»¶

Textfeld für die Beschriftung der Empfängeradresse mit den Seriendruckfeldern

7.6   Verzeichnisse erstellen

Mit der Seriendruckfunktion **Verzeichnis** können Sie aus einer Datenbank oder einer Tabelle eine Liste erstellen. Sie bestimmen, welche Felder in der Liste erscheinen sollen und welche Sie beispielsweise aus Datenschutzgründen nicht veröffentlichen wollen. Auch können Sie die Reihenfolge der gewählten Datenfelder frei bestimmen.

Aus der Datenliste des Golf Clubs Pilatus (**Mitglieder.xlsx** auf der CD) soll eine Mitgliederliste erstellt werden. Gehen Sie wie folgt vor:

Register	**Sendungen**
Gruppe	Seriendruck starten
Befehl	Verzeichnis

Verzeichnisse erstellen

- Wählen Sie aus **Seriendruck starten** den Eintrag **Verzeichnis**. Der Unterschied zum Brief als Seriendruck liegt darin, dass kein Abschnittwechsel erfolgt. Der Befehl **Nächster Datensatz (Next)** ist nicht notwendig.
- Wählen Sie als Seitenformat das Querformat, damit die Spalten genügend Platz finden.
- Fügen Sie nun die notwendigen Tabellenfelder ein. Der Titel und die Überschrift gehören in die Kopfzeile, sonst wiederholen sie sich nach jedem Datensatz. Gestalten Sie die Tabelle anschliessend nach Ihren Wünschen.

	Anrede	Vorname	Name	Strasse
Kopfzeile	«Anrede»	«Vorname»	«Name»	«Strasse»

Dieser Text gehört in die Kopfzeile.

Tragen Sie die Felder in die entsprechenden Zellen ein.

- **Achtung:** Das Geburtsdatum wird in englischer Form ins Verzeichnis eingetragen, auch wenn Sie in Excel das Format richtig bestimmt haben. Dies können Sie verhindern, indem Sie dem Feld ein Datumsformat hinzufügen. Das Feld mit dem Geburtsdatum erhält also folgenden Eintrag:

{MERGEFIELD·"Geburtsdatum"·\@·"DD.MM.YYYY"}

- Sie können nun den Seriendruck starten.

7.7   E-Mail-Seriendruck

Register	**Sendungen**
Gruppe	**Seriendruck starten**
Befehl	Seriendruck-Assistent mit Schritt-für-Schritt-Anweisungen

Seriendruck-Assistenten starten

Nicht nur für Briefe eignet sich der Seriendruck, ebenso lässt sich damit eine grosse Anzahl von E-Mails personalisieren und versenden. Wir zeigen Ihnen anhand des Seriendruck-Assistenten, wie dabei vorzugehen ist.

Schritt 1

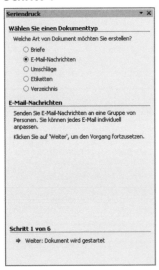

Als Dokumententyp wählen Sie E-Mail-Nachrichten.

Schritt 2

Sie können wählen, ob Sie das aktuelle Dokument, ein vorhandenes Dokument oder eine Dokumentvorlage als Ausgangspunkt verwenden wollen.

Schritt 3

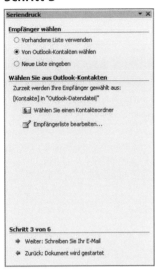

Bestimmen Sie, woher die Adressen eingelesen werden (in unserem Beispiel aus Outlook-Kontakten).

Wählen Sie die Outlook-Kontaktdatei.

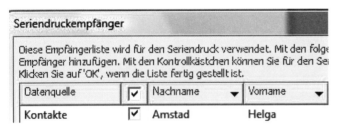

Bestimmen Sie die Seriendruckempfänger, indem Sie ein Häkchen setzen oder löschen.

Schritt 4

Geben Sie nun den Text Ihres Mails ins Dokument ein.

«Anrede»

Ich bin für sechs Wochen in Kanada und kann deshalb Eure Mails während dieser Zeit nicht beantworten. Ich freue mich auf unser Wiedersehen.

Herzliche Grüsse

Beat

Geben Sie die Seriendruckfelder ein, sofern Felder eingefügt werden müssen.

Eine Grusszeile in die E-Mails einfügen

Schritt 5

Vorschau des Textes, in welchem natürlich wiederum Feldfunktionen eingefügt sein könnten. Es werden die Datensatznummern der tatsächlichen Empfänger angezeigt.

Sie können auch in Schritt 5 den Empfängerkreis Ihres E-Mails noch ändern.

Schritt 6

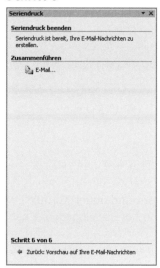

Das Programm ist nun bereit, die E-Mails zu erstellen. In einer weiteren Dialogbox müssen jedoch noch einige Angaben in den Nachrichtenoptionen gemacht werden.

Nachrichtenoptionen

1 Geben Sie unbedingt eine Betreffzeile ein, damit alle Mails mit dieser Zeile versehen werden.

2 Wählen Sie, ob das Mail im Nur-Text-Format oder im HTML-Format versandt werden soll.

3 Nachdem Sie die Seriendruckempfänger bereits in Schritt 3 bestimmt haben, können Sie hier den Vorschlag **Alle** übernehmen.

Die E-Mails erscheinen nun einzeln im Postausgang und können aus Outlook versandt werden.

Seriendruck-Mails im Postausgang

Erstellen Sie aus der Datei Aufgabe 82.xlsx, welche sich auf der CD zum Lehrmittel befindet,

Aufgabe 82

a) Etiketten an alle Mitglieder,
b) Briefumschläge im Format C5 für Mitglieder, welche in Zürich wohnen.

Richten Sie in Outlook fünf Lieferantenadressen mit E-Mail-Adresse ein (die Adressen sollten nicht realistisch sein, Sie können das korrekte Funktionieren auch sonst überprüfen).

Aufgabe 83

Gehen Sie wie folgt vor:

1. Öffnen Sie das Programm Outlook und wählen Sie Kontakte.
2. Klicken Sie auf **Neu...** und erfassen Sie die Adressen; für unsere Übung reichen Name und E-Mail; klicken Sie auf **Speichern und neuer Kontakt,** wenn Sie weitere Adressen erfassen wollen. Wenn Sie die letzte Adresse eingegeben haben, klicken Sie auf **Speichern & schliessen.**
3. Beenden Sie Outlook und starten Sie Word. Öffnen Sie das Register **Sendungen** und wählen Sie in der Gruppe **Seriendruck starten** den Seriendruck-Assistenten.

Senden Sie ein Seriendruck-E-Mail an diese Adressen, in welchem Sie beispielsweise auf einen «Tag der offenen Tür» oder «Betriebsferien» aufmerksam machen.

Richten Sie eine neue Adressliste mit fünf Geschäftsadressen direkt in Word ein (mdb-Datei).

Aufgabe 84

Datenfelder: Firmenname, Adresszeile1, Adresszeile2, Postleitzahl und Ort.
Erstellen Sie Briefumschläge C 6/5, wobei als Absender das Trias-Symbol (auf der CD) und der Text STV – Schweizerische Trias Vereinigung stehen:

Beispiel: Briefumschlag mit Logo

Zusätzliche wichtige Word-Funktionen

8

8.1 Entwicklertools/Formulare

Schalt-fläche	Datei
Befehl	Optionen
Befehl	Menüband anpassen
Befehl	Entwicklertools aktivieren

Register Entwicklertools einschalten

In Word können Sie einfache Programmcodes entwickeln, Formulare erstellen und als Dokumentvorlage speichern. Damit Ihnen die Werkzeuge zur Verfügung stehen, müssen Sie in den Word-Optionen die Registerkarte **Entwicklertools** eingeschaltet haben.

Achten Sie darauf, dass das Häkchen **Entwicklertools** gesetzt ist.

Das Menüband Entwicklertools

Wie der Name sagt, findet man in diesem Menüband Werkzeuge, um in Word spezielle Anwendungen zu entwickeln (Erweiterungsmöglichkeiten). Dazu kann aus dieser Leiste das einfache Programmierwerkzeug Visual Basic aufgerufen oder es können XML-Strukturen organisiert werden. Solche Strukturen dienen beispielsweise dem Datenaustausch zwischen Office-Programmen und zwischen Office und anderen Anwendungen. Es würde zu weit führen, in diesem Lehrgang die Möglichkeiten zu beschreiben. Um sie wirkungsvoll zu nutzen, benötigt man gute Programmierkenntnisse. Einfache Formulare aber kann jeder Benutzer entwickeln. Dazu benutzen Sie die Befehle für Formulare aus Vorversionen im Menüband Entwicklertools.

Für die Formularentwicklung benötigen Sie die Gruppen **Steuerelemente** und **Schützen** aus den Entwicklertools:

1 Inhaltssteuerelemente. Sie können solche Elemente in Formularen, aber auch in anderen Vorlagen einfügen (siehe Formularbeispiel auf der folgenden Seite).

2 Es öffnen sich Befehle für Formulare aus Vorversionen und ActiveX-Steuerelemente. ActiveX-Steuerelemente benötigt man im Zusammenhang mit Visual-Basic-Code. Für die Entwicklung von Formularen sind die Steuerelemente Formulare aus Vorversionen wichtig.

3 Schaltet in den Entwurfmodus um.

4 Formulare müssen, bevor sie ausgefüllt werden können, geschützt werden.

5 Formularfelder von links nach rechts (Formulare aus Vorversionen): Textfeld, Kontrollkästchen, Kombinationsfeld (Dropdown-Formularfeld), Horizontalen Rahmen einfügen, Feldschattierung anzeigen, Formularfelder zurücksetzen.

Formularbeispiel

Das Beispiel zeigt Ihnen einen als einfaches Formular gestalteten Kurzbrief. Mit Spezialsoftware ist es selbstverständlich möglich, ganze Auftragsabwicklungen zu organisieren. Kurzbriefe, Spesenabrechnungen, Urlaubsgesuche usw. können aber auch in mittleren oder grösseren Unternehmen mit Office-Formularen organisiert werden. Zudem kennt Office eine weitere Software, nämlich **Office 2010 Infopath,** welche in Zusammenarbeit mit **Microsoft SharePoint Server** eine leistungsfähige Formularorganisation in einem Unternehmen ermöglicht. **InfoPath** ist aber nicht automatisch mit jeder Office-Version erhältlich.

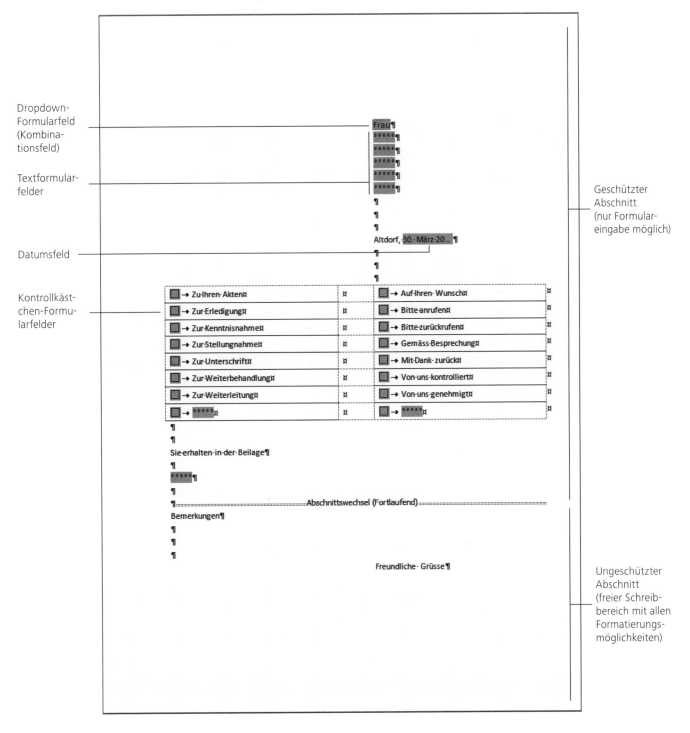

Vorversionstools

Um ein Formularsteuerelement einzufügen, setzen Sie den Cursor an die gewünschte Stelle, dann öffnen Sie in der Gruppe **Steuerelemente** das Dropdownmenü der Vorversionstools. Wählen Sie das entsprechende Formularfeld. Sie können über den Befehl **Eigenschaften** die Optionen in den Feldern definieren.

Im Formular auf Seite 225 wurden die nachfolgend beschriebenen Steuerelemente eingefügt.

▶ Dropdown-Formularfeld (Kombinationsfeld)

Als Dropdown-Elemente wurden die Anreden Frau und Herr hinzugefügt.

Tipp: Mit einem Doppelklick auf ein Formularfeld kann ebenfalls die Dialogbox Optionen geöffnet werden.

▶ Textformularfelder

In unserem Beispiel befinden sich verschiedene Textformularfelder. Textformularfelder können folgende Eigenschaften (Optionen) aufweisen:

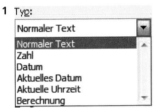

Typ: Bestimmen Sie, welcher Feldtyp dem Formularfeld zugeordnet wird. Aufgrund dieser Auswahl werden Eingaben beschränkt. Die Bildschirmkopie links zeigt die möglichen Feldtypen.

2 In einem Feld kann ein Standardtext eingetragen werden.

3 Sie können die Anzahl Zeichen, die in einem Formularfeld eingegeben werden können, beschränken. Dies ist beispielsweise wichtig, damit ein Formular nicht plötzlich unbeabsichtigt auf eine zweite Seite umbricht.

4 Sie können aus vier Textformaten auswählen: **Grossbuchstaben, Kleinbuchstaben, Satzanfang gross** oder **Erster Buchstabe gross.**

5 Makros sind kleine Programme in VisualBasic (Befehlsabkürzungen). Beispielsweise könnten Sie durch das Starten eines Makros in einem Formular bestimmen, dass automatisch nach dem Ausfüllen des letzten Formularfeldes ein Ausdruck des Formulars erfolgt.

6 Ein Formularfeld erhält automatisch eine Textmarke (ausgenommen, wenn Sie ein Formularfeld kopieren).

7 In Word müssen Berechnungen in Feldern immer aktualisiert werden. Dies geschieht automatisch, wenn Sie hier ein Häkchen setzen.

8 In Formularen können Sie dem Benutzer einen Text zur Hilfestellung beim Ausfüllen der einzelnen Felder mitgeben. In einer Dialogbox bestimmen Sie, ob die Hilfestellung in der Statusleiste oder beim Drücken der F1-Taste erscheint.

▶ Datumsfeld

Im Textformularfeld-Typ können Sie zwar ein Datum setzen und das Datumsformat bestimmen. Damit wird aber bei jedem Öffnen des Dokuments das aktuelle Datum gesetzt. Besser setzen Sie hier ein Datumsfeld über die Feldfunktionen, die Sie in der Registerkarte **Einfügen**, Gruppe **Schnellbausteine, Feld** wählen. Die Funktion **CreateDate** setzt das Datum, an welchem das Dokument erstellt wurde.

▶ Kontrollkästchen-Formularfelder

In Kontrollkästchen-Formularfeldern können Sie folgende Optionen eingeben:

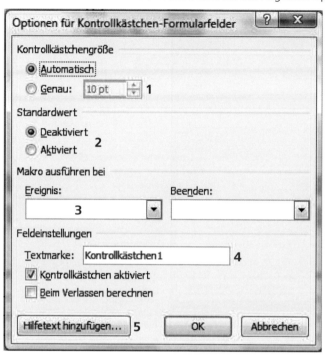

1 Die Grösse eines Kästchens kann vom Programm automatisch entsprechend der gewählten Schriftgrösse angepasst werden. Sie können aber die Grösse des Kästchens auch individuell bestimmen.

2 Sie können bestimmen, ob ein Kästchen aktiviert (mit Häkchen versehen) oder deaktiviert im Formular erscheinen soll.

3 Entspricht den Makros von Textformularfeldern.

4 Es wird automatisch eine Textmarke gesetzt.

5 Siehe Textformularfeld.

Formular testen, schützen und mit Passwort versehen

Register	**Entwicklertools**
Gruppe	Schützen
Befehl	Formatierung und Bearbeitung einschränken

Schutz des Formulars starten. Es öffnet sich der Aufgabenbereich, worin Sie die Feineinstellungen vornehmen können.

Bevor Sie das Formular freigeben und mit einem Passwort versehen, müssen Sie es ausgiebig testen. Sie können ein Formular nur ausfüllen, wenn es geschützt ist. Andernfalls werden die Felder und Textmarken bei der Texteingabe gelöscht.

Setzen Sie im Aufgabenbereich diese Einstellungen:

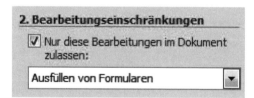

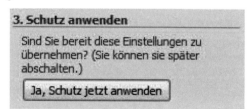

Bevor Sie das Formular ausfüllen können, verlangt Word ein Kennwort. Für den Testablauf können Sie auf das Kennwort verzichten und einfach OK anklicken. Erst wenn die Vorlage endgültig korrekt ist, speichern Sie die Dokumentvorlage mit einem Kennwort. Sie müssen es, wie bei Kennwörtern üblich, zweimal eintippen und dürfen es auf keinen Fall vergessen.

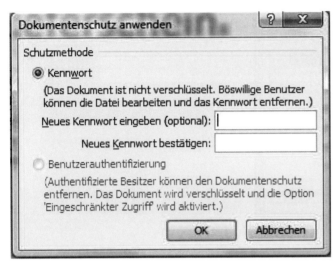

Kennwort eingeben

Füllen Sie jetzt nicht die Vorlage aus, sondern speichern Sie diese – Word sollte die Vorlage automatisch in den richtigen Ordner legen – und erstellen Sie ein neues Dokument aufgrund der Dokumentvorlage. Ein Dokument und die Formatvorlage können gleichzeitig geöffnet sein. Beachten Sie, dass Verbesserungen immer in der Formatvorlage und nicht in einem Dokument vorgenommen werden. Vorher müssen Sie den Schutz des Dokumentes wieder entfernen. Zum erneuten Test ist die Vorlage dann wieder zu speichern und ein neues Dokument zu öffnen.

▶ Formulare in geschützte und ungeschützte Abschnitte unterteilen

Gelegentlich kommt es vor, dass Sie nur Teile einer Vorlage mit Formularfeldern bestücken wollen. In einem oder mehreren Teilen der Vorlage soll der Anwender frei gestalten und damit auch formatieren können. In einem solchen Fall müssen Sie zwischen geschützten und ungeschützten Bereichen einen **Abschnittswechsel (Fortlaufend)** einfügen. Sie können im Aufgabenbereich unter **Abschnitte auswählen** bestimmen, welche Abschnitte geschützt und welche ungeschützt sein sollen.

Register	**Seitenlayout**
Gruppe	Seite einrichten
Befehl	Umbrüche
Eintrag	Abschnitts-umbrüche Fortlaufend

Einen Abschnittswechsel Fortlaufend einfügen

Im Formular auf Seite 225 wurde der erste Abschnitt geschützt, der zweite hingegen nicht. Vorteil: Alle Formatierungsmöglichkeiten stehen dem Benutzer des Formulars im ungeschützten Abschnitt zur Verfügung.

Abschnitt 1 ist geschützt. Abschnitt 2 bleibt ungeschützt.

Formulare mit Excel verknüpfen

Register	**Einfügen**
Gruppe	Text
Befehl	Objekt
Eintrag	Microsoft Excel-Arbeitsblatt

Ein Excel-Arbeitsblatt in Word einfügen

Anstatt das Formular allein mit Word zu erstellen, könnte auch ein Microsoft-Excel-Arbeitsblatt ins Formular eingelesen werden. Eine solche Tabelle kann aber nicht bearbeitet werden, wenn das Dokument vollständig geschützt ist. Das Objekt muss sich also in einem ungeschützten Abschnitt befinden.

Aufgabe 85

Erstellen Sie die Formularvorlage für den Kurzbrief auf Seite 225. Lassen Sie den Teil Bemerkungen ungeschützt (keine Textformularfelder).

Als zusätzliche Übung eignet sich die Aufgabe 42 aus dem Modul «Informationsmanagement und Administration».

8.2 Hyperlinks und Querverweise

Hyperlinks

Wenn Sie im Word-Dokument eine Textstelle markiert haben, können Sie dieser Markierung einen Hyperlink hinzufügen. Hyperlinks sind nicht nur auf Websites interessant, sie können auch in PDF-Dateien sehr sinnvoll eingesetzt werden. Wählen Sie dazu den Befehl **Einfügen > Hyperlinks > Hyperlink**. Sie erhalten diese Dialogbox:

Register	**Einfügen**
Gruppe	**Hyperlinks**
Befehl	Hyperlink

Hyperlink einfügen

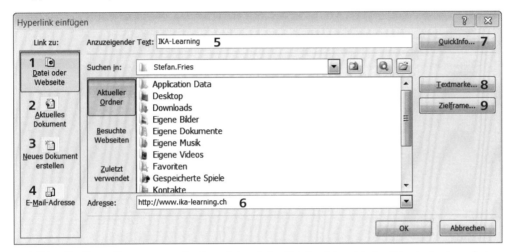

1 Wählen Sie diesen Eintrag, wenn der Hyperlink auf eine Datei auf dem lokalen PC oder in einem freigegebenen Ordner auf dem Netzwerk oder auf eine Website verweisen soll.

2 Wählen Sie diesen Eintrag, wenn der Hyperlink auf eine Stelle im aktuellen Dokument verweisen soll. Dies kann eine Textmarke, eine Überschrift oder ein Link zum Dokumentenanfang sein.

3 Wählen Sie diesen Eintrag, wenn das Dokument, auf welches Sie in einem Hyperlink verweisen wollen, neu erstellt werden muss.

4 Für einen Hyperlink auf eine E-Mail-Adresse wird dem Link mailto: vorangestellt. Bei einem Klick auf einen solchen Hyperlink öffnet sich der auf dem Rechner installierte E-Mail-Client, wobei die E-Mail-Adresse im Feld Empfänger eingetragen wird.

5 Sie können den Text, der im Dokument als Hyperlink angezeigt wird, selbst bestimmen.

6 Adresse der Datei oder Website. Der Eintrag ist bei einem Link auf eine Stelle im aktuellen Dokument nicht vorhanden.

7 Die QuickInfo kann einen Hinweis zum Hyperlink, beispielsweise den Titel der Website, enthalten. Diese QuickInfo öffnet sich, wenn der Zeiger für kurze Zeit auf dem Hyperlink verharrt.

8 Listet die im Dokument vorhandenen Textmarken auf.

9 Es ist sinnvoll, Links grundsätzlich in einem neuen Fenster des Browsers öffnen zu lassen. Es besteht damit nicht die Gefahr, dass auch andere offene Seiten mit einem einzigen Klick auf das Symbol X (Schliessen) im Browser gelöscht werden. In der Dialogbox **Zielframe bestimmen** können Sie einstellen, wie der Browser reagieren soll, und beispielsweise als Standard für das aktuelle Dokument definieren, dass sich der Link in einem neuen Fenster öffnet (Eintrag **Neues Fenster**).

Mit einem Klick auf einen Hyperlink mit der rechten Maustaste können Sie aus einem Kontextmenü auswählen, ob Sie den Link bearbeiten, auswählen (markieren), öffnen, kopieren oder entfernen wollen.

Hyperlink in einem aktuellen Dokument

Tipp: Das Format eines Hyperlinks wird in der Formatvorlage Hyperlinks abgelegt. Sie können diese Formatvorlage ändern, beispielsweise, um eine andere Farbe des Unterstreichungsstrichs zu setzen.

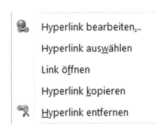

Kontextmenü beim Klick mit der rechten Maustaste auf einen Link

Querverweise

Register	**Einfügen**
Gruppe	**Hyperlinks**
Befehl	Querverweis

Einfügen eines Querverweises

Ein Querverweis ist ein Hinweis wie «zusätzliche Informationen finden Sie auf Seite …» oder «siehe auch …». Verweiselemente sind zum Beispiel Seitenzahlen, Überschriften, Tabellen oder Textmarken. Querverweise sind Felder, die Word aktualisieren kann. Wenn sich also durch nachträgliches Einfügen oder Löschen von Texten die Seitenzahl, auf die Sie verweisen, ändert, dann müssen Sie nur das Feld aktualisieren und nicht selbst Ihre Verweise kontrollieren.

Aufgabe 86

▶ Erstellen Sie in einem neuen Dokument einen Hyperlink, mit dem sich eine andere Word-Datei in einem Ordner auf Ihrem PC oder im Netz öffnen lässt.

▶ Erstellen Sie einen Hyperlink auf einer Website und versehen Sie den Link mit einer QuickInfo. Beim Klick auf den Link soll sich immer ein neues Browserfenster öffnen.

8.3   Objekte einfügen

Object Linking and Embedding

Object Linking and Embedding (OLE) heisst die Technik, mit der Objekte aus andern Programmen in Word eingebunden werden können. Voraussetzung ist, dass das Fremdprogramm die
OLE-Technik von Microsoft unterstützt, was bei allen Office-Programmen und vielen Fremd-
programmen der Fall ist. Zum Beispiel können Sie in Word eine PowerPoint-Präsentation einbetten. Mit einem Doppelklick auf das Folienfenster wird die Folie in PowerPoint bearbeitet.
Dabei öffnet sich der Menüaufbau von PowerPoint. Das fremde Programm läuft aber quasi
als Teilprogramm unter Word. Wenn bereits eine Datei vorhanden ist, können Sie auch die
Datei einfügen.

Eine weitere Möglichkeit, ein Objekt in Word einzulesen, bietet die Zwischenablage. Sie kopieren beispielsweise eine Excel-Tabelle in die Zwischenablage. Wählen Sie anschliessend **Start
> Einfügen > Inhalte einfügen.** Je nachdem, welche Möglichkeiten das Quellprogramm
unterstützt, können Sie aus verschiedenen Formaten wählen. Dabei kann das OLE-Objekt
entweder verlinkt (Object Linking) oder eingebettet (Embedding) werden. Bei einer Verlinkung
(Verknüpfung) wird nur ein Bezug auf das eingebundene Objekt erstellt und im Dokument
gespeichert. Dabei werden allfällige Änderungen der Quelldatei in die Zieldatei übernommen.
Beim Einbetten ist die Kopie nicht mit dem Quelldokument verbunden, was vor allem dann
wichtig ist, wenn die Quelldatei gelöscht oder verschoben wird. Verknüpfte Objekte brauchen
allerdings weniger Speicherplatz als eingebettete Objekte.

Register	**Einfügen**
Gruppe	Text
Befehl	Objekt

Ein Objekt einfügen

▶ **Text aus einer anderen Textdatei einlesen**
Mittels **Einfügen > Text > Objekt > Text aus Datei...** können Sie Texte aus einer vorhandenen Textdatei in Word einlesen. Es ist also nicht notwendig, dies über die Zwischenablage
zu tun. Sie können aus verschiedenen Textformaten auswählen und unter Umständen auch
Bereiche, beispielsweise Text, der mit einer Textmarke versehen ist, auswählen.

Einfügen eines Excel-Objektes verknüpft oder unverknüpft und Auswahl verschiedener Formate

8.4 Dokumente überprüfen

Word verfügt über verschiedene Arbeitshilfen, um Dokumente zu prüfen und zu überarbeiten. Diese Tools starten Sie in der Registerkarte **Überprüfen.**

Grundeinstellung für die Dokumentprüfung

Register	Datei
Befehl	Optionen
Eintrag	Dokument-prüfung

Grundeinstellungen
der Dokumentprüfung

Die Grundeinstellungen für die Überprüfung der Rechtschreibung und Grammatik von Dokumenten können Sie in den Word-Optionen vornehmen:

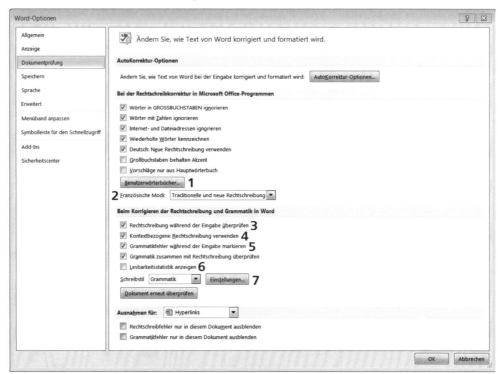

1 Neben einem Hauptwörterbuch können Sie in Word eines oder mehrere Benutzerwörterbücher anlegen. Beim Aufruf der Benutzerwörterbücher erhalten Sie diese Dialogbox:

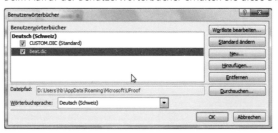

In die Datei CUSTOM.DIC werden die Wörter aus dem Benutzerwörterbuch eingetragen. Wenn Sie Wörter bei der Rechtschreibeprüfung hinzufügen, werden sie in diese Datei eingetragen, und Sie können sie löschen oder Falscheinträge wiederum korrigieren (**Wortliste bearbeiten...**). Mit **Hinzufügen** können Sie weitere Wörterbücher anlegen. Ein Eintrag erfolgt immer im Standardwörterbuch. Wenn Sie also in unserem Beispiel einen Eintrag ins Wörterbuch **beat.dic** aufnehmen wollen, so müssen Sie dieses Wörterbuch als Standard wählen. Überprüft wird immer in allen Wörterbüchern, bei denen ein Häkchen gesetzt ist.

2 Sie können in dieser Auswahl bestimmen, ob nach der traditionellen (alten) oder nach der neuen Rechtschreibung geprüft werden soll. Auch die Akzeptanz beider Formen ist möglich (traditionelle und neue Rechtschreibung. Weshalb der Titel «Französische Modi» lautet, bleibt unklar, und es handelt sich höchstwahrscheinlich um einen Programmierfehler).

3 Hier können Sie bestimmen, ob die Rechtschreibung während der Eingabe geprüft werden soll oder nicht. Wenn Sie die Rechtschreibung während der Eingabe prüfen, so werden Wörter, die nicht in den Wörterbüchern aufgeführt sind, durch eine rote Wellenlinie gekennzeichnet. Beispiel:

·und·Tierwohl· und·der·zögerliche· Umbau·von·

ıng·von·echten· ökologischen· Leistungen.· Beinahe·skandɑ

schaft· die·Gesamtbetrieblichkeit· erfolgreich· angegriffen.

4 Mittels Satzanalyse stellt Word eine kontextbezogene Korrektheit eines Wortes fest und berücksichtigt nicht nur die einzelne Wortform. Damit will das Programm nicht nur übliche Tippfehler aufspüren, sondern etwa herausfinden, ob nach einem Doppelpunkt Gross- oder Kleinschreibung folgen soll. Auch Interpunktions- und Deklinationsfehler soll die Software zuverlässig erkennen. Diese Funktion benötigt viel Arbeitsspeicher, weshalb in der Grundeinstellung bei einem PC mit weniger als 1 GB RAM das Häkchen nicht aktiviert ist.

5 Grammatikfehler werden mit einer grünen Wellenlinie markiert, wobei diese Funktion nicht überschätzt werden darf. Viele Grammatikfehler werden nicht erkannt. Beispiel eines erkannten Fehlers:

Wir·werd·Ihnen·

6 Sie können am Ende der Rechtschreibprüfung eine Lesbarkeitsstatistik aufrufen. Die Anzahl Wörter pro Satz kann interessante Aussagen liefern. Auch die Statistik für Absätze oder einzelne Sätze ist möglich, wenn Sie den Text zuerst markieren.

Wie lang ist der ideale Satz? In der Regel sind 14 Wörter genug. Vermeiden Sie Schachtelsätze, je kürzer ein Satz, desto besser kann ihn der Leser aufnehmen. Halten Sie sich aber nicht sklavisch an diese Regel, Sie dürfen auch mal längere Sätze schreiben. Mehr als 20 Wörter sollten Sätze aber nicht haben, dann wird es unverständlich.

7 Sie können Einstellungen zur Grammatikprüfung vornehmen:

Der Eintrag **Leerzeichen** zwischen Wörtern und Sätzen markiert, wenn zwei Leerschläge nacheinander vorkommen. Die **Satzlänge** wird markiert, wenn 60 Wörter im gleichen Satz stehen. Bei der **Zeichensetzung** wird nur geprüft, ob zu viele aufeinanderfolgende Satzzeichen vorkommen, also beispielsweise ein Komma und ein Punkt nacheinander gesetzt sind.

Überprüfung starten

Register	**Überprüfen**
Gruppe	**Dokument-prüfung**

Dokumentprüfung starten

Ein Wort mit einer roten Wellen-linie kann auch mit der rechten Maustaste angeklickt werden, die Möglichkeiten werden dann nicht in einer Dialogbox, sondern in einem Kontextmenü angezeigt:

Aufruf der Rechtschreibung mittels Kontextmenü

Kontextmenü, in dem Sie Text-teilen eine andere Sprache zuordnen. Unter dem Eintrag **Sprache festlegen** finden Sie weitere Sprachen, die Sie wäh-len können.

1 Wörter, die nicht in einem der Wörterbücher vorhanden sind, werden in roter Farbe geschrieben.

2 Vorschläge aus dem Wörterbuch, die übernommen werden können.

3 Wichtig ist, dass Sie die richtige Wörterbuchsprache eingeschaltet haben. Sie können die Sprache für einzelne Wörter, Absätze oder grössere Texteile umstellen, indem Sie den Text markieren und mit der rechten Maustaste das Kontextmenü aufrufen.

4 Verzweigt in die **Word-Optionen > Dokumentprüfung.**

5 Korrektur am markierten Wort verwerfen, einmal oder im ganzen Text.

6 Fügt das Wort, welches richtig ist, aber in keinem Wörterbuch erscheint, in das aktuelle Standardbe-nutzerwörterbuch (in der Regel CUSTOM.DIC) ein.

7 Vorschlag im gekennzeichneten Wort übernehmen (**Ändern**) oder im ganzen Dokument korrigieren (**Alle ändern**).

8 Ändert alle fehlerhaften Wörter im Dokument und erstellt einen Eintrag in den AutoKorrekturen.

8.5 Recherchieren/Thesaurus

Recherchieren

Mit dem Befehl **Recherchieren** können Sie ein Wort markieren und dann in verschiedenen Nachschlagewerken Informationen abrufen. Es öffnet sich eine Dialogbox im Aufgabenbereich. Ein Klick auf **Thesaurus (Synonymwörterbuch)** öffnet direkt dieses Nachschlagewerk.

1 Hier tragen Sie das Suchwort ein. Ein markiertes Wort wird automatisch auf den Befehl **Recherchieren** eingetragen.

2 Wählen Sie das Nachschlagewerk, in welchem recherchiert werden soll. Den Thesaurus (Synonymwörterbuch) gibt es leider in der deutschen Sprache nur unter Deutsch (Deutschland), nicht aber Deutsch (Schweiz). Für das Wort «gross» mit zwei s geschrieben finden Sie deshalb keine Synonyme. Weitere Nachschlagewerke werden Ihnen angezeigt, wenn Sie auf **Rechercheoptionen...** klicken.

3 Synonyme aus dem Thesaurus. Für das Wort «attraktive» werden drei Synonyme angezeigt.

4 Weitere Nachschlagewerke aktivieren.

Thesaurus im Aufgabenbereich

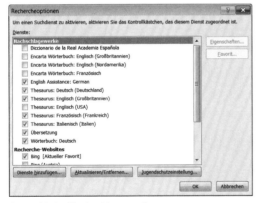

Auswahl der Nachschlagewerke,
von denen gewisse kostenpflichtig sind.

Übersetzen

Übersetzung im Aufgaben-
bereich

Stellen Sie den Cursor auf ein Wort im Text. Mit einem Klick auf **Übersetzen** haben Sie die Möglichkeit, einzelne Wörter zu übersetzen. Wichtig ist, dass Sie vorab die richtige Sprache für dieses Wort aktiviert haben. Sprachen, die nicht in Office installiert sind, können natürlich nicht übersetzt werden.

Sie können zusätzlich **QuickInfo für Übersetzung** einschalten. Wenn Sie den Cursor einen Moment auf einem Wort stehen lassen, erhalten Sie eine ausführliche Übersetzung. Beachten Sie wiederum die Spracheinstellungen. Beispiel:

> **time**
> **1.** Zeit *weiblich*, Uhrzeit *weiblich*, MUSIK Takt *männlich*, mal *sächlich*, *time after time, time and again* immer wieder ; *every time I ...* jedesmal, wenn ich ...; *how many times?* wie oft?; *next time* nächstes Mal; *this time* diesmal; *three times* dreimal; *three times four equals oder is twelve* drei mal vier ist zwölf ; *what's the time?* wie spät ist es?; *what time?* um wieviel Uhr?; *all the time* die ganze Zeit; *at all times, at any time* jederzeit; *at the time* damals; *at the same time* gleichzeitig; *at times* manchmal ; *by the time* wenn; als ; *for a time* eine Zeit lang ; *for the time being* vorläufig, fürs Erste; *from time to time* von Zeit zu Zeit; *have a good time* sich gut unterhalten *oder* amüsieren; *in time* rechtzeitig ; *in no time (at all)* im Nu; *on time* pünktlich; *some time ago* vor einiger Zeit; *take one's time* sich Zeit lassen ;
> **2.** *etwas* timen *(auch Sport);* (ab)stoppen; zeitlich abstimmen, den richtigen Zeitpunkt wählen *oder* bestimmen für

8.6 Kommentare, Nachverfolgungen, Änderungen

Ausführliche Dokumente sind oft das Ergebnis von ausführlichen und mehrmaligen Überarbeitungen, Korrekturen, Änderungsvorschlägen, neuen Formulierungen, erneuten Korrekturen usw. Oft arbeiten viele Personen an einem einzigen Dokument, bis es den Ansprüchen genügt. Word kennt verschiedene Funktionen, um die Arbeiten an einem Dokument über verschiedene Entwurfsstufen zu erleichtern. Dazu stehen Befehle in drei Gruppen zur Verfügung: **Kommentare, Nachverfolgung, Änderungen**.

Die Gruppen Kommentare, Nachverfolgung und Änderungen im Register Überprüfen.

Das·Verfahren·gilt·für·Planung·von·Informatikeinrichtungen· und·die·Benutzung·sämtlicher· Informatikanlagen· des·Verwaltungsnetzes· sowie·für·die·damit·verbundene· Anschaffung·von·Hard-· und·Software.¶

1

Kommentar [melanie1]: Ich·würde-ebenfalls·noch·den·Einsatz·von·Software· erwähnen.¶

1 Eingefügter Kommentar (Befehl **Neuer Kommentar**). Der Kommentar wird in einer Sprechblase am rechten Textgrand angezeigt. Es ist auch möglich, den Kommentar inline anzuzeigen. Die Umstellung erfolgt über den Befehl **Markup anzeigen**.

2 Ob Kommentare oder Änderungen (Markups) angezeigt werden oder nicht, können Sie mit dem Befehl **Markup anzeigen** bestimmen. Hier können Sie auch einzelne Elemente ein- und ausschalten und die Anzeigeform ändern.

melanie, 04.07.2010 08:47:00
kommentiert:
Ich würde ebenfalls noch den Einsatz von Software erwähnen.

Das·Verfahren·gilt·für·Pla
Informatikanlagen· des·Ve
und·Software.[melanie1]¶

Kommentar inline

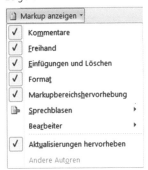

3 Anstatt lediglich einen Kommentar einzufügen, können Sie auch eine Änderung vorschlagen. Änderungen werden am Rand mit einem Strich markiert.

Das·Verfahren·gilt·für·Planung·von·Informatikeinrichtungen,· den·Einsatz·von·Software·und·die· Benutzung·sämtlicher·Informatikanlagen· des·Verwaltungsnetzes· sowie·für·die·damit·verbundene· Anschaffung·von·Hard--und·Software.¶

4 Änderungen können angenommen oder abgelehnt werden.

5 Änderungen können in einem horizontal oder vertikal angeordneten Überarbeitungsfenster angezeigt werden.

6 In dieser Auswahl können Sie bestimmen, wie Änderungen auf dem Bildschirm angezeigt werden.

8.7   Dokumente vergleichen

Register	**Überprüfen**
Gruppe	Vergleichen
Befehl	Vergleichen

Dokumente vergleichen

In Word können Sie zwei Dokumente vergleichen, um die Unterschiede aufzuzeigen. In einer Dialogbox wählen Sie das Originaldokument sowie das überarbeitete Dokument und bestimmen, welche Vergleiche vorgenommen werden sollen und wie die Änderungen angezeigt werden.

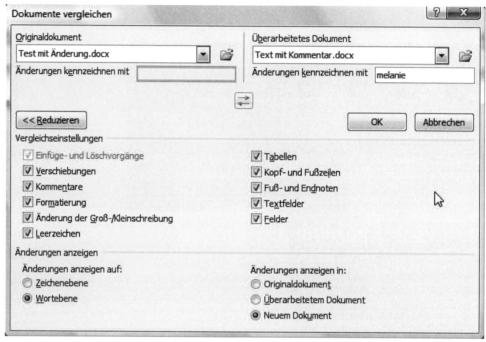

Dialogbox Dokumente vergleichen

Achtung: Wenn Sie Dokumente weitergeben, besteht immer die Gefahr, dass Überarbeitungen, Vorschläge und Korrekturen sichtbar gemacht werden können. In Word können Sie diese Änderungen entfernen. Klicken Sie dazu auf das Office-Symbol und wählen Sie im Eintrag **Vorbereiten** den Eintrag **Dokument prüfen**. Sie können anschliessend in der Dialogbox bestimmen, welche Metadateien endgültig aus dem Dokument entfernt werden sollen. Beispiel:

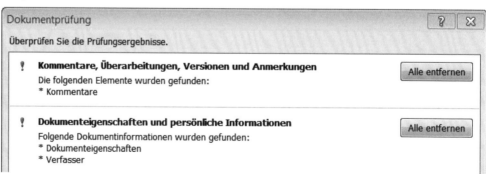

Stichwortverzeichnis

9